本书是国家社科基金青年项目"比较视角下的移民安置聚集区治理模式及其绩效研究"(项目批准号:16CSH017)结项成果

Distinctive Governance:
A Comparative Case Study on
Three Resettlement Programs

黎相宜　秦悦　谢睿　著

区别化治理

基于三个移民安置聚集区的比较研究

中国社会科学出版社

图书在版编目(CIP)数据

区别化治理：基于三个移民安置聚集区的比较研究 / 黎相宜，秦悦，谢睿著 . —北京：中国社会科学出版社，2022.6
ISBN 978 – 7 – 5203 – 9539 – 7

Ⅰ.①区⋯ Ⅱ.①黎⋯②秦⋯③谢⋯ Ⅲ.①移民安置—对比研究—中国 Ⅳ.①D632.4

中国版本图书馆 CIP 数据核字（2022）第 012252 号

出 版 人	赵剑英
责任编辑	宋燕鹏
责任校对	郝阳洋
责任印制	李寡寡

出　　版	中国社会科学出版社
社　　址	北京鼓楼西大街甲 158 号
邮　　编	100720
网　　址	http：//www.csspw.cn
发 行 部	010 – 84083685
门 市 部	010 – 84029450
经　　销	新华书店及其他书店
印　　刷	北京明恒达印务有限公司
装　　订	廊坊市广阳区广增装订厂
版　　次	2022 年 6 月第 1 版
印　　次	2022 年 6 月第 1 次印刷
开　　本	710×1000　1/16
印　　张	14.5
字　　数	208 千字
定　　价	85.00 元

凡购买中国社会科学出版社图书，如有质量问题请与本社营销中心联系调换
电话：010 – 84083683
版权所有　侵权必究

目 录

第一章 绪论 ………………………………………………（1）
  第一节 研究缘起：治理中的差异化与区别化 …………（1）
  第二节 文献回顾：治理的过程机制 ……………………（3）
  第三节 分析框架：区别化治理 …………………………（14）
  第四节 研究方法：多个案比较 …………………………（19）

第二章 深度区别化治理：南涌华侨农场 ………………（24）
  第一节 波动式政策性地位赋予：华侨农场政策 ………（26）
  第二节 华侨农场的基层治理实践 ………………………（40）
  第三节 归难侨的多向分层融入与缝合认同 ……………（53）

第三章 中度区别化治理：东埠失地农民安置区 ………（82）
  第一节 波动式政策性地位赋予：失地农民政策 ………（84）
  第二节 失地农民安置区的治理实践 ……………………（96）
  第三节 失地农民的多向分层融入与身份展演 …………（118）

第四章 浅度区别化治理：西龙水库移民安置区 ………（133）
  第一节 线性式政策性地位赋予：水库移民政策 ………（134）
  第二节 水库移民安置区的治理实践 ……………………（150）
  第三节 水库移民的浅层融入与弱者认同 ………………（173）

第五章 比较与讨论 ……………………………………（187）
  第一节 比较视角下的三个移民安置聚集区 ……………（187）

第二节　政策性地位差异下的区别化治理 …………（202）

参考文献 ……………………………………………………（206）

附录　访谈对象的具体信息 ………………………………（224）

第一章 绪 论

第一节 研究缘起：治理中的差异化与区别化

本书要探讨的是社会治理中的区别化与差异化的有关议题。治理区别化与差异化的一个重要来源是国家政策。基于一些政治或经济上的原因，国家在特定情境之下会对某些区域或某些人群赋予特殊的政策，导致政策性地区与政策目标群体的产生。纵观人类社会，这种现象并不少见。而对于这些享有政策性地位的地区与群体，其治理既受普遍制度与机制的约束，也与特殊政策的制定与执行有着密切关系。不同民族国家关于如何在实际治理中统筹与协调普遍主义与特殊主义这两种逻辑均积累了大量的理论与实践经验。

有关政策目标群体及地区的治理是当前中国推进国家治理体系现代化与创新社会治理体制的重要组成部分。上自中央下至地方，均从制度设计与实践层面展开了一系列具有本土特色的探索与创新。国内学界结合西方的治理理论，针对当前中国社会治理的主体、目标、关系、模式、结构、机制等已经有了大量的理论探讨与实证研究（参见陈那波，2017）。然而，上述研究主要的研究对象是普遍化的地区和群体，大多预设了社区成员是本地人和外来的自愿性移民，但其实还有一种社区主要是由外在结构性力量造成的而不是个体自由移民导致的，比如华侨农场、水库移民安置区、失地农民回迁安置区①等。我们将这种非自愿移民聚集的社区称为"移民安置聚集区"。对于移民安置聚集区如何治理，还缺乏深入研究。

由国家主导形成的移民安置聚集区不同于以关系为纽带所自然形成的移民聚集区。移民被安置到聚集区，一定程度上面临原有的生产、生活系统和社会关系网络的重构，以及重新适应与融入新环境的困境。而安置聚集区由于当初是由国家主导形成的，因而安置移民往往形成了对国家福利政策的依赖，也面临着与安置地社会重新整合的挑战。上述问题的存在给移民安置聚集区的治理带来了一系列挑战，使原本普通的社区治理与社会服务问题在具体实践过程中存在一定敏感性，如果处理不当会造成一定的政治影响甚至是国际影响。

更为重要的是，移民安置聚集区与被安置的移民属于政策性社区及政策目标群体，其所享有的政策性地位与普通的社区及其成员是存在差异的。他们所享有的优势政策性地位很可能使影响治理的具体因素和过程机制发生变化。事实上，对于政策性社区及群体的治理实践不仅与普遍化的考核制度、治理目标有关，还会受到特殊政策制定机构及其衍生的特殊化逻辑的硬约束。就我们有限的观察而言，当锦标赛体制、项目制、运动型治理、试点制等普遍化治理机制作用于享有政策性地位的群体与地区时，往往会使治理结构、不同层级政府的互动模式、基层政府的应责模式产生变异，从而导致多样化与差异化的治理后果。我们将其称为"区别化治理"。当然，这种区别化治理也并非独立运作的，而是内嵌于普遍化治理框架下，始终受到普遍化逻辑的强约束。

基于此，我们试图建立"区别化治理"的分析框架，在比较三种不同类型的移民安置聚集区的基础上，探讨以下几个相关问

---

① 以往的研究很少将失地农民安置区视作移民安置聚集区，其原因在于失地农民一般就近安置，其文化与安置地文化并无太大差别。但本书所涉及的失地农民安置区虽然离其原居住地不远，但两者的地理景观与生计模式发生了较大变化，失地农民所面临的生活差异以及调适程度不亚于普通移民。基于上述考虑，在本书中，我们将这种失地农民安置区也视作移民安置聚集区。

题：这种"区别化治理"是如何形成的？基层政府的行为逻辑是怎样的？这种区别化治理及其相应的政府应责模式是如何进一步影响社区内移民群体的社会适应与身份认同的？

本研究具有一定的理论意义，并为政策制定提供实证依据。从学术意义层面来看，本研究基于三个移民安置聚集区的比较研究，通过构建"区别化治理"的分析框架，研究归难侨、失地农民以及水库移民三类安置聚集区的治理问题，回答"区别化治理"的形成原因、基层政府的行为逻辑及其对移民社会适应和身份认同的影响，具有一定的理论创新性和学术价值。从政策应用层面来看，本研究聚焦于由国家政策主导而产生的移民安置问题，通过三种不同类型移民社区治理的比较，探讨宏观层面的国家政策、中观层面的治理实践与微观层面的治理绩效之间的内在逻辑联系。本研究所概括的治理模式、类型与机制可以为相关移民安置区的社会治理实践提供经验借鉴，为国家更好地完善相关移民安置及扶持政策提供实证依据，对于推进国家治理体系与治理能力现代化、维持社会良性运行与激发社会活力、提高安置区移民的物质生活水平、满足他们对美好生活的需求与期待，具有一定的积极意义。

第二节　文献回顾：治理的过程机制

我们试图在本书中，讨论移民安置聚集区的治理机制及其绩效问题。学界就社会治理及其机制、基层政府行为以及移民适应与认同等议题已经进行了较为丰富的讨论。下面我们将围绕上述三个主题进行文献梳理。

一　国家的治理逻辑

国家是社会治理的重要主体之一。学界就国家及不同层级政府的治理模式这一议题产生了大量丰富的讨论。中国国家的权威体制和疆土规模对中国国家的治理模式产生了深远影响（周雪光，2011）。

目前学界结合西方的治理理论，对于中国的基础性制度（The fundamental institution）与治理体系已有了大量的理论探讨与实证研究（Sullivan，2001；李友梅，2007；杨敏，2007；陈捷、卢春龙，2009；闵学勤，2009；夏建中，2010；石发勇，2010；黄晓星，2011；肖林，2011；陈捷等人，2011；李培林，2011；郑杭生，2011；王星，2012；朱健刚、陈安娜，2013；陈那波，2017）。其中衍生出一系列分析性概念为我们理解中国的社会运行以及治理实践提供了非常丰富的视角，如锦标赛体制（周飞舟，2009）、项目制（折晓叶、陈婴婴，2011；渠敬东，2012；陈家健，2013）、运动型治理（冯仕政，2011；周雪光，2012）、行政发包制（周黎安，2014）、试点制（陈那波，2017）、文件治理（李林倬，2013）等。这些文献通过分析性概括，从经验现象中提炼出具有解释力的概念，试图找出支撑中国社会运行的基础性制度与普遍化治理机制。此外，学者们还就中国政府的科层制结构、不同政府层级间形成的多元委托代理关系与在此基础上形成的激励机制、目标设定及其偏离对于社会治理的影响进行了广泛讨论（周雪光、练宏，2011；练宏，2016b；李敢，2017；陈那波，2017）。

但上述一系列研究较少考虑到中国实际治理实践中的另一种治理逻辑——特殊主义。而这种特殊逻辑很可能使影响社会治理的具体因素和过程机制发生变异。特殊主义的治理逻辑①普遍存在于很多国家与社会。布迪厄曾指出，国家的象征性权力赋予社会成员以不同的主体地位，并以此建立社会生活中的合法性基础及其区隔准则（Bourdieu，1994）。社会成员除了从市场中获得结构性地位，还依赖于国家赋予的身份与地位。这种身份和地位的赋予有时是差异化的，比如北美对劣势少数族裔或"土著"进行补偿照顾或赋予"加权公民"身份，欧洲国家针对难民采取差异

---

① 不少学者将中国特色的治理视作特殊模式，本书并不讨论这种因地制宜的特殊主义，所涉及的特殊更多是基于地区和人群为标准进行区别对待的意思。

化措施，中国对少数民族采取倾斜照顾政策（参见周少青、马俊毅，2016）。关于特殊化治理的讨论散见于一些社会科学的文献中。有些学者注意到国家在一些特殊空间单元如开发区、新城、新区、功能区发展出政府再集权化与政企统合等特殊的治理模式（陈国权、毛益民，2015；刘卫东，2014）。还有的研究聚焦于在现行民族政策下民族地区的特殊治理问题（李俊杰、耿新，2018；白维军，2017；丁忠毅，2015；周晓丽，2014）。

当然，这种特殊化治理逻辑并非一成不变，而是深受国家政策调整的影响。陈映芳（2013）指出，各种身份类别及其国民/市民待遇的调整往往依赖于国家政策的变化。国家政策变化与国家的基本需求及目标有着密切关系。有学者指出，国家对于社会有两个目标：获得足够的利润和获取政治支持（陈那波，2009；Goodman，2000；Shirk，1993；Whiting，2001）。陈那波进一步指出，国家会根据不同时期的需求与重点调整上述目标。在计划经济年代，国家为了集中资源进行工业化建设与实现国家社会主义建设的目标，建立了总体性的社会分配体系，通过科层体系来分配全社会的资料。改革开放后，国家为了消除经济停滞的负面影响，试图实现经济转型。随后国家又再次调整目标，试图构建更完善的福利制度来获取民众的支持（陈那波，2009）。随着宏观层面的国家目标变化，国家政策出现波动，针对某些地区或群体的身份类别划分及政策内容也会随之发生变化，从而进一步影响了特殊治理逻辑的变迁轨迹。

上述一系列讨论为本研究提供了非常有意义的启发，但这些研究很少对政策性地区及群体的治理机制进行归纳与概括，也未进一步分析在这种治理中，社区及群体的政策性地位差异因素是如何与普遍化的治理机制实现互动的。事实上，在实际治理实践中，普遍化治理与特殊化治理逻辑是同时存在的。尤其是对于政策性社区与政策目标群体的治理，其既受到普遍化制度与机制的约束，也与特殊政策的制定与执行有着密切关系。但关于特殊化逻辑与普遍化逻辑是如何具体落实于治理实践中，以及这二者是如何互动协作等，我们目前所知甚少。

二 基层政府的行为

学界目前有关中国地方政府的讨论十分丰富，从财政分权制度、产权改革因素以及市场化进程等角度对地方政府所扮演的角色及其行为逻辑作了诸多讨论（参见丘海雄、徐建牛，2004）。我们这里仅围绕治理中的政策执行与地方政府行动逻辑转变的主旨，从以下两个方面对相关文献进行梳理。

一是关注社会治理过程中的政策执行偏差现象及其特点。很多学者就这个议题进行了深入讨论。这些研究普遍认为，基层政府的行为是解释政策执行偏差以及相应的基层治理问题的焦点（贺东航、孔繁斌，2011）。欧博文与李连江通过对农村基层政府运作的观察，发现一些村干部会选择性执行中央政策（O'Brien & Li，1999）。李瑞昌（2012）对餐厨废弃物管理政策的实施过程分析后，指出由于地方政府作为中央政府代理人的角色与其在科层结构中层级之间存在着内在冲突，地方政府在执行政策过程中出现象征性执行的现象，也即"政策空传"。陈家建关注到公共政策在执行过程中出现消极执行与运动式执行的问题。他通过对一个政策执行案例动态过程的深入分析，指出波动式政策执行的问题与基层政府所面临的环境有关。他认为政策适用性低于执行压力是导致消极执行与运动式执行的根源，而且这种政策执行有可能进一步引发基层治理中的张力（陈家建、张琼文，2015）。贺东航和孔繁斌（2019）则基于对中国农村近20年集体林权制度改革政策的研究，发现公共政策发文单位的不同位阶即可展示出不同强弱的"政治势能"，而地方政府或执行单位能够识别出这些政策背后所具有的"政治势能"，根据政策所蕴含的势能高低做出相应的执行策略调整。陈那波和李伟（2020）发现，尽管基层政府面临相同的结构地位和激励函数，但管理任务量的巨大差异、行政资源的平均化配置模式和自致资源获取能力的差别促使基层政府在面对同一任务时可能会采取按部就班、被动应付和政策悬置三种应对行为，在此基础上，他们提出应将"管理函数"带回基层政府行为的研究。这些研究认为应通过强化对地方政府的管制、压缩其选择执行的行动空间、提升政策执行成效来解决上述问题（参见丁煌、定明捷，2004；陈家建、张琼文，2015）。上述讨论忽略了地方政府对于政策的刚性执行情况。之所以这方面的讨论较少，很可能是因为这在组织研究者看来属于完成了组织的既定目标，是"正常的""应该的"以及"没有问题的"。如果从有效治理（周雪光，2011）的角度看，偏差执行有时是基层政府试图在决策一统性的背景下实现的弹性策略，灵活执行任务具有一定积极意义。而地方政府无偏差执行很可能因无视地区的差异性与特殊性，而导致其在基层落地时出现问题。

二是从激励视角揭示地方政府与基层官员的行动逻辑及其变迁的探讨。一方面，大部分现有研究主要从强激励角度分析地方政府行为。周黎安（2004 & 2007）指出晋升锦标赛是中国政府官员的主要激励模式之一。这种"晋升锦标赛治理模式"是中国经济奇迹的重要根源，但也导致了政府组织之间的过分竞争而不是合作。而且在实际政治过程中，激励官员与政府职能的目标上很可能存在严重冲突，从而导致了治理问题，比如政绩工程等。一些学者在周黎安的基础上进一步探讨了"标尺赛""锦标赛"和"资格赛"（杨其静、郑楠，2013）。还有的研究者在上述基础上，分析锦标赛机制下激励导向的变化对于基层政府行为逻辑变迁的结构性约束。李敢在研究中认为，目前地方政府的行动逻辑经历了三个阶段的演变，从计划经济年代的"政治挂帅"到市场经济时期的"经济绩效（GDP挂帅）+政治正确"，再到目前的"经济建设绩效+文化建设绩效+政治正确"（李敢，2017）。当然，激励机制的约束作用是具有区域性差异的。有学者指出，不同的基层政府会根据自身条件制定差异化的农村治理政策，以回应国家需求的变化，这种差异化会对农民的生活机遇造成影响（陈那波，2009）。另一方面，有学者注意到了普遍存在的弱激励现象。练宏指出现有的强激励研究无法解释一些弱激励的现象，比如下属的业绩和努力程度往往并不一致，组织不一定会解雇或惩罚下属，以及整个激励系统不愿意给下级差评等。弱激励在形式上更能满足外在科层要求的同时保证灵活的权威支配，而且弱排名激励可以避免同级过度竞争、促进组织内的合作关系，并且建立比较松散、更注重内在激励机制的上下级关系（练宏，2016a）。上述研究主要还是从正向激励的角度来探讨地方政府的行为逻辑，不仅忽略了负向激励的情况，而且隐含了邀功（credit claiming）动机是主导地方政府行为的主要逻辑的假设。这种假定在相当长的一段时间内是符合中国的实际情况的。有学者对基层政府行为进行长期追踪观察后指出，现在政府官员的行为已经从原来的邀功转向避责，以适应当前政治经济形势环境的变化（倪星、王锐，2017）。这种避责行为会造成改革压力指数化增长，产生公共政策失败、公众信任危机、政府内部激励不足等问题（倪星、王锐，2017 & 2018）。

从上述一系列丰富的议题讨论中，我们可以大致梳理出当代中国基层政府行为及相应政策执行的变迁逻辑。我们可以发现，在避责逻辑处于支配地位的时代背景下，基层政府的实践空间被极大压缩，这很可能使其在公共政策实施过程中采取刚性无偏差执行和消极回避执行等应责模式。而且这种应责机制在作用于享有优势政策性地位的群体与地区时，由于受特殊主义治理逻辑的影响，政府的应责模式很可能会表现出差异化特征。而已有研究对此关注较少。基于此，我们试图去分析在区别化治理框架下基层政府的行为逻辑，以此丰富有关地方政府行为的讨论。

三 移民的融入整合

治理对象的社会融入与整合程度是衡量社会治理成效的重要指标之一。对于政策性社区及成员的治理来说，政策目标群体的社会适应与身份认同是需要重点考虑的维度。本书将要讨论的政策目标群体的来源及其属性极具多元性与复杂性。他们大部分既保留了移民群体的特征，同时也具有少数群体的性质。移民安置聚集区的治理实践也会对作为社区成员的安置移民群体的社会融入与身份认同产生深远的影响。下面的文献梳理主要围绕移民社会适应以及群体身份认同两个议题而展开。

第一个议题是围绕移民的社会融入与适应展开的讨论。移民群体的社会适应是指移民在历时多久和多大程度上能够在经济和文化上融入迁入地社会。国际移民研究有两大理论解释外来移民的适应过程，一是线性同化理论（straight-line assimilation theory），二是多向分层同化理论（segmented assimilation theory）。线性同化理论认为，移民同化是一个自然而然的过程。在这个过程中，不同国家的移民到移居国后，经过长期努力，逐渐摒弃来源地文化，接受当地文化，并最终在经济机会上与当地主流核心族群趋同（Park & Burgess，1921；Zhou，1997；Alba & Nee，1997）。然而，很多国际移民在移居地的适应模式并没有如同化理论所预测的那样是单向度、线性同化的过程中，反而出现了多向、多层的特征。在上述背景下，学者们提出多向分层同化理论，试图进一步修正原有的同化论。多向分层同化理论试图解释为什么有些族裔的移民群体会被困在社会底层，而另外一些族裔的移民群体则能避开这种悲剧性歧途（周敏，2013）。多向分层同化理论考虑到由于不同少数族裔在迁入地所处的社会经济背景的差异，移民群体内部和不同群体间将会产生不同的融合结果，主要表现为融合于以非拉丁裔白人为主导的核心文化和以白人中产阶级为主导的主流社会、融合于本土边缘社会亚文化、通过族裔经济实现选择性融合三种不同的模式（Portes&Zhou，1993；Portes，1995）。多向分层同化理论还进一步指出，通过第三种选择性融合的模式也即依赖族群聚集有助于使个体实现社会适应。后续亦有学者提出相反意见，指出族群聚集造成了移民与主流社会的隔离，族群聚集企业中的雇主更可能利用亲缘和地缘关系剥削同族群的劳工，这些都会进一步限制移民的融入（Xie et al.，2012；Bonacich，1987；Portes，1998）。针对上述争论，波特斯指出，族群聚集带来正面抑或负面效应与群体网络内部的资源性质和多寡有着密切关系（Portes，1998）。强势聚集的群体内部的资源较多，群体内部成员通过共享资源更有可能在经济上有所作为（Xie & Gough，2011）。如果进入族群聚集的移民是在公开劳动力市场竞争中缺乏技能或语言能力的人，这种弱势聚集可能掩盖了族群聚集的优势（张春泥、谢宇，2013）。关于"聚集命题"（enclave thesis）的争论颇多，现有研究所基于的研究对象主要集中在采取主动实现族群聚集的移民身上，认为在迁入地社会遇到文化不适应和就业困难的困境是族群聚集形成的必要条件，而族群聚集是移民受到结构性因素影响的自由选择结果。这类族群聚集可统称为"自由型族群聚集"。国内外对于以关系为纽带而自然形成的常规的移民聚集区进行了深入探讨，比如国外对于唐人街、国内对于"浙江村"及广州黑人聚居区等国内移民聚居区的研究（Logan，2003；Lin，1998；Zhou，1992；Wilson & Portes，1980；Portes & Jensen，1987 & 1989；Sanders & Nee，1987；王春光，1995；王汉生等人，1997；项飙，2000；李志刚等人，2009；梁玉成，2013；牛冬，2015）。

然而，还存在一种由外在结构性力量造成而不是个体选择导致的"制度型族群聚集"，却往往为现存理论和研究所忽视。实际上，这种族群聚集类型并不少见，发生这种聚集的成员大多经历了由国际政治格局变化（如很多成员具有难民经历）或民族国家政策调整造成的迁移，而在迁入新移居地或安置地时又多由民族国家及政府行政力量促成其族群聚集，比如西方发达国家的难民集中营[①]、中国内地的华侨农场、水库移民安置区等（黎相宜，2015 & 2020；陈晓毅、马建钊，2006；黎相宜、周敏，2013）。与自由型族群聚集相比，处于制度型族群聚集之下的族群成员的多元社会适应结果不仅取决于其来源地，迁入前后的教育程度、家庭社会经济背景，所携带的政治、经济与社会资本等个体与家庭因素，还与族群聚集区内部的社会经济资源多寡与亚群体网

[①] 虽然有些学者运用多向分层同化论来解释一些特殊的移民类型——比如安置在西方发达国家的国际难民及其第二代的适应模式，参见 M. Zhou，C. L. Bankston III，"Social Capital and the Adaptation of the Second Generation: The Case of Vietnamese Youth in New Orleans East," *International Migration Review*, Vol. 28, No. 4, 1994; M. Zhou, C. L. Bankston III, *Growing Up American: How Vietnamese Children Adapt to Life in the United States*, New York: Russell Sage Foundation, 1998; C. L. Bankston III, M. Zhou, "Valedictorians and Delinquents: The Bifurcation of Vietnamese American Youth," *Deviant Behavior*, Vol. 18, No. 4, 1997. 尽管这些国际难民进入移居地后经历了一个被安置的过程，但是其族群聚集的实现主要是国际难民自我选择的结果，而非宏观制度与政策所引致的。

络、族群的聚集状况以及国际社会、民族国家政策的制度支持等中观、宏观因素密切相关。尽管已经有不少研究探讨华侨农场、失地农民安置区、水库移民安置区等（王沛沛，2015；王春光，2013；吴莹，2017a & 2017b；叶继红，2013；韩秀记，2012；孔结群，2012；奈仓京子，2010；姚俊英，2009a & 2009b；施国庆，2005；李明欢，2003；俞云平，2003；刘朝晖，2003），但上述研究很少将国际移民理论以及"聚集命题"纳入讨论，也少有从治理视角对移民的适应与融入进行阐释。

第二个议题则是群体身份认同方面的研究。这个议题又进一步细分为以下两个层面：一是少数族裔或跨境群体如何协调其族群认同与国家公民身份的争论。在现代社会的政治格局中，"族群"与"国家"是个体最核心与最重要的认同层次（马戎，2004）。学界就族群认同①与国家认同之间的关系进行了十分深入的讨论（袁娥，2011）。族群身份指的是对基于特定族群意识而形成的文化成员身份的认同，具有根基性、情境性与建构性（周大鸣，2001；威尔·金里卡，2005；Geertz, 1963a & 1963b；Okamura, 1981；Barth, 1969）。而国家认同则是个体或族群对自己所归属的政治共同体的确认及意欲归属的政治共同体的期待，包括对于国家制度体系及其所规定的公民身份和权力的认同，具有归属与赞同的二元性（参见林尚立，2013；肖滨，2010；张宝成，2010）。目前学术界对两者关系的讨论大致可以分成冲突论和共生论两个流派。冲突论认为族群认同与国家认同两者是相互竞争的，而且族群身份很可能对国家认同构成挑战与威胁（派伊，2009）。亨廷顿就将国际移民视作对国家安全的最大威胁，认为次国家认同与跨国认同损害了美国国家认同与社会安全（Huntington, 2004）。而共生论指出由国家认同与族群认同引起的暴力和对抗使人们忽视了国家认同与族群认同长期和谐共存的事实（郝亚明，2017）。国家认同与族群认同并非对立与相互排

---

① 本书讨论的是亚层次民族认同与国家认同之间的关系。为了避免歧义，本书统一使用族群认同（ethnic identity）。

斥，二者的形成过程很可能是同一历史进程，而且在实际展演中是相互依存共生的（王建娥，2010）。族群借助国家认同获取政治、社会与文化资源，并在国家认同的框架内发展族群认同，形塑其对国家的想象（徐黎丽，2011）。而国家通过运用族群认同实现其政治、经济与社会目的，国家意识反过来也会强化其族群身份（Tan，2000；庞金友，2007）。不少学者还进一步分析族群认同与国家认同在实际政治生活与社会进程中是如何协调与取舍的：一种选择是国家对所有族群的认同给予平等的公开承认和容纳（威尔·金里卡、刘曙辉，2010），在民族国家框架内允许少数族群的"有限认同"（Careless，1969），赋予其"差异性公民"身份（Young，1994）；另一种则是在保障族群利益基础上建立更具包容性的国家认同，进而建构出一体化的"国家民族"（高永久、朱军，2010；张永红、刘德一，2005；陈茂荣，2011）。这些观点虽然肯定了族群基于自身的历史与传统发展而来的情感与信仰，但主要还是强调国家对族群的整合，分析应如何在与国民身份不冲突的条件下接纳与处理国家内部多族群的身份认同问题。有些研究在上述基础上区分了这两种认同的整合模式与调适策略，并进行了深入的反思（钱雪梅，2006；陈建樾，2010；叶江，2018；郝亚明，2017；费孝通，1997）。其中，有学者聚焦于国际移民与跨境群体的族群身份政治及其如何协调不同身份认同的问题（余彬，2013）。跨境群体由于有着多重流动以及在多个国家生活的经历，其面临生产生活系统和社会支持网络的去地域化与再地域化，他们的身份认同也因此处于不断流动重组的状态（李明欢，2014）。杨凤岗（2008）在对美国华人基督徒的身份认同进行研究时发现，他们对自身的多元身份都具有强烈的认同，由此建构出了叠合认同（adhesive identities）。持叠合认同的群体身份较为多元、灵活与具有弹性，他们往往根据情境变化从身份工具箱中选择某一认同进行展演（方文，2008）。上述研究更多聚焦于国家认同与族群认同共存的静态层面，对于这二者互利共生的具体实现机制及其在不同阶段的演变形态讨论不多。而且忽略了国家政策及其所形成的政治机会结构、群体的政策性地位等因素对于群体的影响。但对于政策目标群体而言，一些资本匮乏的边缘跨境群体，尤其是一些因国际格局以及民族国家政策变化引起的国际难民，他们对于不同身份的处理并非简单地平行叠合。原因在于，国际难民自身的特征导致其难以通过单一族群身份实现文化调适与参与社会竞争，而是需要借助其他类型的认同，比如国家认同。

二是讨论国内移民群体如何在同一民族框架内协调不同公民身份的亚类型。在中国城乡二元结构的制度背景下，进城农民工以及失地农民的身份认同研究成为学界关注的重点。这些文献认为外来务工人员虽然从农村迁移到城市，但大多数仍不认可自己是"城里人"（蔡禾、曹志刚，2009；韩丹，2012），即使是新生代农民工群体也依然难以建立对自己的城市居民身份的认同（许传新，2007）。这种身份认同特征与中国的城乡二元户籍制度安排（陈映芳，2005）和具体的社会情境（王春光，2001；韩晓燕、田晓丽，2016）紧密相关。当然，移民群体内部也存在着身份认同的差异，有的学者区分了失地农民不同代际群体的身份认同的差异，认为老年群体呈现出身份认同的"内卷化"，中年群体呈现出身份认同的"边缘化"，青年群体呈现出身份认同的"市民化"（汪小红、朱力，2014）；还有研究指出，被动城市化的失地农民与主动迁移的农民工因在迁移动机、人口结构、土地依附和户籍身份等方面存在显著不同而在身份认同上也存在一定差异（郁晓晖、张海波，2006）；"时间性"和"空间性"效应导致被动城市化的失地农民的身份认同转换滞后于物质搬迁（张海波、童星，2006）。虽然一些集中安置的失地农民的户口已经"农转非"，拥有了制度性的身份改变，但他们仍未能享有与城市居民同等的待遇，使其在身份认同上具有很强的模糊性（李苏，2012），因此需要区分社会建构的认同与失地农民的自我认同，即区别户籍制度赋予失地农民的身份标签与失地农民自身的心理认同（王亮，2018）。此外，还有部分学者关注到另一国内移民群体——水库移民的身份认同的问题。研究认为，国家权力主导的水库移民安置和后期政策扶持在制度层面生成了移民身份，水库移民常常强调自身的牺牲精神，即他们是为了国家工程建设需要而搬迁，为国家做出巨大贡献，同时，他们又在与安置区当地人的社会排斥和偏见下强化了自身的移民身份意识（王沛沛，2015）。上述关于国内移民群体身份认同的研究还存在一些不足。一是这些调查研究较少探究区别化治理如何影响移民的身份认同。二是这些研究关注的身份认同主要是原生情感性的身份认同，忽视了失地农民和水库移民为争取自身利益所采取的策略性身份认同，特别是他们在框架中所建构的自身的"弱势群体身份认同"。

综上，我们可以发现，移民适应理论主要讨论的是自由移民及其形成的自由聚集区，而族群理论主要讨论的是少数族裔以及移民群体，但上述二者均较少将政策目标群体考虑在内。事实上，政策目标群体由于所享有的政策差异，使其具有区别于其他群体的心态与行为。他们内部形成高度同质性团结，同时与外界相对区隔。政策目标群体既依赖于国家所赋予的政策性地位而形成对于国家的认同，也出于维系政策目标群体的身份利益而试图维持其群体边界。政策目标群体的制度型聚集特征以及基于特殊主义的治理模式均会对其社会适应与身份形塑造成深远影响。深化上述问题的讨论能够为我们重新理解移民适应理论以及族群理论提供新的实证经验。

第三节　分析框架：区别化治理

本书试图建立"区别化治理"的分析框架，来理解享有政策性地位的地区及群体的治理模式、后果及其特点。在进行案例分析之前，我们需要对本研究所涉及的"政策性地位""区别化治理""区别化应责"等核心概念进行厘清。

"政策性地位"指的是国家赋予某些地区或群体以特殊的政策性待遇。这种政策性待遇分为优势政策性待遇与劣势政策性待遇。前者指群体享有倾斜和照顾政策，例如，对边疆、山区、牧区、少数民族地区的少数民族考生、归侨、华侨子女和台湾籍考生实行高考加分政策（参见李代，2017），对某些地区（如少数民族地区、水库移民区、归难侨集中安置区）的群体实施倾斜照顾政策。本书所涉及的移民安置聚集区及其成员就属于被赋予特殊政策性待遇的地区与群体。我们将上述由政策导致的地位差异称为"政策性地位差异"。政策之所以不一致主要有两个原因：一是资源紧缺或发展不均衡（参见李丽梅等人，2015；郑雄飞，2016）。二是基于政治统战与国家安全的目的。

政策性地位具有以下几个性质。第一，动态性。政策地位不是一成不变的，可能会随着政治理念、发展目标等国家需要而改变，同一政策目标群体在不同历史阶段可能会受到不同的政策待遇。第二，符号性。国家通过特殊政策对政策目标群体赋予了特定符号，使这一群体与普通群体相区别，这一标签可能也会被政策目标群体所内化，由此形成身份认同。

"区别化治理"包含着中央层面的区别化治理框架生成与地方层面的区别化治理实践两个有机联系的维度，指的是中央及其特定职能部门在政策文本中对某些地区或群体进行政策性地位赋予；并对下级执行特殊政策产生强约束，使这些地区或群体在微观治理实践中受到了不同于普通公民的区别对待。我们在使用"区别化治理"之前，需要对这个概念做一些必要限定：首先，区别化治理不同于"分类治理"或是"分类控制"（陈柏峰，2012；申端锋，2010；康晓光、韩恒，2005）。分类治理或分类控制只是强调对于不同群体、事件采取不同的治理方式或对不同组织采取不同的控制策略。这种分类治理或分类控制更多是对群体、事件、组织等进行平行分类，并没有提及对某个群体进行优于普通公民权利的政策待遇。其次，区别化治理也不是简单地指在具体治理实践中区别对待不同群体。区别化治理的适用范围仅限于政策性地区或政策目标群体（如失地农民安置区及失地农民，水库移民安置区及水库移民，华侨农林场及其相应群体等）。其成立的首要条件是有相应的政府职能部门作为制定与执行源头，这些地区或群体的政策性地位是由中央及相关职能部门赋予的，比如失地农民政策主要的政策源头为自然资源部（原国土资源部）、人力资源和社会保障部（原劳动和社会保障部），水库移民政策的政策源头主要是水利部，华侨农场及归侨侨眷政策的政策源头主要为国务院侨务办公室等。① 在上述治理中，特殊政策制定部门的权威要比普遍化治理中的职能部门高，其与同级政府部门之间的张力更大，并对基层政府的行为逻辑造成刚性约束。而一些地区或群体的政策性地位差异并非由特定政策制定部门进行政策性地位赋予造成的，比如城乡地区及群体的政策差异，区别化治理并不试图探讨这种情况。

"政策性地位"与"区别化治理"进一步导致了地方政府的行为逻辑变化，我们将其称为"区别化应责"。区别化应责指的是基层政府试图在实际治理实践中，通过强调政策性社区及群体的特殊性，以此来应对自上而下的普遍化绩效考核以及回应治理对象的应责行为。由于受特殊主义治理逻辑的影响，政府的应责模式很可能会表现出差异化的特征。区别化应责分为向上应责与向下应责两部分，既包括对国家及上级政府的政策无偏差刚性执行以及向上诉苦，也涵盖将治理对象问题化与消极回避治理对象的诉求。

在厘清上述一系列概念之后，我们试图建立有关区别化治理的分析框架，如图1-1所示：

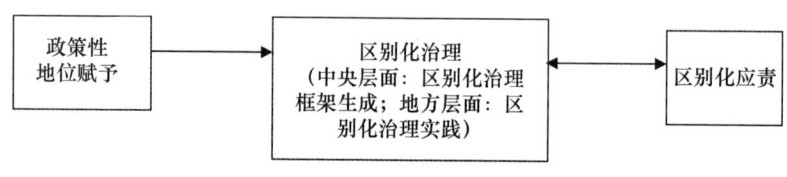

图1-1 核心概念之间的关系

政策性地位赋予及其导致的差异在区别化治理中发挥着基础

---

① 本书的主要研究时间为2013年至2018年年初。此期间，2018年国家机关机构改革还未正式实施，因此本书保留对原有机构的称呼。

性作用。特殊政策的出台主要涉及中央政府（国务院）及其相关职能部门（部委）。政府与职能部门统称为政府，但二者具有较强的异质性和权威差异，因而将其作为两个独立变量来理解其在国家治理中的不同意义是有必要的（参见练宏，2016b）。国家根据当下的目标与需求在某些时期更强调特殊化逻辑。此时，中央部委（如侨办、民政部、人社部等）①协同配合国务院，针对某些社区（如移民安置聚集区）或群体（如归难侨、国际难民、水库移民、失地农民等）实行倾斜性优惠政策，赋予其区别于其他群体的"政策性地位"，在宏观层面衍生了区别化治理框架，同时对下级政府产生了刚性约束，并造成群体对于政策的路径依赖（参见王沛沛，2015；王春光，2013；叶继红，2013；韩秀记，2012；奈仓京子，2010；姚俊英，2009a&2009b，2009；荀丽丽、包智明，2007；施国庆，2005；李明欢，2003；俞云平，2003；刘朝晖，2003）。在特殊化逻辑的支配下，基层政府刚性贯彻政策性地位赋予，将治理对象区别化，使区别化治理框架在基层治理实践中被生产出来。宏观层面的区别化治理框架与基层政府的区别化治理实践导致政策目标群体的自我区别化，使其易于产生对治理的高期待和高诉求，进而对基层治理者的治理能力提出了更高要求。

区别化治理不仅受到特殊化逻辑的制约，还嵌入普遍化治理框架之中。从中央内部横向角度来看，中央政府与中央部委之间既是协同配合也是充满张力的。伴随国家主要任务发生变化（如从"政治挂帅"转向"以经济建设为中心"），中央层面试图贯彻普遍化逻辑。此时，部委一方面需要配合出台与实施均等化政策，但另一方面由于自身部门利益会更强调政策目标群体及社区的特殊性。针对政策目标群体与政策性社区的均等化措施在实践过程中往往会出现难以执行、执行偏差甚至政策失效（如图1-2

---

① 政策性社区及群体的政策地位赋予是多来源的，中央政府及其他部委也会对其出台相关的特殊政策。但地区及群体所直接对应的中央与地方各级职能部门在政策性地位赋予中处于核心位置，主要涉及政策的起草、出台、落实以及监督。

虚线部分)，特殊化逻辑最终压倒普遍化逻辑，区别化治理形成路径依赖。而即便施行差异化政策，中央政府仍需统筹推进其他各个方面的工作（如经济发展、社会建设、制度创新等），因此不会完全放弃对普遍化治理的追求。宏观层面中央政府与职能部门之间的关系也进一步对地方政府造成影响。从中央—地方的纵向角度来看，基层政府受到上级政府与制定特殊政策的上级职能部门的双重硬约束。在普遍化治理结构中，地方政府面对的是多个上级和多重任务，权威结构由强至弱呈现党委—政府—职能部门的三元差序格局（练宏，2016b）。而在对政策性社区或政策目标群体进行治理时，各级政府及职能部门会根据上一级政府及职能部门所下发的文件制定更为具体的政策，负责特殊政策制定的职能部门的约束力要高于普遍化治理中的职能部门，不仅只有象征性权威还具有正式权威，由此形成了与同级政府的制衡作用以及对下级的硬约束。

基于上述治理结构，基层政府在实际治理实践中就面临应对、协调与取舍不同层级政府和不同部门指令的问题，如华侨农场的基层政府因管辖具有国际移民性质的越南归难侨要应对上级政府、上级侨办与外办、民政部门[①]的多重考核，失地农民安置区基层政府则要应对上级政府以及上级自然资源部门（原国土资源部）、人力资源与社会保障部门（原劳动和社会保障部）等职能部门的多重考核，水库移民安置区基层政府则面临上级政府以及各级水利职能部门的多重考核。为了应对上级，基层政府在区别化治理框架的政策机会结构下，发展出一上一下的区别化应责模式，强化了区别化治理模式。上述一系列的治理实践，使宏观的区别化治理框架在基层被生产出来。

区别化治理及其相应的政府应责模式最终影响了三类移民群体的社会适应与身份形塑。政策目标群体对于区别化的内化，即

---

① 20世纪70年代末至20世纪80年代中期，中国由于接收国际印支难民而得到联合国难民署的资金支持。国家专门成立国际难民办公室用于接收与管理来自联合国难民署的资金。国际难民办公室一直归属于民政部，而后撤销统归到民政部管理，但对外仍保留国际难民办公室的牌子。

接收并确认外界赋予的社会特征，并由此对其社会适应与身份认同带来负面影响，进而提高了互动难度和治理成本。

本书的分析框架，如图1-2所示：

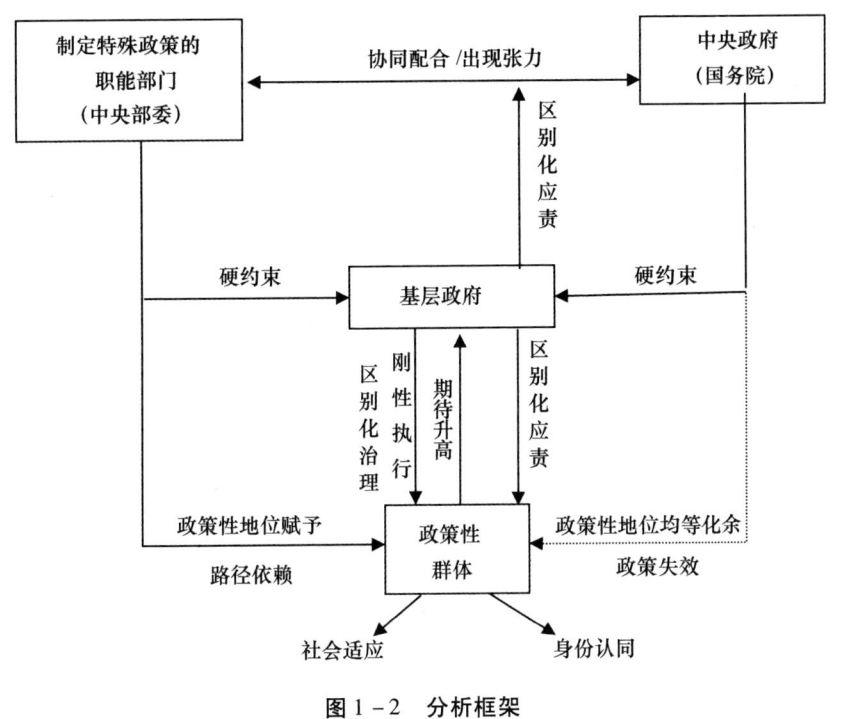

图1-2 分析框架

第四节 研究方法：多个案比较

本书想要回答区别化治理的形成机制及其影响。区别化治理模式根据政策性地位赋予、基层治理实践以及治理对象的特殊化程度可以分为深度、中度和浅度。本书所探讨的华侨农场、失地农民安置区和水库移民安置区这三个移民安置聚集区分别代表了不同程度的区别化治理程度。

华侨农场和归难侨群体是深度区别化治理的代表。归难侨在安置前并没有公民权以及土地权利，其之所以能获得国家的特殊照顾主要是基于国家的政治统战以及国家安全的目的。其议价能力与国家政策密切挂钩，如果没有国家对归难侨的公民身份赋予，其很难获得立足之地。此外，归难侨群体跨越国家边境，甚至有些以难民身份一无所有地回到中国，其社会支持网络基本断裂且面临重建。这也使归难侨群体更依赖国家的政策性地位赋予以及与之挂钩的一系列权益和资源。国家对归难侨的区别化治理也加深了这一群体对自身的身份认同。华侨农场①内的归难侨主要来自东南亚，之前大多并没有在中国的生活经历，与本地社会的社会文化距离较远。我们选择了位于中国南部沿海地区 G 省②的一个华侨农场——南涌华侨农场作为典型案例。G 省是华侨农场以及安置归难侨最多的省份：全省华侨农场有 23 个；安置的归难侨人数为 6.9 万人，分布在 24 个国家，占全国华侨农场归难侨总数的 43%。南涌华侨农场在随后六十多年里经过多次行政体制改革，最终改为南涌街。社区内的归难侨归国后一直享有特殊的政策性地位。社区居民还保持着与海外的密切联系，这种跨国网络使原本局限于民族国家边界内的社会治理与公共服务问题，在国家提出"一带一路"倡议及"走出去"战略的背景下具有一定国际敏感性，也使其区别化治理最为典型，为深度区别化治理的典型案例。南涌社区内还居住着历次变迁中吸收进的本地居民，为我们考察归难侨的区别化治理提供了参照。

失地农民安置区和失地农民是中度区别化治理的代表。在国家推动城市化、市民化的背景下，失地农民从原有的土地生产资料和乡村社会中被剥离，面临群体转型中的风险，对国家提供的一系列特殊化保障措施存有一定依赖性。不过，与归难侨相比，失地农民本身就具有公民身份，而且主要是就近安置，与本地的社会文化距离最近，这使其社会支持网络得到了一定保留。而且失地农民在失地前拥有一定的土地权利（土地承包经营权、宅基

---

① 目前中国安置归难侨约 100 万，G 省安置 40 多万，有相当比例的归难侨安置在华侨农场，数据来源于《全国华侨农场基本情况》，内部资料。

② 基于研究伦理，本书所涉及的地名、人名、组织名等均作了匿名处理。

地使用权等），这很大程度上增加了其议价能力。上述因素加上国家政策导向的影响使得失地农民对国家的依赖性没有像归难侨那样强。在本研究中，我们选择了中国东部沿海 S 省滨海市的一个失地农民安置区——东埠失地农民安置区。S 省作为曾经的农业大省，近年来的城镇化和"农民上楼"现象十分突出。1978 年全省城镇化率仅为 13.46%，2020 年 S 省全省常住人口城市化率已达到 60% 以上。特别是近年来 S 省在全省范围内大力推进"城中村改造"计划，将大量失地农民从村落安置到高层住宅区中，涌现出大量失地农民安置区。譬如 2014 年 S 省对全省 629 个"城中村"社区进行改造，拆迁农民数量达 239525 户。这一大规模、运动式的"农民上楼"现象为我们深入了解失地农民安置政策提供了丰富的素材。S 省滨海市占地约 5000 平方公里，拥有人口约 300 万，外来人口较少，其经济发展程度处于我国城市的中等水平。2003 年以来，滨海市的城市化进程开始快速推进，全市建成区面积由 2000 年的 35.19 平方公里扩大至 2017 年的 165.66 平方公里，人口城市化率在 2013 年首次突破 50%，达到 51.31%，2017 年上升至 58.65%。① 在滨海市快速的城市化进程中，产生了大量的失地农民安置区，2015 年至 2018 年，全市拆迁 200 多个村庄，至 2018 年底有约 60 个拆迁村的村民迁入安置区。东埠街道作为滨海市失地农民拆迁安置的重要片区，至 2018 年，该街道 31 个村已有 27 个村完成拆迁，有 7 个村实现回迁。本研究重点选取了东埠安置区的三个社区董村、卜村和高村进行田野调查，三个社区均已完成回迁，董村和卜村尚未村改居，高村为村改居社区。

水库移民是浅度区别化治理的代表。一方面，水库移民从原居住地迁出，要适应迁入地的社会环境，对政府的扶持政策具有一定的依赖性；另一方面，相比于归难侨和失地农民，水库移民既有公民身份，又在农业安置过程中暂时不必面临像失地农民那样面临急剧的市民化转型，区别化治理程度相对较浅。水库移民

---

① 《滨海市改革开放 40 年发展成就回顾》，内部资料。

安置区的水库移民既有就近安置，也有跨地域远距离安置，针对不同的水库移民，国家所给予的优惠与补偿政策也不尽相同。水库移民安置区是国家兴建水利水电工程的产物。截至2007年底，全国已建成各类水库85412座。国家建设大型发电水利工程的同时，也造成了大量土地的淹没损失，产生了规模庞大的水库移民群体。截至2006年6月30日，全国共有大中型水库移民2228万，加上连带影响人口，人数占到全国农民的1/10（王沛沛，2015）。本书主要探讨一个跨地域安置的水库移民安置区——西龙水库移民安置区。西龙水库移民安置区位于中国南部沿海地区G省。G省目前是水库移民安置大省，水库移民问题比较复杂（程瑜，2003）。2006年的新老水库移民就共有107万人（曾建生，2006）。2011年G省核定的大型水库移民高达155.79万人。① 目前，西龙水库移民安置区属于南涌街管辖。西龙水库移民安置区附近人群比较多元，既包括从东南亚回来的归难侨群体，也包括本地人，为我们考察西龙水库移民安置区的区别化治理提供了参照。

之所以选择这三种类型的移民安置聚集区，主要还在于它们构成了区别化治理模式的三种亚类型。韦伯（Weber，2007）的理想类型并不试图概括现实事物的全部特征，而是侧重性地概括事物的一个面向的特征。理想类型的研究方法作为一种方法论意义上的指导，其在实际的操作过程中则必须经历"分离""抽象"和"适用"等几个应用步骤。

从2013年8月到2019年4月，我们陆续在三个移民安置聚集区完成了田野调查。主要资料搜集方式如下：

内容分析法。对宏观制度文本（宏观的安置政策与侨务政策、具体的失地农民、水库移民与归难侨安置政策）以及社区内部的文献资料（包括历年的总结报告、档案文献、华侨农场志、水库移民志、失地农民安置协议、社区照片等）进行内容分析，

---

① 根据G省财政厅文件：《2011年度中央大中型水库移民后期扶持结余资金预算表》，内部资料。

厘清不同层次的政策、制度对社区治理模式的影响。王宁指出使用"主位分析法"和"情境分析法"来分析国家政策及其演变。这种方法主张从政策决策人的立场出发,根据当事人对当时所处的具体社会政治情境的感知,来理解他们的制定政策的动机及行动,由此分析政策选择背后的逻辑脉络和路径(参见王宁,2007)。

参与式观察法。我们选择华侨农场、水库移民安置区以及失地农民安置区参与并观察基层政府的日常治理实践及其与社区内移民群体的日常社会互动,参与观察由安置聚集区或移民群体自发组织的各种节日庆祝以及联谊活动。

深度访谈法。本研究按照理论抽样的方法,选取社区内以下不同人群进行深度访谈:(1)政府部门(省级与市级的民政与侨务部门、街道办、移民安置机构等)的相关负责人;(2)归难侨群体、水库移民与失地农民群体;(3)社工机构总干事、主任、志愿者等;(4)其他群体(如安置地原有居民)。在南涌华侨农场个案中,我们对138位关键人进行了深度访谈,包括28位市、区层面的政府及侨务部门干部、92位归难侨以及18位社区其他居民。在东埔失地农民安置区个案中,我们对29位关键人进行了深度访谈,包括7位基层政府工作人员和基层自治组织成员,以及21位失地农民安置区居民。在西龙水库移民安置区中,我们对27位关键人进行了深度访谈,其中包括12位水库移民、2位街道干部、13位社区本地居民。

第二章　深度区别化治理：
南涌华侨农场

本章我们将要探讨一个深度区别化治理的案例——华侨农场及农场内的归难侨群体。华侨农场是在特殊历史时期，国家为安置被迫回国的大批归难侨设立的政策性社区。我们将华侨农场及农场内的归难侨群体归为深度区别化治理的典型，主要基于其对国家政策性地位赋予的高度依赖，这既受其安置前非公民身份因素的影响，也与其社会支持网络在跨国迁移中的断裂有关。国家对归难侨的区别化治理一方面赋予其相关资源，另一方面也加深了这一群体对自身作为特殊政策群体的身份认同。随着中国改革开放的深入，在"体制融入地方，管理融入社会，经济融入市场"的转型大背景下，一些华侨农场在体制改革过程中实现政企分开，逐渐下放至地方政府管理，由此进入"后华侨农场"时代。上述剧烈的转型深刻地影响了社区的基层治理以及社区内的归难侨及其子女在安置地的多元适应与融入状况。

目前学界对归难侨安置以及华侨农场等问题进行了较为广泛的探讨。已有研究主要集中在以下三个视角：一是宏观政策视角。从这个视角出发的研究更多从宏观层面梳理了中国侨务政策、归难侨安置、就业、养老、医疗等相关政策，基本上以政策的梳理、实施过程的描述与政策效果的简单评论为主（张赛群，2013；张小欣，2011）。二是华侨农场社会转型视角。这个视角的研究主要讨论在社会转型背景下华侨农场从计划经济过渡到市场经济中所面临的问题，主要涉及华侨农场的经济体制改革问题、农场下放地方政府管理的政治体制问题以及农场的发展与转型等问题（何静、农新贵，1999；贾大明，2004；俞云平，2003；郑少智，2003；钟大球，1994；杨英等，2003）。三是归难侨的适应与融入视角。从这个视角出发的研究主要以社会学、人类学的研究为主，讨论华侨农场内部归侨难侨群体的认同建构、社会适应与文化融入等情况（李明欢，2003 & 2005；刘朝晖，2003；奈仓京子，2008 & 2010；黎相宜，2015；俞云平，2003；孔结群，2010 & 2012；孙晟，2003）。宏观政策视角以及华侨农场转型视角大多侧重于从国家历史进程与政治经济变化的角度来理解政策的变迁，缺少对农场内归难侨群体的关注。特别是在政府政策的研究方面，更多的是关注国家、地方政府的政策制定与颁布对华侨农场的影响，而缺少从归难侨主体本位出发的立场，深入理解这些来自不同国家、有着不同社会制度生活体验的归难侨群体在经历体制改革与社会转型后的心理变化以及需求，导致不能准确把脉现行归难侨政策以及华侨农场体制改革所存在的一些困难与问题。归难侨的适应与融入视角则往往局限于微观个体，较少考虑到国家的侨务及归难侨的安置政策、华侨农场体制改革进程对于农场内的归侨难侨的认同建构、适应模式、融入状态以及与海外的跨国联结的深远影响。显然，上述视角必须进行整合。如果我们将以上三种研究思路纳入一个治理的视角，我们可以发现，侨务政策以及归难侨安置政策视角更多讨论的是华侨农场治理实践的制度背景，而有关华侨农场体制改革的研究涉及治理实践的社会过程，归难侨的融入与适应则更多作为重要的治理绩效指标而进行探讨。

本章将要探讨的南涌华侨农场是一个历史悠久的移民安置聚集区。南涌华侨农场位于 G 省 A 市。南涌街前身为南涌华侨农场，在随后六十多年里经过多次行政体制改革，最终改为南涌街。目前，南涌街辖区面积41.5平方公里，设 9 个居民委员会，其中归难侨、侨眷约 6000 人。下面我们将先梳理南涌华侨农场的政策性地位赋予的历史演变过程，接着探讨南涌华侨农场的基层治理实践，并进一步分析在上述宏观制度及治理实践背景下归难侨群体的身份认同与社会适应。

图 2-1 南涌华侨农场

第一节 波动式政策性地位赋予：华侨农场政策[①]

本节将仅试图从宏观角度，结合社区治理及社会建设、国际移民理论、国际难民安置的相关理论与经验，对 20 世纪 50 年代初到现在的华侨农场治理的制度背景进行分析，具体探讨顶层制度的设计者（主要指中央政府及省级政府）建立归难侨安置制度与制定华侨农场政策的逻辑及其在不同历史时期的转变。下面我们将在对国家以及 G 省层面政策文件的梳理基础上，对华侨农场及归难侨所经历的波动式政策性地位赋予进行分析。

一 归难侨安置制度的建立与强优势政策性地位赋予

政策性地位赋予是国家为高效完成某些经济或政治目标（比

[①] 此部分曾以相似内容发表于《华侨华人历史研究》2017 年第 1 期，原题为《国家需求、治理逻辑与绩效——归难侨安置制度与华侨农场政策研究》，文章作者为本书第一作者。

如建水库、环境治理、遏制排华浪潮等）的结果。中国的华侨农场政策以及针对归难侨建立起来的一系列制度安排，实际上反映的是国家对于华侨农场以及归难侨的特殊主义治理逻辑。下面我们将分析20世纪50年代初期至80年代国家对于华侨农场的治理逻辑及其变迁。

华侨农场的出现与计划经济这一背景密切相关。国家动用了各种行政资源将从不同国家、不同时间迁移至中国的归难侨安排在华侨农场里。目前全国华侨农场有84个，安置了将近24万来自马来西亚、越南、印度尼西亚、缅甸、印度等国家的归难侨及其家属。[①] 其中，有41个华侨农场是在20世纪50—60年代建立的；有43个是在20世纪70年代为安置越南归难侨建立的。华侨农场的性质是国有农业企业，但它的成立主要是以改善归难侨生产、生活为目标。一方面，中国政府对受排华风潮影响而"回归"到"社会主义新中国怀抱"的归难侨（主要来自印度尼西亚、缅甸、马来西亚、新加坡等国）进行特殊化安置，能够充分体现社会主义的优越性；另一方面，中国政府对于越南难侨的安置则体现了中国与世界各国及国际难民署共同合作，积极融入世界的意愿与态度。华侨农场及归难侨的政策性地位生成与当时的国际格局以及国内形势有着密切关系。

基于上述历史背景，国家通过制度安排建立起一整套针对华侨农场及归难侨自上而下的管理体系，对华侨农场及归难侨进行政策性地位赋予与特殊照顾。南涌华侨农场也在这种宏观政策背景下逐渐"侨化"。

在华侨农场层面，国家通过严密的科层体系对华侨农场在资源分配上进行倾斜，国家长期减免各地华侨农场的农业、企业税收，承担起农场的教育、医疗、社会保障等财政负担，省级政府还动用财政大量补贴农场的经济亏损。这些都造成了华侨农场"大锅饭"体制的固化以及对国家更进一步的依赖。当然，华侨农场作为"单位制"的一种特殊类型，在国家与归难侨之间也发

[①] 数据来源于《全国华侨农场基本情况》，内部资料。

挥着积极的中介组织的功能：当归难侨出现了诉求和"怨气"会向"组织"也即农场汇报，农场会进行及时有效地疏导或是将意见"上传"，而国家的意图也容易通过农场"下达"。

在归难侨群体层面，国家通过集体性制度安排归难侨的生产、生活，提供终身就业与社会福利保障，这在一定程度上促发了归难侨的劳动积极性（起码在一段时间内）与对国家的感恩心理。此外，华侨农场的归难侨由于受到国家层面的特殊照顾与扶持，其生活水平在相当长的一段时间内普遍高于周边的农民群体。生活于农场的归难侨也由于其"政策性地位"而形成一种弱者的"惯习"（habitus）（Bourdieu，1984：170），具体表现为对国家政策的路径依赖、对农场单位的生存依赖以及优于其他普通居民的"归侨侨眷"的身份认同。其中，越南归难侨是联合国难民署事务高级专员署（简称联合国难民署）认定的国际印支难民。在安置这个群体时，中国各级政府曾接收联合国难民署划拨的安置费。因此，越南归难侨群体还享受归难侨与国际难民的双重政策性地位。

国家对华侨农场及归难侨的政策性地位赋予一定程度上消耗了大量的行政与社会资源。这种特殊主义的治理逻辑在国家核心目标转变后受到了冲击。

二 政策均等化实施与归难侨治理实践

20世纪70年代末，随着国家任务从"政治挂帅"转向强调"经济绩效"（陈那波，2009；李敢，2017），普遍化逻辑开始逐步凸显。1978年，"经济体制改革"在党的十一届三中全会上作为重点被明确提出，国企改革由此拉开序幕。然而，考虑到华侨农场的特殊性，国家当时并没有立即对作为国有农业企业的华侨农场进行改革。1979年7月，国家通过扩大企业自主权的改革，让企业有了一定的生产自主权，开始成为独立的利益主体，企业和职工的积极性都有所提高。1984年10月召开的中共十二届三中全会提出要政企分开，所有权与经营权相分离，明确国企改革的目标是使企业真正成为相对独立的经济实体。

在国有企业改革取得了初步成效后,国家为了改善华侨农场逐年亏损的状况、减轻中央及省的财政负担,打破"吃大锅饭"的经济体制,提高农场本身的"造血"功能,改善归难侨生活,最终决定对华侨农场进行经济体制改革。国家采取了一系列政策性地位均等化的改革措施,试图减少农场及归难侨的特殊待遇。1985年,中共中央国务院颁布了《关于国营华侨农场经济体制改革的决定》(国发〔1985〕6号),对华侨农场实行经济体制改革,开启了"去侨化"的进程(参见黎相宜,2017)。这个文件的出台标志着国家对于农场的治理逻辑从原来的特殊主义逻辑转向了注重经济效率的普遍主义逻辑。〔1985〕6号文开头就提到了国家对华侨农场进行经济体制改革的原因:

> 华侨农场大多数生产发展缓慢,经济效益差(一九八四年,亏损的华侨农场有六十二个,占总数的百分之七十二),职工生活相当困难,对外已造成不良的政治影响。华侨农场问题的症结是,囿于全民所有制的经济体制和管理模式,经营管理权过于集中,产业结构单一,吃大锅饭。这种体制不利于充分发挥劳动者的积极性和主动性,严重束缚了生产力的发展。①

从上文我们可以看出,国家进行经济体制改革的首要原因就是"经济效益差""农场亏损",虽然文章有提到"不良的政治影响",但这里的"政治影响"更多指涉的是经济效率差的问题。国家对华侨农场的治理逻辑遵循的不再是传统计划经济时代的特殊化逻辑,而是普遍化逻辑。"促发展"成为国家在华侨农场推行经济体制改革的首要原则。治理逻辑的转向给华侨农场带来了深刻的变化。各地华侨农场在不同程度上经历了建制变革的过程。以G省为例,1988年8月,全省23个华侨农场有22个下放

---

① 国务院:《关于国营华侨农场经济体制改革的决定》(〔1985〕6号),内部资料,南涌华侨农场街道处获得。

至地方政府管理，设立管理区或设镇。截至 2016 年 12 月，G 省有 13 个农场设为华侨（经济）管理区，9 个农场建立了镇级建制，1 个农场设立街道办事处。

归难侨安置制度与华侨农场政策的效率转向实际上涉及国家与华侨农场及归难侨之间治理关系的根本性变革。一方面，国家剥离华侨农场的行政与社会功能下放至地方政府，同时剥离其经济功能，使其"政企分开"：

> 由中央和省的侨务部门主管（以省为主）的领导体制，改为由地方人民政府领导……省、自治区或地区担负对华侨农场的领导和管理职能的企业公司……根据……政企分开的原则进行调整。这类公司应当成为独立核算、自主经营、自负盈亏的经济实体……①

另一方面，国家也调整了对于农场内归难侨的管理模式，从原来"大包大揽"的直接控制转变成间接管理：

> 有特殊专长的归侨、难侨，需要调整安置到全民所有制的企、事业单位的，有关单位应积极配合，通过协商逐步做到按专业对口安置……有条件的归侨、难侨可以到城镇或其他地方自谋职业或投亲靠友，当地政府应给予帮助。原从事小商、小贩、小手工业、渔业等的归侨、难侨，根据实际情况，部分可结合产业结构调整从土地上分离出来，从事工、商、渔业等生产经营活动，部分可安置到乡镇企业。以上调整安置所需劳动指标由劳动人事部门解决。需调整安置到城镇的归侨、难侨，允许在城镇落户，享受城镇居民的商品粮待遇。对于在国外或港澳有生活依靠，要求出国或去港澳定居的归侨、难侨，应当优先批准，并热情欢送。旅费有困难

---

① 国务院：《关于国营华侨农场经济体制改革的决定》（〔1985〕6 号），内部资料，南涌华侨农场街道处获得。

的，可适当给予补助……①

上文的核心实际上就是取消"统包分配"政策，这意味着从1986年开始，华侨农场职工子女成年以后，不再自动转成农场职工，他们生活在"农场"，却不拥有"农场的正式成员"的资格（李明欢，2011）。这实际上也就是把华侨农场社区内的成员也即归难侨直接推向市场，试图实现政策均等化。

南涌华侨农场在上述大背景下经历了政企分开与下放地方的过程：1988年，南涌华侨农场从省下放A市，市政府委托市农场局管理。1992年1月，A市政府批准设立"A市南涌管理区"，赋予县一级行政经济管理权限，委托A市农场局代管，挂"南涌管理区""南涌华侨农场""国营南涌华侨农工商联合公司"三块牌子。2008年2月，经省政府批准撤销南涌管理区设立南涌街道办事处。上述一系列的政策性地位均等化措施对社区及其成员造成了深远影响。经过二十多年的体制改革，南涌街在行政隶属上，彻底下放地方，不再挂"华侨农场"的牌子，基层政府逐渐成为治理主体；在资源配置上，不再以"侨"身份作为划分资源的依据，尝试在社区内实现均等化的公共服务供给。

在政策性地位均等化的过程中，政策性地位赋予衍生的特殊化逻辑始终制约着普遍化治理机制的实现。政策性地位均等化政策在实际执行过程中出现了一些始料未及的问题。

在经济转型过程中，农场内的归难侨尤其是越南归难侨出现了一些不适应：首先，国家取消统包分配政策导致归难侨尤其是越南归难侨的就业问题凸显。有部分越南归难侨在20世纪70年代末回国时尚年幼，80年代末面临就业就碰到华侨农场体制改革，无法转成农场职工，且这些归难侨教育背景比较低，难以在市场中找到合适的工作，长期处于失业或无业的状态。其次，国家针对国有企业以及农业均有一些优惠政策，而华侨农场作为国

---

① 国务院：《关于国营华侨农场经济体制改革的决定》（〔1985〕6号），内部资料，南涌华侨农场街道处获得。

有农业企业在政策具体执行过程中很多时候两边的政策均享受不到。上述两个因素使归难侨生活出现了一些困难。原本生活要好于周边农民群体的归难侨开始出现了"相对失落感"。在经历十几年的经济体制改革后，华侨农场内归难侨与本地农民的收入差距在逐渐拉大。比如，2006年G省华侨农场内的归难侨的人均收入为6631.39元，低于农场所在市县的农民人均总收入8339元。① 经济因素也导致了华侨农场在基层治理中出现了一些不和谐的因素。②

但除归难侨的经济收入长期得不到提高外，基层治理者还面临着以下挑战：一是归难侨群体的跨国性使其参照群体更加多元。归难侨本身具有广泛的跨国社会网络。以越南归难侨为例，他们作为国际难民迁移至中国，与被安置在其他西方发达国家的印支难民建立起超越民族国家边界的社会网络。归难侨的参照群体不仅有周边的农民，而且包括安置在其他国家以及中国不同地区的亲戚朋友。在这种跨国与跨地区比较下，归难侨群体对于生活自然而然形成了较高的期待，并由此对基层治理者提出了更高的要求。二是基层缺乏疏导民众情绪的组织与媒介。在1985年前，华侨农场作为"单位制"的一种特殊类型，在国家与归难侨之间起着中介组织的作用。当归难侨出现了诉求会向"组织"也即农场汇报，农场会进行及时有效地疏导或是将意见"上传"，而国家的意图也容易通过农场"下达"。然而，农场在下放地方后，其"上传下达"的中介角色开始弱化。政治功能下放地方之后，转型过程中的基层政府的角色未能立即凸显出来，使基层治理出现了某个时段的应责主体缺失的情况，群众的一些诉求没有得到完全及时舒缓与解答，使底层不和谐的声音逐渐累积。

随着均等化政策的实施，归难侨群体得到的体制性支持逐渐减少，低人力资本、关系贫困等特征又使归难侨无法单靠自身抵御市场经济的风险，部分归难侨群体生活遇到了困难。此外，归

---

① 《广东华侨农场各指标总表（2006）》，内部资料，南涌华侨农场街道处获得。
② 《G省华侨农场职工、人均收入及低保情况》，内部资料，南涌华侨农场街道处获得。

难侨对国家政策长期依赖的心理惯习使其社会期望值普遍高于其他群体。这使归难侨产生了相对失落感。归难侨的特殊期待与诉求由于自身的跨国性、中介治理组织的缺乏以及地方政府自身的理性选择又进一步加剧了归难侨的相对失落感。

政策性地位均等化在华侨农场引起的一些意外后果受到国家的高度重视。2006年3月，第十届全国人大四次会议在北京召开，来自广西容县侨乡的全国人大代表李汉金联合其他九名人大代表在会上建议，中央在"十一五"规划期间对口安排专项资金加大扶持力度，并尽快制定扶持归难侨安置农林场发展的优惠政策。为此，中央先后派出两个调研组到一些华侨农场调研。2006年5月，针对李汉金等代表提出的关于加大华侨农场扶持力度的建议，时任全国人大常委会副委员长盛华仁视察广西华侨农场。同年8月1日至5日，唐家璇国务委员率领国务院办公厅、劳动保障部、农业部等9个部门负责同志组成调研组，赴广西防城港、崇左、百色和南宁四市下属的华侨农林场调研。调研组深入困难职工的家庭，向他们表示慰问，并详细察看了这些农场的生产、生活条件，随后在南宁召开华侨农场工作座谈会。唐家璇在会上指出：

>……由于种种原因，多数华侨农场亏损，不少职工及其家属生活较为困难。华侨农场当前的困难是长期以来华侨农场被严重边缘化造成的，是当时的体制造成的，党和政府有责任、有义务解决好华侨农场问题，千万不可有"恩赐"的观点或者厌烦的心态，这是我们贯彻落实科学发展观，坚持以人为本、执政为民的根本要求，也是一切依靠群众、走群众路线的必然要求。①

2008年12月15日，国务院侨办国内司司长程铁生在G省华

---

① 2008年12月15日，国务院侨办国内司司长程铁生在G省华侨农场改革发展工作经验交流会上的讲话中，提到唐家璇此次视察广西华侨农场发表的重要观点。

侨农场改革发展工作经验交流会上的讲话中，回顾提及唐家璇和盛华仁此次视察是这么表述的：

> 唐家璇、盛华仁同志还曾指出，华侨农场归难侨的住房还如此简陋，实际上是我们的历史欠债，他们如果仍然长期不能脱贫，不能与全国人民一起走上小康之路，将在国际上造成十分不利的影响，因此要正确认识、认真做好华侨农场改革发展工作。①

从这段时期的一系列政策文献与领导讲话可以清楚看出中央层面对国家在华侨农场治理中所面临的问题是有着敏锐感知的，并开始重新启用特殊化逻辑，尝试去解决政策性地位均等化所带来的问题。在这种背景下，基于普遍化逻辑的均等化政策逐渐失效，取而代之的则是对政策性地位的重新强调与区别化治理框架的路径依赖生成。

三 政策性地位再赋予与区别化治理框架生成

下面将讨论国家对于华侨农场的治理逻辑是如何在这样的背景下发生再次转向的。

改革开放后，中国经历了高速的经济发展。国家重心逐渐从以经济建设为中心转向了同时重视民生发展与社会建设。而此时，受到基层话语、思潮的影响及精英人士的推动，对华侨农场内归难侨的照顾和保障作为民生议题被逐渐重视。政策性地位赋予所衍生而来的区别化治理框架在中央层面得到了重新肯定。在这样的历史背景之下，2007 年，国家出台了《关于推进华侨农场改革和发展的意见》（〔2007〕6 号）：

> ……有关省（区）要在两年内将华侨农场承担的教育、

---

① 2008 年 12 月 15 日，国务院侨办国内司司长程铁生在 G 省华侨农场改革发展工作经验交流会上的讲话，内部资料，南涌华侨农场街道处获得。

卫生、政法等社会职能分离出去，尽快推进华侨农场"体制融入地方、管理融入社会、经济融入市场"改革的实施。

要把对华侨农场人员的就业培训、劳动关系处理、解决历史遗留问题、参加基本养老保险和医疗保障等项工作，列为当地实施方案的重要内容，认真组织实施。①

尽管文件中仍然存在提倡"三融入"的普遍化逻辑，但"华侨农场人员的就业培训、劳动关系处理、解决历史遗留问题、参加基本养老保险和医疗保障"等民生议题在文件中被重点强调。

中央〔2007〕6号文下发后，G省积极响应，并根据此文精神，于2008年出台了《G省推进华侨农场改革和发展实施方案》（〔2008〕3号）：

……基本解决历史遗留债务、职工劳动保障等问题，基本解决住房难、行路难、饮水难、看病难和入学难等民生问题。1. 加快归难侨的危房改造……中央和地方政府按每户不少于15000元的标准给予补助。其中，对17个困难华侨农场归难侨危房改造……侨镇办（区）的归难侨住户利用原有建设用地解决住房的，给予无偿划拨；属新增建设用地的，依法办理农用地转用手续并免收土地登记证书费。2. 统筹规划建设公共基础设施……其中，17个困难侨镇办（区）的交通、电力、水利、教育、卫生、广播电视等公共基础设施建设纳入省扶持当地发展政策的实施范围。3. 完善职工养老保险和医疗保险等社会保障体系。4. 妥善处置历史债……各侨镇办（区）因拖欠职工工资、职工和退休人员医疗费等所形成的债务，从2008年起两年内分期分配解决，所需资金主要由所在地级以上市、县（市、区）政府和侨镇办（区）负责筹集，省财政给予适当补助。

---

① 国务院：《关于推进华侨农场改革和发展的意见》（〔2007〕6号），内部资料，南涌华侨农场街道处获得。

>　　……侨镇办（区）所在地各级政府要认真做好应对侨镇办（区）在改革发展过程中可能出现突发事件的相关工作……把握改革发展的力度和节奏，建立切实有效的沟通联络机制，对可能发生的突发事件要做到早发现、早报告、早处置。①

G省政府〔2008〕3号文在中央〔2007〕6号文的基础上进一步细化了具体实施细则。随后根据G省政府〔2008〕3号文，G省侨务办公室先后出台《G省华侨农场归难侨安居工程实施方案（修订稿）》（〔2008〕184号）、《关于做好困难归侨扶贫救助工作的通知》（〔2010〕42号），G省财政厅出台《关于下达华侨农场清偿"三拖欠"债务奖补资金的通知》（〔2011〕247号）、《关于安排华侨农场改革解困发展专项补助资金的通知》（〔2011〕550号）。在这些文件中，可以看出G省针对华侨农场与归难侨进行倾斜与扶持的政策痕迹。这与G省本身的经济与社会条件密不可分。G省作为经济发达地区，在关注经济发展之余，更加重视社会和谐建设，关注并解决民生问题。

在上述政策的思想指导下，自2008年以来，G省配合中央下拨到华侨农场的资金得到了迅速增长。2007年至2011年9月，G省财政先后下拨7亿多元专项资金，用于解决归难侨危房改造、分离办社会职能、清偿债务处置等问题；有关部门还倾斜安排超过6亿元，重点解决华侨农场基础设施和民生社会事业问题；同时每年安排17个困难华侨农场财政转移支付4850万元。②

G省一方面试图解决普遍化逻辑带来的"三拖欠"等历史遗留问题；另一方面试图通过重建社会福利导向的集体消费制度（如出台归难侨危房改造政策、统筹归难侨的医疗及保险费用等），获得民众支持。

---

①　G省政府：《G省推进华侨农场改革和发展实施方案》（〔2008〕3号），内部资料，南涌华侨农场街道处获得。

②　参见王世元《关于对G省华侨农场改革和发展政策措施落实情况督查的意见》，2011年9月20日，内部资料，南涌华侨农场街道处获得。

此后，G 省还定期检查上述政策的执行情况，完善华侨农场治理中的问责与应责机制。2009 年 11 月 30 日，G 省政府办公厅下放《关于开展华侨农场改革和发展工作检查的通知》，由 G 省侨办牵头，省发改委、民政厅等七部门参加，围绕华侨农场归难侨危房改造、土地确权登记发证、金融债务处置、清偿"三拖欠"（拖欠职工工资、职工及离退休人员医疗费和离退休金）、华侨农场职工参加城镇职工基本医疗保险、行政管理体制改革等六大项二十个内容进行检查。2011 年 3—5 月，G 省为了进一步摸清省内华侨农场改革以及民生方面存在的问题，G 省省委办公厅会同省直属有关单位对全省华侨农场改革解困发展问题进行专题调研。8 月 18 日，时任省委书记在调研华农（林）场改革解困发展情况时发表讲话：

> G 省是侨务大省，侨务问题处理的好坏直接关系国家形象、G 省形象。归难侨过去侨居海外，为传承中华民族的优秀文化、彰显中国人勤劳朴实的形象作出了积极贡献。他们在最困难的时候选择回到祖国，这是对祖国的热爱和信任……我们一定要把解决好归难侨的问题摆到议事日程上来，从具体事情做起，不让任何群体被遗忘，更不能让对国家满怀希望的人伤心，要让各类群众都能分享到改革开放的成果。解决华侨农（林）场改革解困发展问题不难，关键是思想认识要到位。我省的归难侨来自 24 个国家，对涉及他们的问题解决得如何，不仅有着巨大的社会影响，还有着广泛的国际影响。我们一定要从政治高度和社会影响的层面来深刻认识这个问题。当然，我们不能单纯立足于追求经济总量和财政收入谋划发展。必须坚持以人为本，防止出现经济总量虽然增加了……①

---

① 《在全省华侨农场改革解困发展座谈会上的讲话》，2011 年 8 月 18 日，内部资料，南涌华侨农场街道处获得。

从上述讲话中我们可以发现，省领导从讲政治的高度强调华侨农场与归难侨的"解困发展问题""直接关系到'国家形象''G省形象'"："不能单纯立足于追求经济总量和财政收入谋划发展。必须坚持以人为本。"2011年12月，G省财政厅出台《关于安排华侨农场改革解困发展专项补助资金的通知》（〔2011〕550号），安排2189万元专项补助资金用于华侨农场改革解困。G省作为侨务大省，其对于华侨农场与归难侨的重视，也进一步增强了中央解决归难侨民生问题的信心。

随后，中央层面越来越重视华侨农场的改革以及归难侨的民生问题。2012年7月23日，国务院侨务办公室等十部门联合印发了《关于进一步推进华侨农场改革和发展工作的意见》（国侨发〔2012〕29号）。7月26日，全国华侨农场改革和发展工作会议在北京召开。时任国侨办主任李海峰在会上指出：

> 华侨农场体制改革能否顺利推进，历史遗留问题能否妥善解决，不仅是一项重大的经济任务，也是一项严肃的政治任务，直接关系到社会稳定和国家对外形象，直接关系到中华民族凝聚力的增强，直接关系到全面建设小康社会目标的实现。因此，中央一再强调要从讲政治、讲大局的高度来认识解决华侨农场问题的重要性和紧迫性……①

从上文可知，国家对华侨农场的治理目标发生了转变，特殊化与区别化的话语重新回到了宏观政策文本中，区别化治理框架的路径依赖生成。这种宏观层面的区别化治理框架进一步对省级政府形成了硬约束。根据〔2012〕29号文以及全国华侨农场会议的精神，G省政府及相关职能部门出台了一系列对华侨农场及归难侨特殊照顾的政策，如加快归难侨的危房改造、统筹规划公共基础设施、完善农场职工养老与医疗保险和处理历史债务，并同

---

① 李海峰：《在全国华侨农场改革和发展工作会议上的讲话》，2012年7月26日，内部资料，南涌华侨农场街道处获得。

时强调保持华侨农场稳定与安抚归难侨的重要性。2013年G省政府出台《关于进一步推进华侨农场地区改革发展的若干意见》（〔2013〕4号）。文件中将原本针对归难侨群体的特殊照顾延伸至对于华侨农场内职工以及非职工，比如对新增归难侨以及非归难侨危房进行改造，对农场内困难人员提供"一对一"免费就业援助、优先安置到公益性岗位就业，统筹"4050"农场人员参加城镇医保费用等。在上述政策逻辑下，G省配合中央下拨到华侨农场的资金得到快速增长，主要用于解决归难侨危房改造、分离办社会职能、清偿债务处置，以及重点解决华侨农场基础设施和民生社会事业问题，累计达到14亿元（参见黎相宜，2017）。

至此，国家对于华侨农场的治理逻辑从普遍化逻辑转为特殊化逻辑。从中央至省级政府层面都尝试通过构建更完善的福利制度，保障困难归难侨的基本生活并给予归难侨特殊的照顾政策。宏观层面的区别化治理框架对移民安置聚集区的基层形态造成了深远影响。自上而下的"制度性支持"一定程度上替换了原先的政策性地位均等化（Li，2013：105）。社区公共资源的分配与侨身份的联系愈加紧密，"侨"与"非侨"的政策性地位差异深化，为宏观层面的区别化治理框架在当代基层治理实践中的生产奠定了基础。

四　小结

本章在对政府政策文献的分析基础上，梳理了国家在设立归难侨的安置制度以及制定相应的华侨农场政策中的治理逻辑及其转变。国家对于华侨农场及归难侨的治理经历了从特殊化逻辑到普遍化逻辑，再到特殊化逻辑为主而普遍逻辑其次的轨迹。但是国家对于华侨农场以及归难侨长期的特殊照顾一定程度上使生产效率降低。国家出于发展农场经济、提高生产效率、改善归难侨生活的目标，对华侨农场进行经济体制改革。然而，这种政策的均等化措施产生了一系列意外后果。国家再次调整政策，通过倾斜性照顾措施，尝试解决归难侨的民生问题，增强基层向心力。这其中，G省作为经济发达地区积极响应，在华侨农场建立了一系列的社会保障制度与集体消费制度。

实际上，中央及各级地方政府在治理华侨农场时面临着平衡统筹特殊化逻辑与普遍化逻辑之间张力的两难：一方面，在经济转型的大背景下，要促进华侨农场的政企分开，实现政策均等化以及治理的普遍化；另一方面，无视侨务及安置政策的历史以及归难侨的特殊性面临着一定的政治风险，在制定政策时又需要给予归难侨群体适当的倾斜与照顾。这种张力与国家目标因素互动，共同影响了归难侨安置制度与华侨农场治理政策的变革轨迹。区别化治理框架的路径依赖深刻地形塑了南涌华侨农场的基层治理实践，使其区别化治理最终经由基层政府而生产出来。

第二节 华侨农场的基层治理实践[①]

一 基层政府的刚性执行与区别化治理实践

区别化治理框架的路径依赖深刻地影响着基层政府的行为。在特殊化逻辑的强支配下，基层政府无条件服从与刚性执行由政策性地位赋予所衍生而来的区别化治理框架，实现治理对象与治理措施的区别化。这种区别化治理实践带来了治理难度与成本的升高。

区别化治理实践

基层政府的区别化治理实践包括两个层面：一是从治理理念层面将治理对象区别化，使其显著不同于其他群体；二是从治理措施层面对其进行区别化。

1. 治理理念区别化

基层政府对于特殊化逻辑的刚性执行首先体现在从理念角度将政策目标群体进行区别化上。被贴上"归难侨""国际难民"标签的社区成员即使不具备治理者所设想的特征，也会因为归属

[①] 此部分曾以相似内容发表于《社会学研究》2020年第3期，原题为《政策性地位、区别化治理与区别化应责——基于一个移民安置聚集区的讨论》，文章作者为本书第一作者。

这一群体而在实际治理过程中被刻板印象化。基层治理者对不同归难侨群体也存在着区别化措施：

> 现在问题最大的就是越南归难侨，他们这批人比较懒。比如说到附近的工业园区当工人，他们就不愿意去，他们觉得工作量大，太辛苦，宁愿在家里吃父母的退休金。他们就总是觉得自己的身份特殊，要求政府照顾。因为没有工作，所以这个群体闹得最凶，各种要求就多，我们是最头疼的。（访谈资料：FJM20130410）

但街道对于归难侨的刻板印象化包含但不完全等同于"污名化"。街道也会使用中性词进行类型化表述，如弱势群体、需要被特殊照顾等：

> 他们是在农场长大的，在家里也没有很好的氛围，文化素质比较差，也没读什么书。像南涌联合公司①如果要招人，也要文凭，他们又没有这种能力。如果说有什么顶替制度就好了，父母退休之后子女可以在农场工作，他们起码就有工作保障了。他们属于弱势人群，需要我们政府特别关注的。（访谈资料：LSL20130801）

贴标签能满足基层政府的治理目标与应对绩效考核的需求，但一定程度上扭曲了归难侨的特征。实际上，有相当比例的越南归难侨认为改善生活应该靠自己，而且不少人在附近工厂打工，有些还在政府、事业单位工作，并非都是基层干部所说的"等、靠、要"的弱势群体。但标签具有改变治理者对治理对象认识的定性导向作用，也进一步影响了治理措施的区别化。

2. 治理措施区别化

治理措施的区别化是区别化治理实践的另一重要表征。与普

---

① 南涌华侨农场政企分开后，行政功能下放至街道，而经济功能转由南涌联合公司承担。

遍化治理相比，区别化治理措施主要体现在治理性质与治理程度的差异上。

在治理性质差异方面，基层政府对归难侨的治理发展出有别于普通居民的倾斜照顾措施，包括无偏差执行政策性地位赋予，以及进行实质与形式上的区别照顾。

已有研究讨论了一些地方政府的政策执行偏差行为，如"选择性执行"（O'Brien & Li，1999；李迎生等，2017）、变通式执行（王汉生等，2011）和"波动式执行"等（陈家建、张琼文，2015；陈家建等，2013）。然而，目前南涌街道基本无偏差执行上级政策尤其是涉侨政策。南涌街道没有独立财权，不存在为了追逐本级财政收益而选择性执行的动机："我们街道是没有财政收入的，都得靠区一级审批拨款，要搞点什么改善生活是很难了。"（访谈资料：FJM20170630）反而"无选择性执行"能够最大限度降低治理风险。一是规避基层矛盾："我们现在一般就按照国家政策执行，有政策我们就按照政策来。这样最省事，比如居民来说什么，我们就拿国家政策文件给他们看，省得他们又说有优惠政策没和他们说，政府有下拨的钱被我们贪污之类的。"（访谈资料：TL20170816）二是规避上级政府"问责"："按政策执行还出问题，那就说明不是我们没做好。我们也不好说是上面的问题，但我们被扣分起码有理由嘛。"（访谈资料：FJM20170630）

基层政府除无差别贯彻倾斜性政策外，在具体治理过程中对社区居民也进行实质与形式上的区别照顾。实质照顾包括社区公共服务与资源的倾斜性分配。比如在住房方面，南涌街道根据归难侨危房改造政策，展开了归难侨居住情况的普查工作，并制定了整体搬迁与就地维修两种方式，试图解决归难侨的住房问题（见图2-2）。街道部分归难侨被安置到家安花园（见图2-3）；而另一部分归难侨则接受就地改造，由国家、省、市配套资金以2.8万/户的标准维修其房屋。在就业方面，街道推荐失业或无业归难侨参与市、区办的职业培训班，培训费由南涌街道支出。同时街道民政科及劳动保障部门共同收集招工信息，推荐归难侨就业。街道还商请南涌联合公司将辖区内的地以每亩便宜一半的价格租给归难侨子女。在医疗、养老保障方面，街道结合国家及省市政策，积极敦促归难侨补缴保险，对因困难无法缴纳者给予资金支持。在公共服务供给方面，在街道、居委建立"侨胞之家""侨务中心"等公共空间，并针对贫困、重病、老龄的归侨侨眷开展节日慰问活动，对其发放慰问金、慰问品及相应的生活或医疗补助。除国家倾斜性政策支持外，街道对于一些无政策支持的行为也"睁只眼闭只眼"。比如街道默许社区内的违章建筑："归难侨他们确实人很多，十多个人挤在一间房子里住，违章建筑的面积我们基本就默许了，不会去干涉他。"（访谈资料：LSL20130813）甚至在落实危房改造政策时，街道对归难侨将政策资金用于维修违章建设面积也基本采取放任态度。本地人的说法也从侧面印证了这种倾斜照顾："如果都违法，肯定会处罚我们本地人，但归难侨就未必了。而且过节他们都有领导慰问，我们就没有了。"（访谈资料：GXF20170826）

图 2-2 归难侨危房

图 2-3　归难侨安置房家安花园

形式照顾是实质照顾的重要辅助手段，指在政策实施与日常治理中对归难侨进行相比其他居民更为细致、认真与频繁的解释："有政策（支持）的就按政策来，没政策（支持）得做工作。"（访谈资料：TL20170816）比如上文提及的归难侨危房改造政策经由省、市、区下达到街道后，街道在落实政策时进行了大量的解释工作：

> 因为危房改造是有标准的，我们要去一户一户核实标准。有的不符合国家政策标准的，我们得做解释工作。得很耐心地解释哪里不符合标准。如果对方还是反复来反映问题的，我们也得每次都耐心解释。有的他知道不符合就喜欢来你街道唠叨的，我们也要听啊，有的时候让他说说就好了。那段时间，我们基本上都是天天加班，睡在街道办公室的。（访

谈资料：TL20130630）

此外，街道还会使用"以侨顾侨"的策略。南涌街道内部几个居委先后被定为征地拆迁区。为避免激化干群关系，街道从归难侨中抽调"有一定素质且心向政府"的人员成立"拆迁办"，作为政府的"解说员"向其他归难侨做解释工作，降低发生冲突的可能性。（观察资料：20170714）

除应付危房改造、拆迁等高难度任务外，街道各个科室均要接待因各种缘由来访的归难侨与侨眷，涉及的诉求有住房困难、就业、社保、子女上学、征地拆迁补偿、房屋产权继承、生活困难救济、户口迁移等。街道多位干部提及对群众诉求进行耐心解释的重要性："我觉得归侨很复杂的，反正基层你大声一点都不能，又不能讲错话。"（访谈资料：FJM20170630）

倾斜照顾的目的是舒缓民怨，减少基层冲突，但"施恩"不仅增加了基层干部的工作量，还进一步增加了治理的难度。倾斜照顾措施很大程度上使社区治理朝特殊化逻辑的方向发展。

> 现在我们真的是不想提什么华侨农场、归难侨，一提就变成他们很特殊，我们在基层治理时就很难办。我们有时就希望给个特殊照顾，你就别闹了。这不特殊还好，一特殊他就说你优惠不够，没有优惠就是你干部的问题。越给政策越闹。（访谈资料：LSL20170630）

在治理程度差异方面，基层治理者对移民安置聚集区采取密切关注的策略。作为社会治理的基层"应责"主体，街道为维护辖区内的社会稳定，分配大量行政资源进行管制。与普通社区相比，移民安置聚集区更是因其特殊的政策性地位而受到更为密切的关注。南涌社区拥有众多与海外联系密切的归难侨，尤其越南归难侨还因其国际印支难民身份受到联合国难民署关注，而这些归难侨不时以自己是"外交部的孤儿"自居（访谈资料：XXQ20170814），因此其治理问题被上升到"政治高度"："华侨农场的稳定直接关系国家形象、G省形象……问题解决得如何，不仅有着巨大的社会影响，还有着广泛的国际影响……在党和国家强调'走出去'的背景下更要处理好这方面的问题。"（政府政策文件：G省省委书记20110818）

在这种压力下，南涌街道实行了一系列区别化措施：密切关注涉侨聚集区及其社会形态。越南归难侨所聚居的"侨队"相对独立，但拥有着广泛的社会网络，不仅与其他地区华侨农场的归难侨联系密切，而且与发达国家（如美国、加拿大和法国）的印支难民有着千丝万缕的亲缘、地缘关系。这对基层治理能力提出了更高的要求。街道干部说："他们有些亲友在其他农场，美国、法国，他们就最会比较，这就很容易产生问题。我最怕农场之间搞什么联谊的了。"（访谈资料：HZR20130429）街道会在涉侨聚集区密切关注归难侨的内部活动与外部交往。密切关注涉侨团体及其活动。基层治理者对不同类型的涉侨团体及活动进行区别对待。比如马来亚归难侨组成的新马侨友会每逢重要节日会齐聚一堂。街道一般象征性拨付经费支持活动开展，表示支持和关注。基层治理者对于归难侨的密切关注在治理过程中很容易演变成归难侨可资利用的"弱者的武器"（斯科特，2007），比如要求街道满足其工作、生活诉求。密切关注实际上含有倾斜照顾的成分，这些策略均进一步加速了群体的"区别化"。区别化治理措施是在"治理对象需要被区别对待"这一治理理念之下衍生而来，倾斜照顾与密切关注的区别化治理措施强化了社区及群体的特殊性。

区别化治理措施是在"治理对象需要被区别对待"的这一治理理念之下衍生而来，倾斜照顾与密切关注的区别化治理措施强化了社区及群体的特殊性。由于基层政府的刚性执行，宏观层面的区别化治理框架在基层得到了再生产，使区别化治理形成。这种治理模式导致了政策目标群体对治理的超高诉求以及增加了治理难度，并进一步影响了基层政府后续的应责模式。

二 基层政府的区别化应责模式

为了应对考核，基层政府通过区别化治理框架所形成的政策机会结构，以此发展出向上与向下的区别化应责模式。

(一) 向上应责

基层政府的向上区别化应责分为问题化与吸引注意力两个面向：

尽管政策性地位均等化失效，国家仍对基层政府形成了基于普遍化逻辑的刚性绩效考核。与普遍化治理相比，政策制定职能部门具有正式权威，对街道形成硬约束考核。南涌街是省、市及区侨务部门重点监督的涉侨街区，街道主管侨务的民政科经常要应付上级侨务部门有关归难侨安置与生活的检查任务："我们要应付各级侨务部门以及五侨组织。很可能上个月省侨办才来过，这个月市侨办又要来。慰问贫困归难侨，华侨农场解困调研，各种各样的名头。一来就要去视察归难侨，出什么问题肯定不行了。"（访谈资料：TL20130610）而上级政府与侨务部门之间的硬考核有时是相互矛盾的：上级政府更加强调"一视同仁"原则；而侨务部门则更侧重于对归难侨的特殊照顾。这导致了街道政府的无所适从："各个上级的要求也不同，比如其他职能部门是这个要求，侨办又是这个要求。"（访谈资料：TL20170710）面对上述刚性指标考核，南涌街道衍生出"诉苦"模式来转嫁上级"问责"的压力（倪星、王锐，2017 & 2018）。街道会在汇报工作时强调归难侨的政策性地位："我有和区政府直接反映，有些不和谐的声音我们也不是不想解决，但华侨农场就是这种特殊性。"（访谈资料：FJM20170630）街道"诉苦"有两个目的：首先，将上级政府与职能部门拉近责任连带体系，试图在考核中得到上级的保护与支持；其次，通过"注意力竞争"引起上级重视，得到政策资源的倾斜（练宏，2016a & 2016b）。而上级也易于接受这种"诉苦"，因为上级不是最终上级，也要面临更上一级政府的考核，将治理对象"问题化"也有利于缓解"问责"压力与得到上级的注意力分配（参见刘军强，2017）。G省侨办干部朱处长说："我们也知道南涌华侨农场是老大难问题。没有优惠政策，这些归难侨就成为弱势群体，给他们优惠政策吧又还嫌不够。你说我们政府该怎么办。我们只能把情况报给国侨办了。"（访谈资料：ZJ20150301）"诉苦"这种应责方式不仅使群体被进一步负面社会归类（social categorization）（Brubaker, et al., 2004），如刻板印象化与"问题化"；而且强化了国家及其代理人有关"归难侨需要特殊对待"的特殊化逻辑。

街道的区别化应责还表现为软约束考核下的"制度创新"。曾经一段时间，地方政府的经济增长及政绩工程被视作绩效而加以重点考察（陈那波，2017）。但随着国家对于社会发展、民生保障、社区建设的重视和强调，基层治理者要想"创造"政绩，在"锦标赛"（周飞舟，2009；周黎安，2007）中获胜，则需要探索与创新一些有别于经济增长的"特色指标"，比如制度创新、文化发展成效等（练宏，2016b；李敢，2017）。作为长期享有优势政策性地位的移民安置聚集区，南涌街拥有悠久的侨文化与丰富的侨务资源。因此"铸造侨名片"成为街道凸显"基层治理"特色的重要路径。"侨区创新"实践主要体现在以下几个方面：首先，在推进社区活动中积极吸纳"侨"元素。街道每年都会举办不同主题的邻居节，其中"侨文化"展演是必不可少的组成要素。比如第二届邻居节中设置了"舌尖上的东南亚"活动。街道为保证活动顺利展开，提前一个月召集相关居委干部开会筹备，由居委干部与驻点居委的社工每家每户通知归难侨准备马来、印尼与越南菜肴。第三届邻居节以"侨网情深·自助篇"为主题开展活动。此外，街道还设立侨胞之家、组建侨友歌舞队、组织参与侨文化日活动、举行"侨心杯"篮球赛等（见图2-4、图2-5）。这些各式各样冠以"侨"特色的活动均会邀请上级政府与侨务部门官员参加。其次，响应国家"走出去"与地方吸引外资等发展策略，以侨资源构建吸引外资与对外联系的平台。南涌街道通过归难侨及其跨国网络，争取并协助区里承办各种合作与交流活动。在南涌街道以及归难侨唐先生的积极努力下，N区争取到一年一度华南地区越柬寮会员联谊大会的主办权。2017年9月，主题为"华南地区越柬寮会员第八届联谊大会暨N区推介会"顺利召开。南涌街道派出了12位工作人员及50位归难侨支持并参与此次会议。最后，注重"制度创新工程"的书写与宣传。比如为了突出"侨区"的显示度，南涌街道专门从受限的行政经费中开列一笔支出，用于整理社区内归难侨的故事。街道邀请了 N 区作家联谊会的 20 多位作家，一对一口述采访社区内的归难侨并为其撰文。这些文章还被结集成《华侨往事》一书出版。上级来进行检查工作时，此书成为南涌街道重要的汇报材料之一。

图 2-4 社区居民争先品尝归难侨烹饪的东南亚美食

上述基层实践均可视作街道在绩效考核软约束下的反应。无论是邀请上级前来参与侨区活动还是递交各种涉侨的符号性文件，均在"试探"与"确认"上级政府对于"侨区创新"的态度，以便街道能做出准确的预判与调整。这种政绩工程在基层干部看来能够一定程度上弥补硬约束考核表现不佳的缺憾："我们因为基层一些不和谐问题被区里批评。但我们在侨文化建设啊、社会管理创新这一块真的做了很多内容，走在很多社区的前面。"（访谈资料：FJM20170630）由于这些"制度创新"既符合上级政府的"制度创新"要求，也满足了上级侨务部门开展侨务工作的需求，能帮助上级政府尤其是被边缘化的侨务部门吸引更上一

图 2-5 侨心杯篮球赛

级政府或同级党委及政府的注意力,因而这些基层实践也得到了默许甚至鼓励。

在国家大力倡导"社会管理创新"与"文化建设"的大背景下,街道依托"侨区"的历史传统,衍生出一系列"制度创新工程"。这些基层实践确实获得一定成效,比如南涌街成为 N 区社会管理服务创新的试点单位,街道的 X 居委还被评为"全国社区侨务工作示范单位"。但"侨区创新"造成了社区"再侨化"的意外后果,比如居民争先恐后地回忆与报送自己的归国历程,重新烹调早已忘记的东南亚美食,举办以"侨"为名义的篮球赛,积极参与越柬寮联谊会。归难侨及其子女在这些打着"侨牌"的活动中不断强化归难侨的身份认同:"这种归难侨的身份是潜在的,平常就无所谓,一旦觉得自己利益受损,他们就会说我们不关心归难侨。"(访谈资料:LSL20130801)"侨"的身份意识以及与之连带的政策性地位在基层治理实践过程中被不断增强,甚至很易于成为利益诉求表达的依托。

综上所述，街镇政府既要应对多个上级的硬约束考核，也要积极吸引上级注意力完成软约束考核。在制度创新等基础性治理目标之下的基层代理人发展出向上的区别化应责模式，使社区与成员被持续区别化。

（二）向下应责

在普遍化治理目标下，基层治理者为规避治理责任及其潜在风险，采取了长期缺席回避的向下应责模式。周雪光（2012）曾将中国政府的治理机制分为常规型与运动型。前者体现在稳定重复的官僚体制过程以及依常规程序进行的例行活动中，而动员机制则指超越常规、突破已有组织结构的紧急动员。缺席回避策略在南涌街的常规型治理与运动型治理中均有体现。

治理实践中的不愉快经历使干部在处理基层矛盾时普遍形成了"畏难"情绪。权责分立结构下的街道干部在治理过程中经常受夹板气："体制一转就没这个权力了，好像这个房产证没得发，全部都是上面发不是我们发的。要解决什么事情我们得报到区里，区里面要审核，一审核就是一个过程。现有形势下不敢拍板不敢乱表态，时间过去了，群众就觉得很拖。"（访谈资料：ZZG20170828）为了避免发生冲突，街道干部在对归难侨的日常治理中普遍"缺席"：

> 其实我是主管侨务这一块的，照理说应该听下他们心声，但是我们实在是不想去点这把火。因为我们一下去，他们就会攻击你，他觉得你政府就应该给他解决。明明我们也不是制定政策的人，我们是执行政策的人，但他就觉得问题就出在你身上。越南归难侨又顶着"国际难民"的帽子，处理不好会有国际敏感性。所以我们其实也一般不下去基层，以免发生冲突。（访谈资料：TL20130830）

缺席回避还经常发生于运动型治理中。南涌街是上级多个政策的示范点，经常接受来自上级政府与职能部门的突击检查。作为"应责"层级，街道会回避一些矛盾多发区域与问题集结群体：

> 要看上面想看什么，如果是想看归难侨居住的地方，我们一般安排去 X 居委，那里的归难侨都是有条件安置到楼房的，怨气少。如果要看归难侨本身，我们会安排新马归难侨或者问题比较少的越南归难侨，不会出现那种跟领导抱怨不停的情况。（访谈资料：TL20130830）

缺席回避是基层政府为规避治理风险而理性决策的结果。但这种区别化向下应责模式很大程度使归难侨群体被忽视，其诉求由于长期找不到"应责"主体而导致底层不满进一步累积："这么多年了，没有什么领导来过我们这里，都没人来问一下。你说到底有没有关心我们归侨。"（访谈资料：YYB20170811）这种消极的应责模式进一步加剧了政策目标群体被区别化，也促使其形成自我区别化。

由此可见，区别化应责模式既是区别化治理的产物，也同时强化了区别化治理实践中的特殊化逻辑，加深了区别化治理的程度。

三　小结

本节分析了宏观政策层面形成的区别化治理框架是如何在基层中生产出来的。南涌华侨农场的基层治理实践分为政策执行与应对考核两个层面。

在政策执行层面，基层政府刚性执行国家的政策性地位赋予，不仅在治理理念上区别化，而且将这种区别化理念落实到具体的治理实践过程中。治理理念与治理措施的区别化提高了治理难度与成本。在应对考核层面，内嵌于普遍化治理框架下的基层政府为了应对中央政府与特殊政策制定部门的双重硬约束，通过区别化治理框架所形成的政策机会结构进行区别化应责：一方面，基层政府通过强调社区及成员所享有的政策性地位将上级拉进责任连带体系转嫁治理压力，并且采取长期缺席回避的消极治理策略;另一方面,基层政府利用优势政策性地位衍生出来的历史传统与特色资源进行"制度创新",以吸引注意力。而在应责政策目标群体方面,基层政府为规避治理责任及其潜在风险而采取了缺席回避策略。区别化应责实际上强化了治理中的特殊化逻辑,加深了区别化治理的程度。

第三节 归难侨的多向分层融入与缝合认同

如上所述,南涌华侨农场及其归难侨经历了政策性地位的赋予、均等化与再赋予。而基层政府在实际治理实践中,无法实现政策均等化,而是刚性执行区别化政策,并形成了区别化应责逻辑。归难侨在上述政策波动以及基层治理实践的背景下,发展出多向分层融入的适应策略以及缝合认同的身份策略,以应对这种变化。

一 多向分层融入:归难侨的社会适应[①]

在长达60多年的时间里,南涌华侨农场经历了较大的历史变迁,而生活在农场内的马来亚与越南归难侨群体却在同样的制度转型与改革进程中呈现不同的社会适应结果,这种差异在他们的第二代身上表现得尤为明显。下面我们将结合多向分层同化理论(Segmented Assimilation Theory)及相关的族群聚集研究(Zhou,1997;Alba & Nee,1997),分析归难侨群体本身的聚集状况及亚群体网络内部所形成的资源和价值观念是如何与国家层面的政策性地位赋予、华侨农场的基层治理实践等多个层面因素互动,共同影响集中安置在同一华侨农场,但安置时间不同且来自不同国家的归难侨群体的多向分层融入进程的。

[①] 此部分曾以相似内容发表于《广西民族大学学报》(哲学社会科学版)2015年第1期,原题为《制度型族群聚集与多向分层融入——基于广州南涌华侨农场两个归难侨群体的比较研究》,文章作者为本书第一作者。

◇◇ 区别化治理：基于三个移民安置聚集区的比较研究

（一）重建"家园"：马来亚归难侨群体的强势聚集

华侨农场是一个相对偏离主流社会的社区，是本地社会的一部分，但又是一个被主流社会所忽视的、体现了群体和阶层交错的（归难侨及低收入贫困阶层集中的）边缘化社会。这种边缘化社会环境很可能会导致归难侨群体在社会适应与向上流动的过程中出现问题。因此，归难侨群体的迁出背景（Context of Exit）与迁入背景（Context of Reception）就显得尤为重要。下面我们将分析马来亚归难侨群体归国前后的社会经济背景、所携带的政治资本及本地社会对他们的安置方式是如何影响其强势聚集的形成，并且如何进一步影响第二代的融入状况的。

1. 政治资本与"分散"安置

在20世纪40年代末50年代初，马来亚政局动荡。在这样的历史背景下，南涌华侨农场接收了1000多名马来亚归难侨。由于人数较少，当时政府将这些马来亚归难侨以"大集中，小分散"的模式[①]安置在各个生产队，与农场内的"本地人"一起同吃同劳动。[②]

KC就是其中一个被英政府遣返回国的马来亚归难侨。KC出生于马来西亚霹雳州（Perak），原籍广州郊区。在日本侵占马来半岛期间，KC经人介绍参加马来亚共产党领导下的抗日儿童团，参加抗日斗争。1946年7月1日，KC加入马来亚共产党。1948年，英殖民政府宣布马共非法，颁布紧急法令，1948年6月20日零时起对马共党员实施大搜捕。1952年7月1日，KC被叛徒出卖被捕，在当地警局饱受折磨而后被转送到全马最大的集中营——怡保集中营。1952年10月，KC被英当局告知离境。在海上度过了七天八夜后，KC于1952年11月18日下午约五时轮船经过虎门到达黄埔港。作为第22批回国的马来亚归难群体的一员，KC受到了当地政府以及地方社会的热情接待。KC在广州招

---

① 马来亚归难侨群体本身被安置在农场属于"集中安置"，但将这些归难侨分散到其他生产队去而不专门编成一个独立的生产队，则属于"大集中，小分散"的模式。这种分散安置不是绝对的，与西方发达国家对于国际难民的分散安置也不同。

② 参见南涌华侨农场志编写组《南涌华侨农场志（1950—1988）》，内部资料，第6页。

待所待了一段时间后，被分配到海陆丰农场工作，没多久调到南涌华侨农场，从事农业耕作。

马来亚归难侨回国大多发生于20世纪50年代初，恰逢中国社会主义改造的历史背景。中国国内侨务工作的任务是"加强对侨眷、归侨进行社会主义教育"。由于马来亚归难侨很多是曾参与马共及其外围组织的革命者或是支持同情革命的群众，他们来到农场后大多积极接受政府所倡导的"自力更生""劳动光荣"的劳动观念，"反对铺张浪费"的节俭观念，以及"服从共同社会主义利益"的集体观念等（访谈资料：KC20130804），这为马来亚归难侨后续的适应奠定了良好的前提。

此外，马来亚归难侨群体第一代的融入过程与当时的国际政治形势以及中国的内政外交政策有着密切关系。当时正值革命年代，当时国家领导人认为中国是世界革命的一部分，中国的民族国家建构目标包括了要服务于世界范围的民族主义革命（项飙，2009；秦亚青，2003）。基于上述的历史背景，中国政府对于这批受排华风潮影响回来的前马共党员及其同情者给予了优势政策性地位，为其个体的融入及群体的强势聚集的初步形成提供了良好的制度支持。1954年，KC被调到农场第三基建队工作，正式脱离农业劳动生产，进入华侨农场场部成为干部。1961年至1965年KC开始任基建队副队长、队长，1963年转为行政干部24级。1966年1月，KC在被省委组织部安排到北京进行马列主义理论的学习，同年8月到南京军事学院学习各种军用车驾驶技术及枪支射击。1967年5月，KC学习结业后回原单位工作，任农场基建队队长。1969年，KC加入中国共产党。改革开放后，KC升任华侨农场基建站副站长、建筑水电安装工程公司任经理，成为农场领导之一（当时农场领导相当于县级领导级别）。KC于1988年以离休干部的身份退休。KC今年已经是85岁的高龄了，享受离休干部待遇：每月退休金近万元，看病费用全免，生活过得十分惬意。上述KC的经历可以反映了相当一批马来亚归难侨干部的生活状况。而作为普通农场职工的其他马来亚归难侨则可以每月领取工资，享受公费医疗、退休养老。他们的退休金按照不同工龄和级别从3000元到8000元不等，生活无虞。

与其他国际难民不同的是，在各种影响马来亚归难侨群体实现社会融入的迁出背景中，除人力资本（一些归难侨在回国前就具备一定的文化素质及见识）起着一定作用外，最为重要的是有不少马来亚归难侨拥有为安置地社会以及主流价值观所认可的"政治履历"（如参加马共及其外围组织）。这种政治履历在被转换到迁入地情境后得到了强化，从而衍生出这个群体所拥有的独特的政治资本以及随之而来的优势政策性地位。这些第一代归难侨来到农场后很快顺利地融入安置地社会。尽管并非所有的马来亚归难侨都拥有所谓的"政治履历"[①]，但由于有为数不少的马来亚归难侨在农场内部担任领导职务，使得整个亚群体内部所共享的资源要明显优于本地人及其他的归难侨群体。马来亚归难侨群体所形成的这种强势聚集以及亚群体网络中的积极因素都为第二代的社会向上流动奠定了坚实基础。

2. 第二代的选择性融入

华侨农场是长期受到国家特殊扶持的"政策性社区"（李明欢，2003），其内部所形成的文化价值观、思维行为模式与外面的主流社会存在着一定差异。居住在农场内部的归难侨子女，很容易自然地被农场当地的亚文化所吸引，反叛家庭而融入边缘社会。在这种情况下，华侨农场内部形成的亚群体网络在这种情况下就可能起到重要的作用。下面我们将重点考察第一代马来亚归难侨所形成的强势聚集及其亚网络是如何与家庭、华侨农场、本地社会互动，从而影响第二代的"选择性融入"的。

KLQ是前面提到的KC的小女儿，她的父母均是从马来亚回来的归难侨。KC被组织送去北京学习期间，KLQ以及其三个哥哥都被安排在省委高干楼住。她的三个哥哥安排到高干子弟学校就读，而她则安排到省委的幼儿园。为了让他们获得好的照顾，组织上还专门派了保姆照顾孩子们的生活。虽然生活在条件较为

[①] 根据KC的说法，实际真正参与马共及其外围组织的"革命者"才占到整个马来亚归难侨群体的30%。

第二章 深度区别化治理：南涌华侨农场

艰苦的农场，但由于出身干部家庭，自小受到父辈严格而正统的教导，KLQ 并未过多沾染华侨农场当地"不求上进"的亚文化：

> 虽然我们知道爸爸是归侨，但平常并没有说要靠国家的特殊政策的，无论是从小读书还是后来工作还是靠自己多点吧。因为我爸爸也是这么希望我们的。他们也是比较传统的老革命，觉得凡事要自己自立。（访谈资料：KLQ20140426）

由于享有国家所赋予的优势政策性地位，马来亚归难侨群体的整体生活状况一直到农场改制前都要优于农场内部的本地人。但马来西亚归难侨这个亚群体的价值观并不倡导"福利依赖"，而是鼓励个体"努力奋斗、向上"的行为取向。在这里，家庭教育通过亚群体网络得到重新强调与重塑，使得许多马来亚归难侨第二代一方面不仅充分重视自身人力资本的积累，另一方面还会善加利用强势聚集的优势、亚群体网络内的优质资源以及政策性地位。20 世纪 70 年代末，KLQ 高中毕业后被分配到父亲做领导的基建站，一年后到南涌中学当民办老师。而后通过自学获得函授大专文凭。在农场转制过程中，KLQ 转成公办教师。目前工资待遇一个月有 6000—7000 千元。KLQ 的丈夫是农场本地人的子女，是街道办事处的公务员。两人生有一个女儿，从重点大学毕业后进入公务员行列。而 KLQ 的三个哥哥也都在农场的企业以及政府部门工作，享受较好的待遇与地位。

如果说 KLQ 及其三个哥哥能够顺利融入本地社会，是因为他们拥有良好的家庭背景。那么更多来自较差家庭背景的马来西亚归难侨第二代的情况是否能同样实现融入呢？现任街道办事处副主任 FJM 本身是马来亚归侨侨眷。她的大舅由于资助马共而被英国政府遣返回国，FJM 的妈妈 CY 才 9 岁，跟着比自己大 10 岁的大哥（也即 FJM 的大舅）以及 50 岁的母亲回国。CY 小学毕业后留在农场革新队养猪。后与 FJM 的父亲（在农场工作的潮汕籍农民）认识并结婚。1964 年，FJM 出生于农场，家里排行第二，有一个哥哥和一个妹妹。FJM 父母均为农场的普通职工，FJM 幼年时，父亲过早病逝，靠母亲一人养家，家境一般。

FJM 的家境远不如 KLQ 好。但 FJM 自小随母亲、舅舅生活在马来亚归难侨群体中，内化了这个群体所倡导的价值观，即通过自身的努力奋斗获得更好的生活机遇。再加上，FJM 18 岁高中毕业时，国家对于这些归难侨第二代仍然实行统包分配的政策。FJM 在农场中学读完高中后被直接分配进华侨农场工作。无论是学习还是工作，FJM 一直都十分勤勉："我当时养了一年的猪，我的猪还养得很好，我那年还拿了先进生产者。"（访谈资料：FJM20130828）

与此同时，由马来亚归难侨强势聚集所带来的内部资源往往能够帮助群体内的成员克服实现社会向上流动的障碍，从而引导个体融入本地社会中。FJM 后来的经历也体现出这一点：FJM 在生产队工作了一年后，有一位在华侨农场场部工作的干部，同时也是 20 世纪 50 年代回来的第一批马来亚归难侨，发现 FJM 的文笔不错，而且还是马来亚归难侨的子女，便有意推荐 FJM 进场部。FJM 借助亚群体内的社会资本从华侨农场的生产队考进场部，脱离了农业生产。FJM 进场部后还继续进修，通过成人高考拿到一家重点大学的文学学士，后又相继取得法律和行政管理的学位。从 20 世纪 80 年代末开始，南涌华侨农场经历了一系列的体制改革：1992 年设立管理区，赋予县一级经济管理权限。2002 年底管理区划入开发区管理，作为其属下的正处级行政单位。FJM 也在这样的背景下转成正式的公务员系列。2008 年设立南涌街道办事处，FJM 还通过竞岗成为街道办事处副主任，跻身南涌街的管理层。

与 KLQ 一样，FJM 也是马来亚归侨子女顺利融入本地社会的典型例子。尽管从家庭结构（父亲早逝，单亲家庭）以及家庭背景（家境一般）来看，FJM 的家庭所给予的支持力度要明显弱于 KLQ。家庭并没有足够多的资源为 FJM 提供引导和支持。但由于 FJM 自小就在一个与主流价值观契合的马来亚归难侨群体中生活。改革开放后，归难侨群体的优势政策性地位逐渐弱化，整个华侨农场的治理理念及措施试图从原有的特殊化逻辑转向普遍化逻辑。但这个亚群体仍然拥有与本地主流社会相同的一套价值体系：有明确的向上社会流动目标、期望值和行为规范准则，即通过良好的教育和刻苦勤奋而改善自身的社会经济状况。归难侨家庭能够利用这些网络中的积极因素，引导第二代避免来自农场底层边缘文化的负面影响。

此外，尽管马来亚归难侨内部形成了相对于外界的强势聚集，但是其作为一个整体是被分散安置在农场的各个生产队内的。这就使得马来亚归难侨群体的子女既能够享受到亚群体网络内的优质资源，又能与本地社会保持着密切联系："因为我们的父母和本地人的父母是一起在农场创业的，所以我们从小孩子开始也都玩在一起比较多，不太会有区分吧。我们其实讲话都和本地人一样了。"（访谈资料：KLQ20140426）所以，马来亚归难侨第二代的同化程度很高，无论是生活习惯还是语言都与本地人相差无几。

综上所述，马来亚归难侨的第二代的社会适应并不是遵循完全同化于本地人的模式，而是一种选择性融入：他们进入就业期时，农场仍然实行统包分配政策，使得这批人能够利用"归侨侨眷"的优势政策性地位进入体制内成为农场的正式职工，顺利地融入本地主流社会。而一些第二代还能经由马来亚归难侨亚群体网络，善加利用强势聚集所带来的优势及国家对于归难侨的特殊政策，在农场改制过程中成为公务员或进入农场的学校和医院工作，有的则在20世纪80年代外市华侨城招工的背景下出外打工，跻身中等收入群体的行列，较好地避免了由于地处社会边缘层的华侨农场所产生的亚文化的负面影响，实现了在地适应及社会的向上流动（见图2-6）。

（二）"困于"农场：越南难侨群体的弱势聚集

与华侨农场内的马来亚归难侨相比，越南归难侨具有双重身份属性：文化意义上的国际回归移民以及政治意义上的国际难民[①]。

---

① 从迁移的背景以及性质来说，马来亚归难侨也算是国际政治难民，但与越南归难侨政治被联合国认定为国际难民有所不同。参见孔结群《越南归难侨的本土关系建构历程——基于广东小岭华侨农场的个案分析》，《南方人口》2012年第1期。

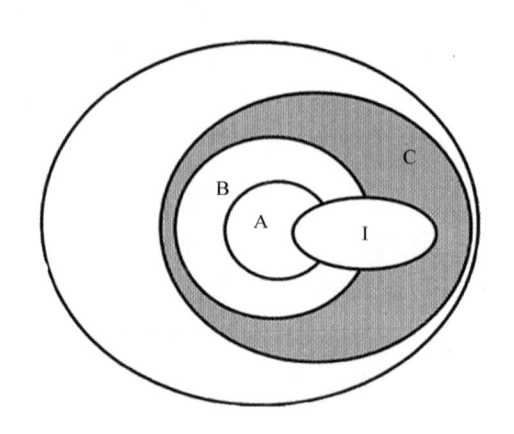

◈◈ 区别化治理：基于三个移民安置聚集区的比较研究

图 2-6 马来亚归难侨及其第二代的选择性融入

I：个体；A：家庭；B：马来亚归侨亚群体网络（强势聚集）；C：华侨农场（本地社会的边缘层）；D：本地主流社会。

越南难侨在迁出背景（归国前的社会经济背景、所携带的资本）及迁入背景（国家对这一群体采取的安置方式）上明显与前者有着很大的差异。因此，虽然马来亚归难侨与越南归难侨均享有国家的优势政策性地位，而且都经过了基层政府的区别化治理实践，但由于越南归难侨的族群聚集以及亚群体网络与马来亚归难侨不同，导致了这个群体在当地的社会融入呈现出与马来亚归难侨不同的境况，也进一步加深了南涌华侨农场的区别化治理的程度。

1. 居住空间与弱势聚集

在南涌华侨农场的越南难侨大多祖籍广西防城、钦州地区，有些是第一代跨越国境到越南北部广宁、海防等地耕作的农民，大部分人是出生在越南的第二代、第三代。这些越南难侨中多数为华侨，其中少部分是入了越南籍的华人以及嫁给华人的越南媳妇。[①]

---

① 根据南涌华侨农场1979年的越南难侨统计数据（内部资料），安置越南难侨为3492人，华侨占93.9%，越南籍华人占5.2%，越南人占0.9%。其中，来自广宁省下辖区域的难侨占整个越南难侨总数的51.9%，来自海防的占22.1%。剩下的26%的难侨来自河内、西贡、海康、谅山同登、宣光山阳等地。1986年农场才安置完最后一批越南难侨，因此上述数据为不完全统计，但可大致看出越南难侨的来源构成。

这些越南难侨归国前的职业大多为农民、手工业者、工人以及小企业主等。他们于20世纪70年代末80年代初，受到越南排华及中越战争的影响，以国际难民身份被迫回到中国。[①] 当时南涌华侨农场首批接待安置越南难民500多人，至1986年底，共安置难侨4497人。目前这批难侨还有3000多人，包括侨眷子女在内总共有4000多人。[②]

安置这批越南难侨时，国家还处于计划经济体制改革未完全铺开的阶段，因而动用了各种行政资源将这批难侨安排在华侨农场里。考虑到当时越南难侨人数众多，当地政府采取了更为集中的安置模式，将这些越南难侨分配成几个独立运作的生产队，即"侨队"。侨队在农场的空间分布相对于本地人和马来亚归难侨的居住区域较为独立。直至今日，越南难侨所在的社区与农场内的其他群体仍然相隔遥远，颇似被孤立的"飞地"（enclave）。而居住空间上的区隔进一步造成了"难侨"身份的延续与强化。此外，1978年以来各级政府制定了一系列倾斜优惠政策，旨在帮助越南归难侨顺利适应在陌生环境中的生产和生活。这也使越南难侨产生了与周边本地人不同的差异性认同——"难侨"或"国际难民"（孔结群，2010）。

基于此，集中安置的模式以及群体的自我区隔进一步导致了第一代越南难侨形成了族群聚集，而这种聚集更多属于一种弱势聚集：首先，大多数越南难侨来自较低的社会经济背景，在回国前所拥有的人力资本就较为贫乏，而且由于原居国政局动荡被迫回国、家庭四分五裂导致这个群体的社会资本急剧减少。其次，少数越南难侨在这个安置过程中，通过可能的亲属网络及其他社会资本，想办法留在了华侨农场以外的地方，也有不少难侨通过国外亲属网络移民加拿大、美国、澳大利亚、法国等发达国家，还有一些难侨通过非正式渠道（如偷渡）进入香港、澳门，以寻

[①] C. Y. Chang, "Overseas Chinese in China's Policy," *The China Quarterly*, Vol. 82, 1980.
[②] 参见南涌华侨农场志编写组《南涌华侨农场志（1988—2000）》，内部资料；南涌华侨农场志编写组：《南涌华侨农场志（2005—2011）》，内部资料，未刊稿。

图 2-7 越南难侨排屋

求更好的生活机遇。可以说越南难侨的向外跨国流动更多是一个正向选择（Positive Selectivity）（Chiswick，2013）的过程，也即拥有更多资源的人得以迁移。而那些既没有社会经济资源也没有海外跨国网络的难侨最终被安置并长期留在农场。

越南难侨这种弱势聚集进一步阻碍他们获得亚群体网络之外的资源。以语言适应来说，由于居住空间上的相对独立，越南难侨基本上与本群体接触最多，这使得他们多以原本的母语"艾话"① 作为日常沟通的语言。有些越南难侨对于粤语和普通话不太熟练甚至不会讲，这进一步又影响了他们与其他群体的交往。此外，越南难侨本身的社会经济地位较低、所拥有的资源贫乏、来农场的时间较其他群体更为短暂，时常会受到来自农场其他群体的歧视与排斥。许多本地人以及马来亚归难侨明确向我们表示"绝对不愿意把女儿

---

① "艾话"为粤西及广西南部等地区的一类客家语方言。

嫁到侨队的，除非某家女儿错过了最佳婚配年龄或是难于出嫁才会考虑嫁给那些越南难侨"。（访谈资料：HGQ20130809）与马来亚归难侨亚群体的网络不同的是，越南难侨所形成的亚群体网络在具有强纽带性、强凝聚性的同时还具有很高的排斥性。这具体表现在这个群体网络与本地人、马来亚归难侨的网络是相对独立的，其所形成的亚群体网络与整个华侨农场出现某种脱节状况。这进一步导致越南难侨亚群体内部资源同质性高且贫乏，这样的社会网络降低了个体与外界联系的可能性以及有可能摆脱边缘化境地的机会（Fernandez-Kelly，1995：213-247），使其"弱势聚集"的缺陷更为凸显出来，从而给成员的社会适应带来一定的负面影响。

这种负面影响在政策性地位赋予时期并没有完全展现出来。第一代越南难侨①依靠着国家倾斜性扶持政策，回国后进入农场成为正式职工，享受国有企业职工的待遇。目前这批人大多已退休，退休金约有5000元，生活较为稳定并且享有一定的社会保障。应该说，这些越南难侨还算较为顺利地适应了农场内的生活。但华侨农场的环境即使适合第一代，也未必适合他们的子女。随着农场体制改革的推进，均等化政策的实施，强调效率、普遍主义的治理逻辑开始逐步取代特殊化逻辑，越南难侨第二代与其父母所面临的情境已大不相同。而越南难侨第一代所形成的亚群体网络虽然紧密但内部资源较为贫乏，导致第二代在个人成长中从家庭及群体网络中所获取的资源极为有限，从而引发了"第二代衰落"的现象。

2. 第二代的衰落

赫伯特·甘斯（Gans，1992）曾指出国际移民的"第二代的衰落"。这个概念特别适用于描述南涌华侨农场的越南难侨第二代的现状：由于这批人成为劳动适龄人口时正面临华侨农场改制

---

① 根据国际学术惯例，幼年时期（5岁以前）跟随父母回归的越南难侨被视作第1.5代。原因在于，这些越南难侨回国时尚年幼，对于原居地记忆模糊，社会化程度基本上是在农场完成的，其社会适应的模式、心态都与成年后才回国的第一代越南难侨有着明显的差异。这些1.5代移民与真正出生于农场的第二代在行为模式、价值取向、社会心态上更为相似，因此本书将这些1.5代越南难侨放在下文与第二代一起讨论。

的关键期。与其他华侨农场相似，南涌华侨农场自成立以来得到了来自国家的倾斜性扶持政策的照顾。国家长期减免南涌华侨农场的农业、企业税收，承担起农场的教育、医疗、社会保障等财政负担，G省各级政府还动用大量财政补贴农场的经济亏损。然而，改革开放后，政策实施的均等化与治理逻辑的普遍化，对生活在农场内部的越南难侨尤其是第二代造成了较大冲击，其所能享有的优惠待遇逐渐减少。如前文所述，越南归难侨子女变成了"农场非职工"，并被直接推给市场消化。但由于这些越南难侨第二代来自的家庭社会经济背景较低，脱离了优势政策性地位后，低人力资本的他们往往难以在农场外面找到合适的工作。而与此同时，越南难侨的弱势聚集无法提供给个体更多的资源与帮助，反而使其更易于受到来自农场边缘文化及价值观的影响，对其融入形成制约。

越南难侨第二代出生或成长于农场，形成了既不同于本地人、马来亚归难侨群体，也不同于其父辈的独特的适应模式。他们向往着良好的物质生活，大多不愿意再像父辈一样吃苦耐劳，接受薪资低、体力劳动时间长的农活，而希望能够从事薪资高而又无须长时间体力劳动的工作。地方政府曾针对失业或待业的归难侨及其子女举办各种职业培训，经过培训后的熟练工人还会被介绍到一些企业及工厂工作，但越南难侨对此意愿并不是很高。郑先生的父母均为越南难侨，他本身出生在农场，说起自己的同龄人，他是这么看的：

> 像我这么年轻的，在侨队的，他们都不太想出去打工，就嫌累啊什么之类的，或者嫌远，就靠父母的退休金，因为父母是有退休金的，所以就吃父母的。我跟他们说过了，就是说以后这个父母要是万一都走了，没有退休金了，那怎么办，他们这些人不想这么远的。这些（侨）队的年轻人，你说懒我也承认，就像我有一个堂哥，比我还大，就是靠父母的退休金，什么事都不做。出去就是两个月的厨师，就不想做了，平时就是睡觉，女朋友谈了几个，也没有结婚，让他

出去做事，他也不愿意。我和他说，你这样还年轻，什么都不做是不行的。但他也听不进。他们宁愿做"床长"（笔者注：躺在床上睡觉，终日游手好闲），不愿做"厂长"。我们社区现在就有几个十几岁的年轻人，已经不读书，什么也不做。尤其那些侨队的，喜欢一起打下麻将，树下聊天也不喜欢找点事做。（访谈资料：ZZW20130803）

这些越南第二代对生活的物质期望要比他们的父辈高得多，而父辈所形成的弱势聚集又缺乏足够的资源满足第二代向上社会流动的愿望。这导致了一种完全不同于本地社会主流价值观的负面亚文化（Adversarial Subculture）（Portes & Zhou，1993）在越南难侨第二代群体中产生。他们转而依赖父母的退休金、外来侨汇以及政府给予的补贴维持日常的生活。（访谈资料：TL20130611）甚至还有些越南难侨第二代很早就辍学，过早结婚生育，依靠父母的退休金过日子。

基层政府的区别化治理实践加剧了越南归难侨群体尤其是第二代对于区别化的内化，即归难侨接收并确认外界赋予的社会特征，由此提高了治理的难度和成本。越南归难侨由于被集中安置，居住空间相对独立，自我身份认同强化，由此形成集体性较强的社会团结。在不断表述与实践的过程中，他们将自己不断内化为"国际难民""归难侨"这一特殊群体，并在此过程中实现"自我区别化"。

基层政府的区别化治理以及归难侨对于区别化的内化，使双方之间的互动难度增加，并导致治理成本进一步提高。归难侨在与政府沟通时不再像以前那样唯唯诺诺，向政府提诉求的频率大大增加了。社区居民在这一过程中也逐渐形成了对于基层治理者的超高诉求。越南难侨第二代认为自己是联合国安置在中国的国际难民，而他们在国家倾斜性扶持政策下形成的优越感在市场竞争中逐渐减少（孔结群，2012）。产生失落心理的第二代认为自己有权利继续享受来自国家的特殊照顾，这使得基层治理者在处理与这些治理对象的关系上面临两难的尴尬境地：

最少的都回来有30年了，其实是不应该要再提侨的特殊性的，但是他们就总是觉得自己的身份特殊，要求政府的照顾。其实他们回来这么久，就应该要融入当地社区。慢慢地就变成本地人的嘛。但是他们就是不愿意融入。特别是那些越南回来的归侨。现在问题最大的就是他们第二代。总是觉得自己是归侨，有特殊身份，国家应该要照顾他们，还想要求更多的归侨待遇。（访谈资料：TL20130611）

此外，越南难侨群体虽然本身在农场十分孤立，但由于国际难民的特殊性，其与在逃难时被分配到海外及安置在国内其他农场的亲戚朋友联系比较多。他们之间形成的社会网络超越了民族国家边界。这种接触和交流对于越南难侨来说是有其积极的社会意义的，是重建社会支持网络的一种主体性尝试。但这种外向性无形中提高了他们对于生活的预期与标准以及对于基层治理者的要求与期待。这使得一些南涌街的基层干部无法理解这些越南第二代为何"不更努力一些"，也不太愿意更多倾听越南难侨的意见。在越南难侨第二代身上所表现出来的华侨农场亚文化（强化对于自身"弱势"的地位及"难侨"的身份、依赖国家针对难侨的特殊政策和社会福利等）往往与当地社会的主流文化价值观格格不入，很容易引起基层社区对于这一群体的排斥与反感。在社区内部，越南难侨第二代甚至变成一个带有"污名化"意味的指称。而且为了避免发生激烈冲突，基层管理者发展出缺席回避的向下应责模式，比以前更加刻意地回避与越南难侨群体的日常接触，使越南难侨及其子女向上反映诉求的渠道受阻，其亚群体网络所能够获得的资源更进一步被限制。

在越南难侨的案例中我们发现，这些越南难侨第二代来自的家庭社会经济背景均较低，仅仅依靠家庭难以获得必要的资源实现向上流动，而与此同时越南难侨形成的亚群体网络资源贫乏，其群体文化与主流社会的价值观相差较远。越南难侨由于弱势聚集所形成的亚文化使个体容易忽视主体的能动性与创造性，将生活的不如意归咎于被他们臆想和重构的历史记忆，由此形成对于国家的持续依赖，并将对现实利益的分配不满归咎于外因（孔结群，2010）。一方面，越南难侨的亚群体网络不能引导个体摆脱农场边缘文化的束缚。越南难侨第二代难以从本族群的弱势聚集中得到优质资源；另一方面，他们从农场、本地社会、政府所获得的特殊照顾也无法真正帮助个体树立勤勉刻苦的价值观并实现向上社会流动。这些越南难侨及其第二代只能"困于农场"（见图2-8）。

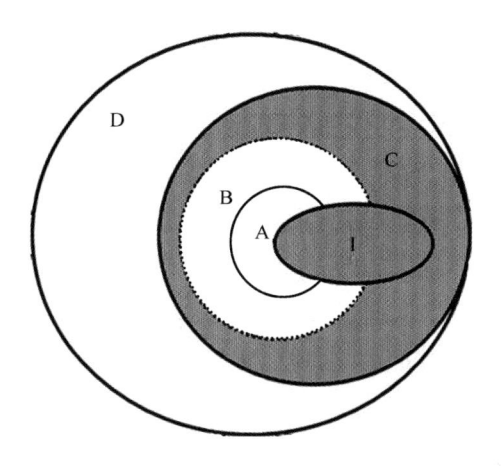

图2-8　越南难侨及其第二代的向下同化

I：边缘化了的个体；A：家庭；B：越南难侨群体网络（弱势聚集）（虚线代表越南归难侨群体网络自成一体，与华侨农场相对隔离）；C：华侨农场（本地社会的边缘层）；D：本地主流社会。

二　缝合认同：归难侨的身份展演*

对于资源匮乏的群体比如政策目标群体而言，当单一身份无法完全满足个体需求时，个体便会借助种族、文化等因素进一步自我归类以获得情感或利益上的满足（Fukuyama，2018）。这些群体发展出一种认同的共生机制，我们称为"缝合认同"。缝合认同是一种情境性认同，深受政治机会与政策结构的制约。作为对国家政策性地位赋予和区别化基层治理的策略性回应，南涌华

---

* 此部分曾有部分资料重写发表于《中山大学学报》（社会科学版）2022年第3期，文章作者为本书第一作者。

侨农场的归难侨群体不仅呈现出多向分层融入的适应状态，还试图调整其身份认同，以实现利益与资源的最大化。本书将试图以华侨农场的越南归难侨为例，从观念与实践两个层次探讨缝合认同的建构过程及其动态演变。

（一）勋章式缝合认同的建构及其展演

在某些情况下，跨境群体被赋予优于普通国民身份待遇的特殊政策性地位，此时他们的族群认同就如同"勋章"一般缝合在国民身份认同上，也即"勋章式"缝合认同。勋章式缝合认同的形成与国家的政策性地位赋予有着密切关系。国家为高效完成某些经济或政治目标（比如应对国际排华浪潮、体现社会主义优越性等），在赋予某些群体以普通国民身份的同时，还对其实行倾斜照顾政策。这种特殊化治理逻辑促使群体进一步固化其族群认同，并将这种身份犹如"勋章"一般缝合在其国家认同上，由此形成"勋章式"缝合认同。

20世纪70年代中后期，中越边境日趋紧张，大量越南归难侨以国际印支难民的身份进入中国境内。他们中的一部分被安置在原有华侨农场，而另一部分则被安置于新建的43个华侨农场内。南涌华侨农场属于前者，在安置越南归难侨之前，农场就已经安置了来自马来亚、印尼的归难侨以及周边的本地人。1978年6月，南涌华侨农场首批接待安置越南难民500多人，至1986年底共安置越南难侨4497人。[①] 拥有特殊历史记忆的越南归难侨，在与国家力量、本土社群的交往互动中逐渐发展出缝合认同。

缝合认同的建构首先与越南归难侨回国前的族群性质、在越南的社会境遇及其流徙经历有关。他们大多是在现代民族国家边境尚未清晰之前，出于经济、政治原因流动到越南北部山区定居耕种的"边民"。他们在身份认同上保有"华人性"（郭秋梅，2010）的成分："我们在越北都是中国人，因为我受到我爷爷、父亲的思想，不管我们居住在任何地方任何国家，我们都是中国人。我们一定要懂得我们民族的文字，我们的名字。不管流落到

---

① 参见《1949年至2008农场（管理区）年大事记》，内部资料。

世界哪个角落我们都是中国人。"（访谈资料：ZZX20170808）而后大部分人受越南排华政策的影响，迁到了以华人为主体的国家，强化了其华人性。徐先生说："后来越南和中国打仗，越南就说我们是中国人，就把我们都赶回来了。"（访谈资料：XGM20130802）我们在访谈中发现，大部分的归难侨对他们流徙安置的过程赋予了"回到祖国怀抱"的意涵。归难侨陈先生："本来我们就是中国人，我们要回到祖国怀抱里来。"（访谈资料：CHM20170710）华人性为越南归难侨实现族群认同与国家认同的顺利缝合提供了前提。而且在此过程中，被威胁驱逐的屈辱与流离失所的逃难经历凝聚而成的历史记忆使越南归难侨有着极度不安全感。越南归难侨欧阳先生谈道："你以前在越南它不把你当主人哦，因为你寄人篱下，它要赶你就赶你，要杀你就杀你。所以说没有国就没有家。"（访谈资料：OYA20170713）而国家认同则具有帮助建构惯常例行的生活情境，保证个体"本体性安全"的功能性力量（金太军、姚虎，2014）。因此，当他们回到中国时，他们对安定生活的向往为其顺利接受归属性国家认同并以此进一步发展赞同性国家认同①提供了初始基础。

同时，越南归难侨的缝合认同还受到了国家力量的深刻形塑。适时中国面临着对内改革、对外开放的经济转型，做好印支难民的安置工作对于中国在国际社会树立负责任大国形象，体现社会主义优越性具有重要意义。在上述背景下，中国政府动用了各种行政资源，通过华侨农场这种集中安置的路径，为归难侨提供生产生活方面的保障，并满足其安全感及归属感的需求（黎相宜，2017）。国家的这种优待安置政策强化了越南归难侨的"华人性"，使他们进一步加深其归属性国家认同与赞同性国家认同。同时，集中安置制度及相应政策也使这一群体产生了"难民"认同：首先，国家政策为难民身份的确立提供了权威性依据。中国

---

① 归属性国家认同指的是公民对国家/民族领土、历史、文化以及对祖国同胞的认同等基本元素组成的国家认同。赞同性国家认同则包括了公民对公民—民族的认同、对国家制度（宪政民主福利制度）的认同和宪法爱国主义三个维度。参见肖滨《两种公民身份与国家认同的双元结构》，《武汉大学学报》（哲学社会科学版）2010 年第 1 期。

在安置工作的文件和对外宣传中都统一使用"难民"一词:"加强宣传报道工作。明确一律统称难民。"(韩松,1999:26)国家赋予的政策性地位逐渐被越南归难侨内化成为自我标示。其次,集中安置制度促进了难民意识的产生。在相对独立的空间内,越南归难侨作为个体所遭遇的苦难与逃难经历被反复表述、共享与传播,并逐渐凝聚为群体共同的历史记忆。由此而产生的群体归属感进一步形塑了其作为"难民"的族群身份。

此外,安置地社会的政治经济情境以及与本地群体的族际互动对越南归难侨国家认同与族群认同之间的最终缝合起到了催化作用。越南归难侨在与本地人的交往互动中,由于自身的特殊性和匮乏的社会经济资本而受到了排斥。从小生活在南涌街道的本地人表示:

> 他们这些难侨,当时是嫌中国不好去了越南,然后越南打仗了,他们排华被排斥回来的。当时他们回来是很受歧视的。当时他们是作为难民回来的,身份很低的,文化素质教育也不好,当时在整个社区是非常瞧不起这群人的。(访谈资料:SG20130801)

在上述情况下,越南归难侨意识到差异性从祖辈背井离乡的那一刻起就印刻在他们身上。一方面,越南归难侨通过"我群"与"他群"的二元编码机制(方文,2005),强化族群认同,建构与本地人的族群边界,以此来抵抗社会排斥。越南归难侨温先生说:"以前都是说我们是越南佬嘛,肯定有歧视的意思了……读书的时候那些本地的对我们华侨有歧视的成分。一打架我们华侨子弟全部聚在一起打。"(访谈资料:WJM20170803)另一方面,他们通过发展自身的国家认同以避免在社会评价体系中处于不利地位。归难侨翟先生说:"我们的心态呀,就是中国人啊。回到祖国都是中国人的嘛。"(访谈资料:ZYS20170807)有的则强调当初迁移越南是迫不得已,并非不"忠诚"。越南归难侨苏先生说:"我承认自己一半是中国人,也一半是归侨。在以前我爸、我爷爷、我太爷爷也是中国人……中国以前打仗……跑到越南去……你不跑还有地方去谋生？没办法，那是逼出来的。"（访谈资料：SSR20170710）来自本地社会的排斥使归难侨试图进一步"缝合"其族群身份与国家认同：国家认同的意义经此得到强化与延伸，在为归难侨提供安全感和归属感的同时，也成为他们应对本地人排斥、缓解身份危机的工具；而族群认同也不只是承载他们根基性情感的意象，更是他们寻求心灵归属感的途径。双重认同在观念层面相互嵌套缝合，为归难侨的适应与融入提供了完整的情感支持。

缝合认同不仅是越南归难侨为抵御本地社群排斥与寻求情感支持建构而成的心理机制，更是他们在社会竞争中追求集体利益与资源博弈的工具。在相当长的一段时间里，他们享受着特殊的政策待遇及相应的资源，其族群认同像勋章一样缝合在其国家认同上。归难侨在不断建构其缝合认同的过程中，展演出优越性与依附性两种意涵。

勋章优越性的展演主要体现在越南归难侨对归难侨与国际难民双重身份的自我维系上。在国家特殊化治理逻辑的影响下，国家长期对华侨农场及归难侨赋予优势的政策性地位。越南归难侨除享有归难侨待遇外，他们同时还是联合国难民署认定的国际印支难民。曾在侨办工作主管此事务的刘女士说："我们每年都收到十几万元，就是上面中央拨下来的钱……用来就是扶持那些难民，这些越南归侨，他们做生意啊，或者就业啊什么的，我们就用这些钱，去扶持他们。那他们读书困难呢，就补贴给他们。"（访谈资料：LLR2017082）国家的政治机会结构影响了越南归难侨的身份建构。归难侨徐先生说："我们这些不能算是外地人的。我们是难侨来的嘛……而我们也不会说自己是本地人。"（访谈资料：XGM20130801）这很大程度是因为他们作为归难侨与国际难民能获得优于本地人与其他归难侨（如马来亚归难侨）的资源："我们刚刚回来祖国的时候，我感觉是在我们这里生活好一点……如果按照我们的身份，我们是国际难民。"（访谈资料：CHM20170710）郑先生说："侨办的干部还是与我们交流挺多的……侨办会经常过年过节下来送点东西，走走看看。"（访谈资料：ZZW20130803）特殊的"国际难民"与"归难侨"身份作为归难侨宣示自身族群优越性的"勋章"，紧密缝合于其国家认同之上。

在勋章式缝合认同中，作为勋章的族群认同不仅具有优越性，还含有依附的特征。依附性的展演主要通过以下两种方式：一是制度层面的嵌入。归难侨以"政策目标群体"的方式嵌入国家的制度体系，归难侨与国际难民身份使其合法获得优于普通国民的政策性地位。而这种优势地位的赋予使归难侨自愿接受国家的政治整合，通过政治社会化建立起国家认同。越南归难侨欧阳先生说："现在我们直接就是中国公民了……总的来讲，归侨回来比在国外要好多了。经济生活有保障，起码一条我才是一个人，真正的人……反正都有政策的，都有优惠和倾斜。"（访谈资料：OYA20170713）越南归难侨蔡先生就说："总之我们是有，'两个爷爷'，（一个是）中国公民，一个（是）归难侨。"（访谈资料：CTS20170712）在国家特殊化治理与归难侨接受政治社会化这一双向互动过程中，他们确立与强化了国家公民身份以及对国家制度的认同，其族群认同与赞同性国家认同实现了高度黏合，勋章式缝合认同被不断地展演与强化。二是观念层面的契合。越南归难侨的双重优势政策性地位获得到当时社会规范的接纳与认可，使归难侨的族群认同与其归属性国家认同得到了进一步缝合。特殊照顾理念不仅体现出国家制度的优越性，同时也是中国积极构建负责任大国形象的产物。1999 年，国务院印支难民安置办公室主任徐留根在回顾难民安置工作时说道："20 年来，我们积极工作，保障安置在我国的印支难民的基本权益，充分说明中国作为联合国难民地位公约的缔约国，中国政府是认真履行义务，发扬人道主义精神的。"（韩松，1999：13－14）国家在价值层面的引导也影响了当时的社会规范。本地人与街道干部提及越南归难侨所受到的政策照顾时基本是持合理化态度的。南涌街道工作人员辛先生说："1978 年的时候，很多越南难侨过来，因为他是中国人，他们要回来，国家是要有责任安置他们的。"（访谈资料：XWK20130811）本地人胡先生说：

"华侨（笔者注：指农场中的归难侨）肯定是好过我们的啦，人家是海外华人喔，还不好过我们。国家针对华侨是有特殊待遇和政策的。"（访谈资料：HGQ20130809）归难侨自身也意识到这点。越南归难侨叶先生说："以前我们过来他们（笔者注：指本地人）还住茅房，我们住红砖的嘛。"（访谈资料：YYZ20170801）此时，作为"勋章"的族群身份既彰显其群体的特殊性和优越性，又暗含了对国民身份的依附以及对中华民族共同体的确认。此时，越南归难侨的族群身份在国家的制度安排与话语体系下不断演绎，促进了族群认同与国家认同之间的进一步缝合。

由此可见，优越性与依附性构成了勋章式缝合认同的核心特征。发挥基础作用的国家认同与展示优越性与依附性的族群认同相互支撑共生，使归难侨的缝合认同不仅表现在观念层次，而且是被展演出来成为具体的身份实践。这种身份实践能够得以持续展演还离不开"舞台"与"观众"。首先，地方政府积极为勋章式缝合认同的展演搭建了"舞台"。一方面，地方政府在开展侨务工作中进一步突出了"侨"身份的优越性与特殊性。南涌农场在安置了大批归国华侨后，成为开展侨务、侨联工作的重点单位。为推进侨联工作的开展，1982年农场"召开首届归侨、侨眷、港澳同胞亲属代表大会，成立南涌华侨农场归国华侨联合委员会。"① 随后，南涌华侨农场归国华侨联合会申请筹办了"综合服务社"。这个具有惠侨性质的组织在担负接待归国华侨和港澳台同胞任务的同时，还具有协助农场解决部分归侨、侨眷子女的就业问题的特殊职能（董中原，2017）。另一方面地方政府为展现安置印支难民工作的成果，在报道中积极宣传越南归难侨重建家园的活动。《G省侨报》先后以"苦涩的汗水变成了甜蜜的蔗汁——记南涌农场女难民刘源珍（1986年11月26日）""志在农场建家园——记南涌农场难民女青年刘贤珍（1987年9月22日）"为题报道了归难侨的农场生活（韩松，1999：44）。"惠

---

① 参见《1949年至2008农场（管理区）年大事记》，内部资料。

侨"组织的设立与积极正面的宣传构成了越南归难侨展演勋章优越性的"舞台"。其次,联合国难民署与上级政府在勋章式缝合认同的展演中扮演着重要的"观众"角色。联合国难民署以及上级侨务部门会定时派人员下来考察南涌华侨农场的基础设施建设以及越南归难侨的生活情况。1985年,"联合国难民署官员黎明·贺尔、李德华来场,并前往南涌中学等地视察。"[①] 曾任侨办主任的杨先生也说:"省难民办每年都要组织各个华侨农场来我南涌开会取经参观。"(访谈资料:YHQ20170829)在上述背景下,越南归难侨以"归侨"与"难民"的双重身份走向了"前台"。归难侨的身份实践既构成政府展示工作成效的"窗口",也同时是他们勋章展演的重要组成部分。

越南归难侨群体在调适过程中发展出了勋章式缝合认同,这种身份认同也成为筛选与重塑该群体的标签。那些不接受这个标签的归难侨则因种种因素,借助跨国网络迁移至欧美等国家。而滞留在本地尤其是农场的归难侨则大多缺乏人力资本,其得到的政治、经济与社会支持也因国家需求与目标的变化而发生变化,进而使其身份认同发生了转向。

(二)补丁式缝合认同的建构及其展演

20世纪80年代中期,国家采取了一系列政策均等化措施。但这些曾经的"政策目标群体"依然试图通过其族群身份在国家的政治经济结构中获取资源,此时他们的族群认同就像缝合在国家认同上的"补丁",也即"补丁式"缝合认同。

族群身份作为"勋章"的丢失与宏观制度转型有着密切的关系。20世纪80年代,伴随国家经济体制转型与社会结构变迁,国家对华侨农场的治理逻辑发生了转变,由原先的单位制保障加倾斜性政策支持的特殊化治理,转变为强调提高生产经营效率的普遍化治理。农场政企分开,"统包分配"的生产模式被取消。在这种背景下,越南归难侨尤其是第二代难以凭借"侨"身份获取资源的分配。叶先生说:"我们这一代什么都没有,老爸老妈

---

① 参见《1949年至2008农场(管理区)年大事记》,内部资料。

比我们好。我们现在生病都没钱看病，医疗什么都没有，真是病不起。"（访谈资料：YYZ20170801）凌先生说："我们现在什么都没有，没有工作，没有田地，就去帮别人打散工，帮当地人，一天去做100元就100元，200元就200元，50元就50元，每天都不同，生活困难。"（访谈资料：LLH20170805）在上述过程中，作为"勋章"的越南归难侨身份失去了制度支持。此外，以往"政策目标群体应得到特殊照顾"的理念在"效率优先，兼顾公平"的逻辑下发生了变化。在南涌街道办工作的唐科员说："他们（归难侨子女）是在农场长大的，在家里也没有很好的氛围，文化素质比较差，也没读什么书，也比较懒，总是觉得自己是归侨，有特殊身份，国家应该要照顾他们。"（访谈资料：TL20130801）

国家实施均等化措施的本意是希望归难侨逐渐融于本地，成为普通公民，不再需要凭借特殊的族群身份获取资源。然而，由于宏观政治经济结构与归难侨自身因素的影响，"勋章"在被剥夺的过程中意外出现了"破洞"，同时也为归难侨重构缝合认同提供了契机。首先，单一国民身份并不能完全满足其参与社会竞争的需要。长期形成的依赖性与优越感使越南归难侨难以完全适应市场经济的大潮。他们要么流向那些短期低收入无保障的工作岗位；要么向往高收入的工作，但却因自身匮乏的人力资本而陷入失业或无业状态。2006年G省华侨农场内的归难侨的年人均收入为6631.39元，低于农场所在市县的农民人均总收入8339元。[①] 此外，归难侨群体的跨国性也加剧了其相对失落感。他们的参照群体并非本地人，而是安置在美国、法国等发达国家的亲戚朋友："美国的亲戚以前不知道什么工作，现在都退休了，待遇很好。那边的生活肯定好了，读书不用钱，治病又不用钱，那边肯定比这边好咯。"（访谈资料：DG20170806）国民身份曾满足归难侨对美好生活的向往和安全感的需求，但是在注重公平的市场环境下，普通国民身份无法完全为归难侨提供参与社会竞争

---

① 《G省华侨农场各指标总表（2006）》，内部资料。

的资本，导致他们产生深深的不安全感和失落感。越南归难侨黄先生说："四十多年，当一个农民，到头来两顿饭也顾不上。有什么期待呢？"（访谈资料：HWY20170710）对于人力与社会资本匮乏的归难侨来说，普通、单一的国民身份无法为其提供足够资源，以抵抗市场经济的不确定性。"破洞"的出现为其族群认同与国家认同的重新缝合留下了空间。其次，"破洞"的长期存在一定程度上影响了国家整合，政策性地位均等化导致的一些意外后果（如归难侨生活贫困，基层出现不和谐声音等）引起了中央层面的高度重视。国家试图重新给予华侨农场与归难侨以自上而下的"制度性支持"（Li，2013：105），在实践层面再次强化"侨"与"非侨"的政策性地位差异。这种"侨化"实际上隐含了对归难侨特殊身份的强调（试图缝补"破洞"）。国家政策的调整为归难侨重构缝合认同奠定了基础。

如上所述，在宏观政治经济结构变迁的大背景下，越南归难侨丢失了彰显其群体优越性的"勋章"，并由此出现带来不安全感与失落感的"破洞"。但归难侨并不是被动地接受结构的制约，而是试图主动重构族群身份与国家认同之间的关系，以弥补单一国民身份所无法满足的情感支持与利益需求。

首先，归难侨积极运用国家符号象征，选择在国家认同框架内争取族群利益诉求。从国家认同的归属性层面来说，归难侨通过将自身地位与中国的高速发展联系在一起，以此获得自豪感和相对优越感，并不断确认与表述其归属性国家认同（汉斯·摩根索，2006）。越南归难侨梁先生说："我们国内好起来了，在外国人面前有信心了。当然感觉到自豪啦，我们国家强大了。"（访谈资料：LBH20170713）。从国家认同的赞同性层面来说，归难侨积极寻求自身在国家制度体系中的地位，并试图从中获取最大化利益，以摆脱其不利地位。越南归难侨龙先生说："现在是中国人了嘛，拿着中国身份证。"（访谈资料：LSG20170816）越南归难侨在参与社会竞争及与资源博弈过程中，通过强调其国民身份，为他们诉求族群利益的行动提供支持。可见，归难侨对于族群身份的重新强调并不意味着其国家认同的削弱，相反二者是相生共演的。

其次，越南归难侨重新强调其作为归难侨与国际难民的情感归属及相应利益，以此实现资源博弈。单位制改革使华侨农场失去了社会整合的功能，归难侨在"非自愿个体化"（Li，2013）的过程中饱尝市场经济所带来的不确定性和失落感，因此也越加渴求族群身份所赋予的归属感和安全感。越南归难侨蔡先生说："我们（越南）归难侨大家有什么事就走到一起，你帮我我帮你……我最欣慰的就是这点，吵架也有，但多数都很好。人情味，大家还有点人情味。"（访谈资料：CTS20170712）归难侨通过强化自身的族群认同，维系一个互助互谅的群体以满足自身的情感需求。此外，归难侨还以此情感纽带为基础，发展出一系列身份政治实践。归难侨积极要求地方政府落实中央、省级政府的倾斜性政策，以使其利益诉求正当化。2004 年修订后的《中华人民共和国归侨侨眷权益保护法实施办法》规定："地方人民政府对生活确有困难的归侨、侨眷，应给予救济。"中央财政在华侨事业费中，还专门设立了归侨生活困难补助费。[①] 而自华侨农场下放至地方管理以来，省级政府也高度重视相关工作，针对改制过程中归难侨出现的生活困难问题，出台了《关于进一步加快华侨农场改革发展的意见》等文件，要求地方政府切实履行主体责任，为扶持华侨农场工作相应安排专项资金。如在危房改造工作中，省政府就下达了"对华侨农场危房改造按 8000 元/户予以补助……有关地级以上市、县（市、区）要在资金和政策上给予大力支持"的指示。[②] 越南归难侨就曾据此向地方政府进行相关的经济利益诉求表达。在南涌街道办工作的唐科员说："这个越南归侨还是有一定的国际敏感性。就是我们要做到让上级满意，对群众也要有个交代。"（访谈资料：TL20130610）越南归难侨出于最小化风险和最大化利益的动机，不断地演绎与强化其补丁式缝

---

① 参见国务院侨务办公室《国务院侨办对十二届全国人大五次会议第 5776 号建议的答复》，http：//www.gqb.gov.cn/news/2017/0804/43201.shtml，访问时间：2019 年 3 月 29 日。
② 参见 G 省人民政府《关于进一步加快华侨农场改革发展的意见》（粤府〔2005〕104 号），http：//zwgk.gd.gov.cn/006939748/200909/t20090915_8874.html，访问时间：2019 年 3 月 18 日。

合认同。

由此可见，弥补性是补丁式缝合认同的首要特征。但越南归难侨的族群身份在重新被强调并缝合于国家认同的过程中被赋予了"问题化"的意涵。街道干部、农场内的其他群体在谈及越南归难侨时均呈现出较为负面的评价。南涌街道负责侨务工作的干部说："越南归侨觉得政府应该管他们。他们就是等、靠、要的。"（访谈资料：TL20130801）马来西亚侨眷陈小姐说："他们越南归侨很好胜，很好斗的，比较凶，所以我们一般都是不和他们来往的。他们是非常好斗的，所以我们不喜欢跟他们来往……他们不像我们这么捱得苦，人比较懒。"（访谈资料：CLQ20130813）本地人也认为："这些人现在呢也比较懒，他们就老是觉得自己很特殊，是华侨嘛，就希望享受待遇，最好是不用干活也有很多钱拿那种……我们结婚是不太会考虑这些难侨的。"（访谈资料：SG20130801）越南归难侨群体通常作为"懒惰者""无能者"与"不合作者"出现在马来亚归侨、本地人或地方官员的话语中，成为他者确立自我社会地位的参照群体。当然，"问题化"也不完全等同于"污名"。"越南归难侨"也意味着是需要被特殊照顾弱势群体——"（归难侨）他们属于弱势人群，需要我们政府特别关注的。"（访谈资料：TL20130801）补丁式缝合认同中的问题化特征是由各方在实际的社会过程中互动建构出来的。主流社会规范不断将带有"问题化"的标签反复书写在族群身份上。此时的族群身份就好像缝合在国民身份之衣上的"补丁"。归难侨依赖此"补丁"来获取情感支持和资源利益的同时，也无奈地接受了被问题化。

越南归难侨从勋章式缝合认同到补丁式缝合认同的演变，即是他们在国家政策机会结构与基层区别化治理压力下的情境性反映，也是其试图获取利益与资源最大化的能动性体现。这二者之间的演化实际上反映了国家认同与族群认同在不同政治机会结构与社会情境规范中的协调、重组与整合。虽然归难侨可以通过补丁式缝合认同获得国家政策扶持，但这种身份认同始终与普遍主义的治理逻辑存在着一定张力，制约了这个群体的社会适应与文化融入。

需要说明的是，尽管在华侨农场内部的其他归侨群体（如马来亚归侨、印尼归侨）由于其融入程度较好，其缝合认同并没有越南归难侨典型。但总的来说，无论哪个来源国的归侨，其资源获得还是很大程度依赖于国家的归侨侨眷政策以及华侨农场政策，因此均在不同程度呈现出缝合认同的特征。

三　小结

在政策性地位赋予、特殊治理逻辑的刚性执行以及区别化应责等因素影响下，归难侨发展出多向分层融入以及缝合认同的群体性策略。

在社会适应方面，归难侨群体重新适应和融入安置地社会并不意味着一定会实现社会地位的向上流动。社会地位高低取决于群体融入安置地社会结构中的"哪一层"。优势政策性地位的赋予与区别化治理框架在基层的实践并不是直接对群体的社会适应起作用的，而是与群体的社会经济背景、聚集状况与社会资本质量互动，使得不同的群体呈现出多向分层融入的状况。归难侨群体所形成的亚群体网络及聚集状况（强势聚集/弱势聚集）是影响其多向分层融入的关键性因素之一。作为相对偏离主流社会的政策性社区，华侨农场无论是在资源还是价值观上都与本地主流社会相差甚远。在这种边缘化社区环境下的归难侨群体及其第二代很可能自然地被华侨农场亚文化所吸引。这种亚文化主要是由国家的政策性地位赋予以及基层的区别化治理实践所造成的，比如依赖国家的特殊政策，将自身困境归因于基层治理者并对治理者提出不切实际的要求，等等。在这种情境下，如果亚群体本身是弱势聚集，网络内部资源贫乏，且与更大的社区之间相对独立，区别化治理会导致亚群体只能够在内部形成与主流社会规范和文化价值观格格不入的亚文化，不仅难以引导个体摆脱农场边缘文化，反而使成员更易于融入本土社会的边缘层中，这是越南难侨及其第二代的例子。而马来亚归难侨由于其迁出与迁入背景较为特殊，回到农场安置时被主流社会赋予了特殊的政治资本，这使其亚群体内部形成较为丰富的社会资源。再加上，国家对于这一群体当时是采取"大集中、小分散"的安置方式。优势政策性地位赋予与强势聚集由此产生积极效应：马来亚归难侨群体及其第二代不但能够享受到亚群体网络内的资源，又能与本地社会保持着密切联系，由此形成强势聚集。即便在国家试图采取均等化政策、治理逻辑转向普遍主义的大背景下，马来亚归难侨及其第二代依然实现了较好的融入。他们依赖其强势聚集以及拥有优质资源的亚群体网络，很好地引导第二代绕开华侨农场亚文化的负面影响，顺利融入主流社会中。可见，归难侨群体成功改善其社会经济地位及其第二代成功地融入安置地主流社会的中上层并不仅取决于个人的人力资本和家庭社会经济背景，还取决于族群聚集状况以及亚群体网络所形成的资本，即华侨农场内归难侨群体的凝聚力及社区对家庭和个体的支持力。此外，归难侨群体由于其特殊的多国跨境经历，拥有着其独特的语言、风俗、习惯，完全抛弃国家特殊政策的照顾以及自身群体的文化并非改善归难侨群体及其子女的社会经济地位的良方，通过自身的群体优势以及国家政策给予这个群体的特殊政策才是归难侨及其第二代改善经济、融入社会的良策，也即所谓"选择性融入"。

与多元社会适应状况不同的是，归难侨群体的身份认同则呈现比较一致的演变轨迹（尽管马来亚、印尼归难侨群体的缝合认同不如越南归难侨典型）。受到国家政策变迁与族群社会位置变动等因素的制约，归难侨建构出勋章式缝合认同和补丁式缝合认同，试图满足其情感性与工具性需求。勋章式缝合认同是群体被赋予优势政策性地位且其特殊待遇获得社会规范认可的情境下建构而成的。归难侨将宣示优越性的族群身份如同勋章一样依附式缝合于国民身份之上。而当这一群体丧失了优势政策性地位时，作为"勋章"的族群身份从国家认同中撕扯下来，并由此出现"破洞"。此时，族群认同与国家认同的关系由依附性转化为弥补性。归难侨重新建构了一种"补丁式"缝合认同，试图通过族群身份在国家制度体系中实现资源博弈。虽然"补丁式"缝合认同的演绎与运用能使归难侨重获制度性支持，但社会结构加诸其身上的"问题化"标签也进一步使其面临着新问题。缝合认同是归难侨群体在现代民族国家中追求情感归属和工具利益的同时规避政治风险的策略性选择。缝合认同的建构与展演可从两个方面去理解：在观念层面，当群体面对较差社会境遇及遭受社会排斥时，他们通过族群认同与国家认同之间的缝合，为自身提供积极的情感支持；而在实践层面，群体通过族群身份进行社会竞争与资源博弈时，也在应用国家认同为其身份展演提供正当性。族群不断展演与建构的缝合认同可视为群体在国家政策变迁中寻求利益最大化与风险最小化的策略性选择。国家认同与族群认同是族群主体性表述的一体两面（张雪雁，2014）。由此发展而来的国家认同不仅是族群基于利益所做出的策略性选择，也是其寻求归属的真实情感表达。当然，这种缝合认同的展演也深受国家政策变迁的影响。

第三章　中度区别化治理：东埠失地农民安置区[*]

我们将要在本章中探讨一个中度区别化治理的案例——失地农民及其安置区。一般来讲，失地农民主要指失去耕地的农民，强调其生计层面。而本研究中的失地农民安置群体是在失去耕地的基础上进一步失去原农村宅基地的群体。本研究中的失地农民安置区是地方政府在城市化发展过程中为城市建设征收或征用农民的宅基地并对农民进行集中安置的特殊社区。政府将失地农民安置进安置区的过程又常被称为"农民上楼""撤村并居"和"城中村改造"等。伴随着中国城市化的迅速发展，大量农村和城中村的居住用地被征收或征用，失地农民安置区数量也越来越多，成为介于传统乡村社区和城市商品房社区之间的一种典型性过渡社区（吴莹，2014）。我们将失地农民安置区及其中的失地农民群体作为中度区别化治理的典型，一方面失地农民在城市化、市民化浪潮中面临不确定性与个体风险增大的困境，一定程度依赖国家提供的特殊化保障政策；另一方面也是因为失地农民相比于归难侨具有更强的独立能力与议价能力，尚未达到深度区别化治理的程度。

学界对失地农民安置政策以及失地农民安置区等问题进行了较为广泛的探讨。已有研究主要集中于三个视角。一是宏观政策视角。从这个视角出发的研究更多从宏观层面梳理失地农民相关

---

[*] 此部分曾以相似内容发表于《广东社会科学》2022年第2期，原题为《"政策性合约"的产生与实践：基于失地农民与水库移民的比较》，文章作者为本书第一作者和第二作者。

的安置政策，包括征地补偿、劳动就业、社会保障、住房安置等多个方面，整理与归纳了失地农民安置政策的演进历程、实施效果，并对失地农民安置政策的发展方向提出建议，旨在通过政策改进更好地解决失地农民安置问题（鲍海君、吴次芳，2002；王敏、杨宇霞，2006；苏海涛，2013；陈莹、王瑞芹，2015；卢艳、龙方，2015；黎相宜、秦悦，2018）。二是失地农民的适应与融入视角。从这个视角出发的研究主要通过调查失地农民的现状探讨失地农民在市民化过程中所遇到的困难，主要集中于失地农民的就业困难、生活适应困难、社会交往困难、社会保障不足等方面（叶继红，2011 & 2012a；冀县卿、钱忠好，2011；杨凤、燕浩扬，2015；杨金龙、王桂玲，2017；江维国、李立清，2018）。三是社会治理的视角。这一视角的研究主要关注失地农民安置区的治理问题，特别是失地农民的公共参与、基层自治组织角色转型以及基层政府在失地农民治理中的角色等（林聚任、鄢浩洁，2011；叶继红，2012b；陈晓莉、白晨，2012；王春光，2013；吴莹，2014、2017a & 2017b；顾永红等，2014）。本章旨在整合以上三种视角，兼顾宏观政策演进、中观社区治理和微观失地农民的社会适应三个层面，阐述宏观政策如何约束基层治理进而影响失地农民发展轨迹的联动机制，以更全面地呈现失地农民安置区的治理和生活图景。

　　本章将以一个失地农民安置区——东埠失地农民安置区为个案探讨以上问题。东埠失地农民安置区位于中国东部沿海 S 省的滨海市。截至我们调查结束，该区内已有 27 个村被拆迁，其中有 7 个村的村民已经迁入建成的安置区。本研究重点选取了其中三个完成回迁的社区——董村、卜村和高村。董村和卜村尚未村改居，高村为村改居社区，三个社区居民的户口已经统一为居民户口，不再区分城市户口和农村户口。下面我们会先梳理失地农民的政策性地位的历史演变过程，接着以东埠失地农民安置区为例探讨失地农民安置区的基层治理实践，并进一步分析在上述宏观制度及治理实践背景下失地农民群体的社会适应与身份认同。

第一节　波动式政策性地位赋予：
失地农民政策

我们在本节将从宏观层面梳理和分析 20 世纪 50 年代初以来失地农民安置政策的演变过程。国家的失地农民安置政策主要经历了一个波动式的过程。下面我们将具体探讨失地农民安置政策的逻辑及其在不同历史时期的演变。

一　失地农民安置制度建立与弱优势政策性地位赋予

新中国成立初期至改革开放初期，中国的失地农民安置政策表现出"计划安置"的特征，规定了国家负有对失地农民进行妥善安置的责任（黎相宜、秦悦，2018）。1950 年政务院颁布的《城市郊区土地改革条例》规定："国家为市政建设及其他需要收回由农民耕种的国有土地时，应给耕种该土地的农民以适当安置，并对其在该项土地上的生产投资（如凿井、植树等）及其他损失，予以公平合理的补偿。国家为市政建设及其他需要征用私人所有的农业土地时，须给以适当代价，或以相等之国有土地调换之。对耕种该项土地的农民办应给以适当的安置，并对其在该项土地上的生产投资（如凿井、植树等）及其他损失，予以公平合理的补偿。①"这里的"适当安置"即给农民劳动和生活方面的安置，明确指出国家负有对失地农民进行安置的责任，而且强调安置要遵循"公平合理"的原则。

1953 年颁布并随后于 1958 年修改的《国家建设征用土地办法》规定国家出于建设需要向农民征用土地，必须对被征地农民的生产和生活进行妥善安置，无法安置的不能强行征地，需要安置妥善后再征用土地，安置包括农业和其他方面的安置，如果无

---

① 《城市郊区土地改革条例》，中国经济网：http://www.ce.cn/xwzx/gnsz/szyw/200705/25/t20070525_11491301.shtml，查看时间：2019 年 6 月 22 日。

第三章 中度区别化治理：东埠失地农民安置区

法就近安置，就需要组织移民，移民经费由用地单位支付。① 这里国家明确提出需要先确保能对失地农民进行妥善安置后才能征地，不能确保妥善安置的则不能强行征地，将失地农民的权益置于征地建设的前面，而不是强调国家出于公共利益的需要就可以征地。这种理念与改革开放后一段时间内的征地理念有很大区别。在具体做法上，上述《办法》也说明，国家对失地农民的安置是以农业安置为主，与改革开放后的以货币安置为主的安置方式有显著区别；并且这里的安置是以就近安置为原则，无法就近安置的才由国家负责组织移民。

1982年《国家建设征用土地条例》提出征地单位需要向失地农民支付补偿费和安置补助费，并且详细规定了失地农民就业安置的详细途径（农业安置不完的、在劳动计划范围内并符合条件的可以被安排进集体所有制单位就业），更重要的是首次明确提出符合条件的被征地农民可以将户口转为非农户口或城镇户口②。1986年颁布、1988年修正的两版《中华人民共和国土地管理法》也都有类似条款（第三十一条）：

> 因国家建设征用土地造成的多余劳动力，由县级以上地方人民政府土地管理部门组织被征地单位、用地单位和有关单位，通过发展农副业生产和举办乡（镇）村企业等途径，加以安置；安置不完的，可以安排符合条件的人员到用地单位或者其他集体所有制单位、全民所有制单位就业，并将相应的安置补助费转拨给吸收劳动力的单位。被征地单位的土地被全部征用的，经省、自治区、直辖市人民政府审查批准，原有的农业户口可以转为非农业户口。原有的集体所有的财产和所得的补偿费、安置补助费，由县级以上地方人民政府与有关乡（镇）村商定处理，用于组织生产和不能就业人员

---

① 《国家建设征用土地办法（修正）》，《中华人民共和国国务院公报》1958年第2期。
② 《国家建设征用土地条例》，《中华人民共和国国务院公报》1982年第10期。

的生活补助,不得私分。①

1987年S省颁布的《S省实施〈中华人民共和国土地管理法〉办法》也制定了相同的失地农民安置政策。在其他一些地方性征地补偿安置办法中还提到对高龄失地农民的安置方法,比如:"如安置的劳动力男满60岁以上,女满55岁以上,本人自愿提出不用安置的,可由大队列册,报公社批准后,由征地单位每人每月补偿30元,共补十二年,一次过补给生产大队或公社,由大队或公社负责他们的生、养、病、丧。其户口作为非劳动力计算转为居民户口。"(黎相宜、秦悦,2018)

这一系列政策体现了国家对失地农民的政策性地位赋予。国家用政策明确了失地农民可以享有劳动力安置、货币补偿、集体养老、户口转变等待遇,使得宏观层面的区别化治理框架被生产出来。与归难侨不同的是,国家对失地农民的政策性地位赋予是建立在土地资源交换的基础之上的,失地农民获得政策性地位是以"被征地"为前提的,国家获得了失地农民的土地,同时需要负担起对失地农民的补偿安置责任,而国家对归难侨的安置更多基于国家涉外政策的需要以及人道主义原则。因而相比于同时期归难侨的强优势政策性地位赋予,失地农民的政策性地位赋予是相对较弱的。

这种政策性地位赋予对失地农民和征地单位产生了不同层面的影响。对失地农民来说,青壮年劳动力在失去原有土地后又能得到新的土地耕种,不影响生计,并且有些失地农民被安排进城市国营企业工作,通过非农就业实现身份的转换,成为工人和城市居民,一定程度上实现了向上流动。高龄失地农民也在计划安置下得到较为妥善的抚养。对征地单位来说,在对失地农民进行妥善安置的前提下,征地拆迁的阻力得以减少,较少出现拆迁纠纷。但这种妥善安置仅适用于征地需求较小的情况,一旦征地需

---

① 《中华人民共和国土地管理法》,全国人民代表大会网站,http://www.npc.gov.cn/wxzl/gongbao/2000-12/06/content_5004471.htm,查看时间:2021年5月18日。

求变大,征地单位也难以调配充足的耕地资源对农民进行农业安置,并且城市国营企业的用人数量有限,有时难以吸纳过多失地农民,而失地农民的个人技能也不一定符合国营企业的需求。这种张力在中国改革开放初期城市化加速发展的过程中日益凸显出来。

二 市场化改革背景下安置政策的效率化转向

20世纪90年代是中国失地农民安置政策演变的重要转折期。随着中国计划经济体制向社会主义市场经济体制的转型,原有的计划安置方案难以适应新形势下社会主义市场经济建设的需要,特别是随着1984年城市经济体制改革的进行,"搞活经济,提高效率"成为发展的重中之重。城市化进程在全国各地尤其是沿海地区逐渐铺开,城市周边的农业用地进入大规模征收阶段,使得失地农民群体规模逐渐扩大。在此背景下,国家开始改革原来的失地农民安置制度,试图进一步提高征地效率。

1986年颁布、1988年修正的《中华人民共和国土地管理法》规定:"国家为了公共利益的需要,可以依法对集体所有土地实行征用。"[1] 1988年12月,国家又颁布了《中华人民共和国土地管理法实施条例》,规定:"征地补偿、安置争议不影响征用土地方案的实施。"[2] 这体现了征地理念的重要转向,即从"无法安置的不能强行征地,需要安置妥善后再征用土地"[3] 转向"征地补偿、安置争议不影响征地"。这种征地理念的转变实际上与"以经济建设为中心"的大背景密切相关。1998年修订的《中华人民共和国土地管理法》中关于被征地农民补偿办法也仅有货币补偿一条(第四十七条):

---

[1] 《中华人民共和国土地管理法(1998年)》,中华人民共和国中央人民政府网站,http://www.gov.cn/banshi/2005-05/26/content_989.htm,查看时间:2019年6月22日。

[2] 《中华人民共和国土地管理法实施条例》,国务院侨务办公室网站,http://www.gqb.gov.cn/node2/node3/node5/node9/node104/userobject7ai1332.html,查看时间:2021年5月18日。

[3] 《国家建设征用土地办法(修正)》,《中华人民共和国国务院公报》1958年第2期。

征用土地的，按照被征用土地的原用途给予补偿。征用耕地的补偿费用包括土地补偿费、安置补助费以及地上附着物和青苗的补偿费。征用耕地的土地补偿费，为该耕地被征用前三年平均年产值的六至十倍。征用耕地的安置补助费，按照需要安置的农业人口数计算。需要安置的农业人口数，按照被征用的耕地数量除以征地前被征用单位平均每人占有耕地的数量计算。每一个需要安置的农业人口的安置补助费标准，为该耕地被征用前三年平均年产值的四至六倍。但是，每公顷被征用耕地的安置补助费，最高不得超过被征用前三年平均年产值的十五倍。征用其他土地的土地补偿费和安置补助费标准，由省、自治区、直辖市参照征用耕地的土地补偿费和安置补助费的标准规定。被征用土地上的附着物和青苗的补偿标准，由省、自治区、直辖市规定。征用城市郊区的菜地，用地单位应当按照国家有关规定缴纳新菜地开发建设基金。依照本条第二款的规定支付土地补偿费和安置补助费，尚不能使需要安置的农民保持原有生活水平的，经省、自治区、直辖市人民政府批准，可以增加安置补助费。但是，土地补偿费和安置补助费的总和不得超过土地被征用前三年平均年产值的三十倍。国务院根据社会、经济发展水平，在特殊情况下，可以提高征用耕地的土地补偿费和安置补助费的标准。①

在以效率为先的经济改革背景下，安置补偿方法从货币补偿、劳动力安置（农业安置或就业安置）、集体养老与城乡户口迁移等多项举措并行，变化为只有货币安置一条补偿措施，1999年8月，S省以上述中央政策精神为依据，颁布了新的《S省实施〈中华人民共和国土地管理法〉办法》。此办法也规定了征地补偿安置以货币补偿为主。虽然办法规定了"被征地单位的耕地全部

---

① 《中华人民共和国土地管理法》（1998年修订），中华人民共和国生态环境部网站，http://www.mee.gov.cn/home/ztbd/swdyx/2010sdn/zcfg/201001/t20100113_184226.shtml；查看时间：2021年5月18日。

被征用或者征用土地后人均耕地不足66平方米的,原农业户口可转为非农户口"①,但此文也没有提及对被征地农民的农业安置、就业安置和养老安置。这种安置补偿措施的变化削弱了失地农民的政策性地位。以货币补偿为主的方式隐含着"拿钱买断"的意味,而农民获得的赔偿款往往仅占土地增值收益的一小部分②。上述这些政策的调整反映了国家安置政策的效率化转向,国家不再从政策上强调对失地农民的生产生计的优待。

这种强调效率的补偿安置方式客观上给失地农民的生产生活带来一些困难。虽然政府提高了货币补偿标准,农民在短期内获得了一笔较大资金,但这种货币安置实际上不利于失地农民的长远生计。首先,由于失地农民大都缺乏投资理财能力,而且失地后生活成本升高,其获得的补偿费和安置补助费很快被消耗殆尽(高新才、李笑含,2016)。有些失地农民的安置补偿款甚至长时间不能落实,损害了失地农民的正当权益。其次,由于大部分失地农民教育程度不高,缺少专业技能,往往在劳动力市场中处于劣势地位,缺乏劳动保障(董敬文,2012)。这一时期的失地农民也常常被称为"种田无地,就业无岗,低保无份"的"三无人员",成为突出的弱势群体(章友德,2010)。并且,一些地方政府违法违规征地的行为也损害了农民的利益,并由此激化了社会矛盾(柳建文、孙梦欣,2014)。

三 政策性地位再赋予与区别化治理框架生成

随着失地农民问题的逐渐凸显,国家开始重新启用特殊化逻辑,积极探索保障失地农民基本生活和长远生计的有效办法,对失地农民进行政策性地位的再赋予。

1999年、2001年和2002年,国土资源部先后下发了《关于

---

① 《S省实施〈中华人民共和国土地管理法〉办法》,滨海市政府网站,http://www.rzdonggang.gov.cn/eportal/ui?pageId=2266&articleKey=181220&columnId=180084,查看时间:2019年6月22日。

② 新闻调查:《征地破局》,央视网,http://v.cctv.com/html/xinwendiaocha/2008/c1/xinwendiaocha_300_20081122_1.shtml,查看时间:2019年12月30日。

加强征地管理工作的通知》《关于切实做好征地补偿安置工作的通知》和《关于切实维护被征地农民合法权益的通知》，强调要切实解决失地农民征地补偿低、费用不到位、安置不落实等问题，提出要规范征地管理，帮助失地农民提高生活水平，并提出要积极探索适应社会主义市场经济体制的新型征地制度。2004年第二次修正的《中华人民共和国土地管理法》将第二条第四款从"国家为公共利益的需要，可以依法对集体所有的土地实行征用"修改为"国家为了公共利益的需要，可以依法对土地实行征收或者征用并给予补偿"[1]，强调农民的土地合法权益。2006年，国务院办公厅转发劳动保障部《关于做好被征地农民就业培训和社会保障工作的指导意见》（国办发〔2006〕29号），进一步提出要妥善解决失地农民的基本生活和长远生计问题，特别是其就业和养老问题并维护好他们的合法权益，从而保持社会稳定。[2] 2007年，国土资源部联合劳动和社会保障部下发《关于切实做好被征地农民社会保障工作有关问题的通知》，要求各地方政府进一步明确失地农民社会保障工作的责任，保证失地农民社会保障所需资金，加强对失地农民社会保障工作的监督检查等。[3] 相应地，S省自2003年起出台《S省人民政府关于建立失地农民基本生活保障制度的意见》等文件，提出要建立失地农民养老保险制度，根据性别和年龄采取不同的参保标准，由政府、集体、个人共同筹资，并且通过职业培训、职业介绍和劳务派遣等多种方式促进失地农民就业。[4] 货币安置、社会保障与多样化安置的组合意在让

---

[1] 《中华人民共和国土地管理法》（2004年修正），中华人民共和国中央人民政府网站，http://www.gov.cn/flfg/2005-06/22/content_8505.htm，查看时间：2021年5月18日。

[2] 《国务院办公厅转发劳动保障部关于做好被征地农民就业培训和社会保障工作指导意见的通知》，中华人民共和国中央人民政府网站，http://www.gov.cn/zwgk/2006-04/17/content_256019.htm，查看时间：2019年6月22日。

[3] 《关于切实做好被征地农民社会保障工作有关问题的通知》，中华人民共和国中央人民政府网站，http://www.gov.cn/zwgk/2007-05/22/content_621918.htm，查看时间：2019年6月22日。

[4] 《S省人民政府关于建立失地农民基本生活保障制度的意见》，《S省政报》2004年第1期。

农民"失地不失利",构建失地农民的生存保障,一定程度考虑到失地农民从农耕经济转向市场经济后所面临的社会风险,解决民生问题,化解社会矛盾。这些针对失地农民的社会政策对失地农民进行政策层面上的优势地位再赋予,体现了宏观层面针对失地农民特殊化治理逻辑的重启。

同时,政府开始大力整治地方征地单位在征地过程中存在的一些偏差和问题。例如,2004年,监察部等部门对征用农民集体所有土地补偿费管理使用情况开展专项检查,检查内容包括地方各级政府及其部门制定的有关征地补偿的规章、政策与国家法律法规和政策是否一致;地方各级政府是否严格遵守国家关于实行征用土地公告、征地补偿安置方案公告和征地补偿登记制度的规定;征用农民集体所有土地补偿费的核算和支付是否符合国家法律法规和政策规定;对截留、挪用征地补偿费的行为是否予以纠正等。[1] 同年S省下发《关于进一步做好征地补偿安置工作切实维护被征地农民合法权益的通知》,提出要加大集中清理拖欠、截留和挪用征地补偿费工作力度,加强征地补偿费拨付和使用管理。[2] 2011年国务院纠正行业不正之风办公室将"坚决纠正违法违规征地拆迁问题"列为《关于2011年纠风工作的实施意见》的主要任务之一。这些措施进一步规范了征地流程,有利于失地农民顺利拿到征地补偿安置费,减少征地纠纷,也是对已有特殊化治理逻辑的有力支撑。

城市用地的迅速扩张也导致了大量城中村的产生。为提高土地利用效率,改善城中村居民的生活环境,政府开始重点推进城中村改造等项目。2006年S省颁布《S省人民政府关于贯彻国发〔2006〕31号文件加强土地调控的实施意见》,提出:"大量盘活

---

[1] 《对征用农民集体所有土地补偿费管理使用情况开展专项检查的意见(国办发〔2004〕31号)》,中华人民共和国中央人民政府网站,http://www.gov.cn/zhengce/content/2008-03/28/content_2466.htm,查看时间:2019年6月23日。

[2] 《S省人民政府关于进一步做好征地补偿安置工作切实维护被征地农民合法权益的通知》,《S省政报》2004年第7期。

闲置土地和存量土地,通过城市、村庄土地整理,加快城中村改造。"① 2013年,国务院《关于加快棚户区改造工作的意见》(国发〔2013〕25号)提出:"在加快推进集中成片城市棚户区改造的基础上,各地区要逐步将其他棚户区、城中村改造,统一纳入城市棚户区改造范围。"② 同年,S省出台《S省人民政府关于贯彻落实国发〔2013〕25号文件加快棚户区改造工作的意见》,提出要贯彻落实中央政策精神,加快推进城中村改造,改善城中村居民居住条件,提高基础设施和公共服务设施水平,推进新型城镇化。这些政策在原有保障失地农民长远生计政策的基础上进一步强调对失地农民生活环境的改造,从而丰富了针对失地农民群体的特殊政策,加深了针对失地农民的区别化治理框架。

2019年《中华人民共和国土地管理法》进行了第三次修正,其中特别增加了第四十五条,明确了何为"公共利益":

> 为了公共利益的需要,有下列情形之一,确需征收农民集体所有的土地的,可以依法实施征收:(一)军事和外交需要用地的;(二)由政府组织实施的能源、交通、水利、通信、邮政等基础设施建设需要用地的;(三)由政府组织实施的科技、教育、文化、卫生、体育、生态环境和资源保护、防灾减灾、文物保护、社区综合服务、社会福利、市政公用、优抚安置、英烈保护等公共事业需要用地的;(四)由政府组织实施的扶贫搬迁、保障性安居工程建设需要用地的;(五)在土地利用总体规划确定的城镇建设用地范围内,经省级以上人民政府批准由县级以上地方人民政府组织实施的成片开发建设需要用地的;(六)法律规定为公共利益需要可以征收农民集体所有的土地的其他情形。前款规定的建设活动,应当符合国民经济和社会发展规划、土地

---

① 《国务院关于加强土地调控有关问题的通知》(国发〔2006〕31号)。
② 《国务院关于加快棚户区改造工作的意见》,中华人民共和国中央人民政府网站,http://www.gov.cn/zwgk/2013-07/12/content_2445808.htm,查看时间:2019年6月22日。

利用总体规划、城乡规划和专项规划；第（四）项、第（五）项规定的建设活动，还应当纳入国民经济和社会发展年度计划；第（五）项规定的成片开发并应当符合国务院自然资源主管部门规定的标准。①

同时，这次2019年土地管理法的第三次修正将原来的第四十七条改为第四十八条，不仅调整了土地征收补偿的标准，力求补偿公平合理，还明确提出应保障被征地农民的长远生计：

> 征收土地应当给予公平、合理的补偿，保障被征地农民原有生活水平不降低、长远生计有保障。征收土地应当依法及时足额支付土地补偿费、安置补助费以及农村村民住宅、其他地上附着物和青苗等的补偿费用，并安排被征地农民的社会保障费用。征收农用地的土地补偿费、安置补助费标准由省、自治区、直辖市通过制定公布区片综合地价确定。制定区片综合地价应当综合考虑土地原用途、土地资源条件、土地产值、土地区位、土地供求关系、人口以及经济社会发展水平等因素，并至少每三年调整或者重新公布一次。征收农用地以外的其他土地、地上附着物和青苗等的补偿标准，由省、自治区、直辖市制定。对其中的农村村民住宅，应当按照先补偿后搬迁、居住条件有改善的原则，尊重农村村民意愿，采取重新安排宅基地建房、提供安置房或者货币补偿等方式给予公平、合理的补偿，并对因征收造成的搬迁、临时安置等费用予以补偿，保障农村村民居住的权利和合法的住房财产权益。县级以上地方人民政府应当将被征地农民纳入相应的养老等社会保障体系。被征地农民的社会保障费用主要用于符合条件的被征地农民的养老保险等社会保险缴费

---

① 《全国人民代表大会常务委员会关于修改〈中华人民共和国土地管理法〉、〈中华人民共和国城市房地产管理法〉的决定》，全国人民代表大会网站，http://www.npc.gov.cn/npc/c30834/201908/024794d1945f4498bc1c3b532b6d6561.shtml，查看时间：2021年5月18日。

补贴。被征地农民社会保障费用的筹集、管理和使用办法，由省、自治区、直辖市制定。①

这一系列政策性地位赋予措施对失地农民治理产生了深刻影响，使一些职能部门在失地农民问题上的职责越来越突出。首先，在失地农民的就业和社会保障问题上，人力资源和社会保障部门成为主要的负责部门，负责完善失地农民的就业保障（包括职业培训、职业介绍、劳动保障、鼓励创业等）和社会保障（特别是养老保险和医疗保险）。其次，在关于征地过程的专项检查中，监察部、国土资源部、农业部、审计署和国务院纠风办等部门成为主要的负责部门，负责检查地方各级政府及其部门制定的有关征地补偿的规章、政策与国家法律法规和政策是否一致，地方各级政府是否严格遵守国家关于实行征用土地公告、征地补偿安置方案公告和征地补偿登记制度的规定，征用农民集体所有土地补偿费的核算和支付是否符合国家法律法规和政策规定，对截留、挪用征地补偿费的行为是否予以纠正等。同时，住建委、自然资源部等部门也在推进城中村改造方面发挥重要作用。上述职能部门发挥日益突出的作用，由此进一步深化了区别化治理框架。

四 小结

本节在对政府政策文献分析的基础上，梳理了中华人民共和国成立以来失地农民安置制度及相关政策中所隐含的治理逻辑及其变迁轨迹。国家对失地农民的补偿安置政策经历了从计划安置到市场安置，再到多元化安置的发展过程。计划安置时期国家包办失地农民的再就业和养老，对其赋予政策性地位，这与计划经济时期集体制度下国家与个体之间的恩庇关系、国家对农民的政治支持的需求，以及国家可供调配的资源等因素息息相关。到了

---

① 《全国人民代表大会常务委员会关于修改〈中华人民共和国土地管理法〉、〈中华人民共和国城市房地产管理法〉的决定》，全国人民代表大会网站，http://www.npc.gov.cn/npc/c30834/201908/024794d1945f4498bc1c3b532b6d6561.shtml，查看时间：2021年5月18日。

市场化改革初期，行政安置手段难以适应国家以经济建设为中心的发展需求，市场安置手段取而代之。但以效率为导向的市场安置手段导致失地农民长远生计难以得到保障。国家为此通过强调保障失地农民的再就业、养老和住房保障来改善民生问题，重新赋予失地农民以政策性地位，形成了宏观层面失地农民区别化治理的主要框架。

失地农民安置政策的政策逻辑变迁与归难侨政策的演变有很大程度的相似之处，都大致经历了三个阶段的波动，且每个阶段的政策价值取向是相似的，但国家对于这两个群体的归类及政策待遇仍然存在着差异，这与不同群体与国家之间的利益关系的不同存在着一定联系。此外，这二者的人数规模存在着明显差异：全国安置的归难侨（含侨眷）人数约100万，随着第一代归难侨群体年纪日渐增大，有些相继去世，第一代归难侨人数规模在不断缩小。虽然归难侨第二代也享有一定的特殊政策性地位，但其特殊待遇随着其代际变更而减少。而失地农民的数量随着城市化进程的加快在不断增加。2020年中国失地农民数量达到1亿人以上。[①] 这可能会影响国家的重视程度与所匹配的政策及相关资源。

值得注意的是，近年来随着"城乡一体化"方针政策的提出，失地农民社会保障的发展方向将朝向更高层次的普遍化方向发展，即促进失地农民融入城市，享受与城市居民同等社保待遇。比如2014年国务院正式出台政策[②]，提出建立全国统一的城乡居民基本养老保险制度，失地农民可以根据其年龄和就业状况选择参加城镇职工基本养老保险或城乡居民基本养老保险，有权利获得和城镇职工或城市居民同等的养老保障。上述政策出台意味着国家在失地农民社会保障方面有进行普遍化治理的长远规划。这实际上不仅有利于整合我国的社会养老保险制度，也能够

---

① 中华人民共和国自然资源部网站，http://www.mnr.gov.cn/zt/zh/xnc/zcjd/200903/t20090319_2031767.html。

② 《国务院关于建立统一的城乡居民基本养老保险制度的意见》（国发〔2014〕8号），中华人民共和国中央人民政府网站，http://www.gov.cn/zwgk/2014-02/26/content_2621907.htm，查看时间：2019年6月23日。

进一步促进失地农民长远融入。不过,在实现真正的城乡一体化之前,失地农民仍然是一个不可忽视的弱势群体。政府仍然面临着较大挑战。在现阶段,国家对于失地农民的政策逻辑仍然是以特殊主义逻辑为主的。

第二节　失地农民安置区的治理实践

上一节我们梳理了国家宏观层面的政策变迁逻辑。那么这些政策在基层是否得到贯彻?地方政府以怎样的理念和策略来治理失地农民安置区?本节将以东埠失地农民安置区的治理实践为例,重点分析这些问题。

一　基层政府的刚性执行与区别化治理实践

基层政府对失地农民的区别化治理实践主要包括两个层面:一是从治理理念层面将失地农民区别化;二是从治理措施层面对其进行区别化,刚性落实宏观层面对于失地农民的区别化治理框架,从社会保障、住房安置、社区管理等多个方面对失地农民进行区别化治理。

(一) 治理理念区别化

失地农民被安置进新建社区后,其"市民化"成为基层政府的一个重要工作内容,具体包括提升失地农民的素质,使其达到城市居民的文明水平。这就从治理理念上将失地农民这一群体与其他城市居民区别开来。在基层干部的眼中,失地农民尚未养成与城市精神文明相适应的生活习惯,素质有待提高:

> 老百姓以前在农村养成的习惯,随地吐痰司空见惯,随地扔垃圾,然后我们就起了一个说服的作用,你不能乱吐痰,你吐在楼道里不好看,吐在电梯里也不好看,刚开始入住的时候,物业相当难管,到处都是痰、垃圾,非常非常难管,到处乱停车。以前在村里有个旮旯就停了,但在小区,无论

在地上还是地下停车库,都得停得整整齐齐的,停在别人家的车位上人家也不愿意。(访谈资料:WYM20170217)

图 3-1 社区内随手停放的车子

其他学者的研究也发现村民在绿地上拔草种菜(张青,2009)、对物业管理不适应(吴莹,2017)等情况。失地农民在

图 3-2 被村民破坏的绿地

被安置进高层住宅小区之前,生活在农村中,缺乏城市公共空间的意识,很少受到"不随地吐痰、不乱扔垃圾、不破坏公物、不乱停乱放"等规则的约束。当他们住进现代化的城市社区中,原有农村的生活习惯就与城市文明一直提倡的行为习惯格格不入,成为需要基层干部加以纠正的"惯习"(Bourdieu,1984)。在基层干部的话语中,这些习惯是不文明的、落后的、需要改造的倾向。这成为失地农民群体在治理理念上被区别对待的重要方面。但基层干部也在强调,通过他们的努力,失地农民的不良习惯逐渐得到改变,他们认为失地农民未来可以逐渐融入城市。

> 不过转变也是有效果的,因为除了以前北京、上海的老市民,现在的新市民不都是从农民转过来的?转变肯定需要一个过程。村两委、物业人员一点一点地宣传,宣传正能量,

让他们有一个正面的认识。比如，以前他们还会在苗圃里"另辟蹊径"，放着好好的路不走，从草坪里踩出一条路来。但是我觉得现在还好点了。没养成好的习惯之前，你不能放弃让他们把农民的行为、农村的行为改过来。（访谈资料：WYM20170217）

基层治理者对于失地农民的治理理念比较积极，肯定了失地农民在行为意识上的主动改变。这与南涌华侨农场基层治理者将归难侨归于"弱势群体且需要长期照顾"的区别化理念有很大不同。

（二）治理措施区别化

在宏观的区别化治理框架的影响下，基层政府对失地农民群体展开了一系列区别化治理措施，主要表现在社会保障、住房安置和社区管理三个方面。

一是区别化的社会保障制度。基层政府刚性执行对失地农民的社会保障。2003年12月24日，S省人民政府印发《关于建立失地农民基本生活保障制度的意见》，提出"加快建立失地农民基本生活保障制度，特别是失地农民养老保险制度；并且要大力促进失地农民就业"。2004年，滨海市政府发布《关于建立失地农民基本生活保障制度的实施意见》，提出要制定建立失地农民基本生活保障制度工作方案，在辖区内分别选择一个街道和一个中心镇进行试点，开始建立失地农民的社会保障体系。2010年，滨海市政府发布了《滨海市人民政府关于完善征地补偿安置制度维护被征地农民利益的意见》。首先，将被征地农民的社会保障费纳入征地补偿安置费用之中。社会保障费作为征地补偿、安置总费用的一部分，专款专用，主要用于被征地农民养老、医疗和失业保险等社会保障支出，确保被征地农民的基本生活和养老保障水平不低于城市最低生活保障标准。其次，文件提出多渠道安置失地农民，并具体列出了调换土地安置、重新择业安置、股权安置、异地安置、货币安置和实物及其他形式安置的多项安置方式，以及决定取消留用地安置。这意味着滨海市基本建立了针对失地农民多样化的安置方式和体系化的社会保障制度。2011年东埠失地农民安置区被征地农民社会养老保险制度开始全面实施，每位达到退休年龄的老人每月可领取75元养老金。① 在中央大力推进城乡一体化政策方针的指引下，2013年滨海市又出台了《滨海市被征地农民参加养老保险暂行办法》，在全省率先将21万被征地农民纳入企业职工养老保险体系，让他们享受与城镇企业职工相同的待遇，解决他们的养老保险问题。同年，东埠失地农民安置区的失地农民每人每月能领到571.97元的养老金，每年能获得1100元的取暖费，养老金金额还可以跟着工资上调。截至2013年12月，该街道参加被征地农民养老保险的人数达到5700人，参保率达到95%。② 2014年，该安置区的失地农民养老金每月增加约100元，达到每人每月693.97元，2015年被征地农民养老金全市统一上调，达到每人每月846.87元。与2011年的每人每月75元相比，增长了十倍多。③ 从我们的调查来看，参加了被征地农民养老保险的失地农民对这项政策感到很满意，认为这有助于改善他们的生活，跟城市职工同等待遇也让他们感到公平。但有些失地农民因为当初没有足够的钱参加这项保险或者对政策不了解而错过了参保机会。

> 像我这种年纪大了，亏着买了养老保险，叫失地农民养老保险。拆迁那年办的，得交钱，到（一定）年龄的才保，保了那一茬……我现在已经开始领钱了，我老公还没领。女的55（岁开始领），男的60（岁开始领）嘛。我今年58，我老公（跟我）同岁。当时谁也看不透，不知道（这个政策）好。现在一个月800来块，也得按年龄，66（岁）的能一个月千数（块钱），随着年龄涨。（访谈资料：SBA20180216）

---

① 区人社局：《我区发放被征地农民养老保险金》，来源：东埠街道所在区政府官网。
② 东埠街道：《被征地农民失地不失利》，来源：东埠街道所在区政府官网。
③ 区人社局：《区政府再次上调被征地农民养老金》，来源：东埠街道所在区政府官网。

二是区别化的住房安置工程。失地农民安置区的形成本身是区别化治理的产物。一些失地农民在失去耕地后仍然居住在原有的村落。而后随着城市建设用地的扩张，这些村落就成为位于城市内的"城中村"。政府通过"城中村改造"等住房安置工程改善失地农民的生活环境，将其作为重要的"民生工程"重点推进。2007年，滨海市市政府颁布《关于城中村改造的意见（试行）》，对城中村改造工作的指导思想、组织领导、方法步骤等做出初步规定，开启了滨海市大规模城中村改造的进程，试图将市内已经失地的农民群体安置到新的现代化小区。2010年至2012年，滨海市城中村改造工作全面铺开，三年分别拆迁村居23个、51个、44个。

宏观区别化治理框架制约着地方的区别化治理实践。2013年，国务院《关于加快棚户区改造工作的意见》（国发〔2013〕25号）要求："在加快推进集中成片城市棚户区改造的基础上，各地区要逐步将其他棚户区、城中村改造，统一纳入城市棚户区改造范围。"同年，S省出台《S省人民政府关于贯彻落实国发〔2013〕25号文件加快棚户区改造工作的意见》，提出目标任务——全省三年内（2014—2017）改造棚户区79.79万户，基本完成集中成片、非集中成片城市棚户区和城中村改造。在此基础上，滨海市又于2013年出台正式的《关于城中村改造的意见》，并在2015年出台《关于加快推进城中村改造的意见》，不断加快城中村改造进程，这让一些失地农民在失去耕地后又经历了"上楼"这一阶段。东埠街道所在的辖区有97个城中村，占滨海市所有城中村数量的76%，城中村改造迫在眉睫。2015年东埠街道所在区出台《关于贯彻落实滨海市〔2015〕8号文件加快推进城中村改造的实施意见》，同时出台《城中村改造考核办法》，规定区督查考核局、区城中村改造办公室对城中村改造工作进行检查督导，年度考核结果与全区目标管理绩效考核挂钩。东埠安置区作为滨海市失地农民安置的重要片区，至2018年，该街道31个村已有 27 个村完成拆迁，有 7 个村实现回迁。① 地方政府通过强调原失地农民聚居区的落后、脏乱和简陋来体现城中村改造工程为人民服务的出发点：

> 截至目前，约有 12.7 万群众还住在城中村里，占建成区总人口的 17%。据了解，这些尚未改造的城中村，大都是三十多年前的老房子，有的已成为危房；大部分村基础设施配套不全，不通暖、不通燃气，没有雨污分流设施，污水横流、垃圾遍地；有的城中村居民几代人挤在一起，居住条件非常简陋。加快推进城中村改造，尽快改善城中村居民居住生活条件……（来源：滨海市住房委员会办公室网站；文本资料：20180501）

与"脏乱差"的城中村空间相对照的，是"先进"的现代生活空间，这个空间"以现代商品房小区为样板，具有暖气、燃气、电梯等先进生活设施，环境卫生整洁，生活品质高"，具有"高起点、高标准的特征"。由此，推动住房安置工程是"让失地农民过上城市生活"的重要举措。（文本资料：20180501）

回迁进安置社区的居民也普遍感受到这种生活变化，其中一位村民说：

> 生活还是有变化的。冬天有暖气了，以前在平房里靠生炉子取暖，别的屋不生炉子就不暖和，现在每间屋都暖和，洗澡什么的也方便。也比较卫生了，有物业打扫卫生。现在还可以用燃气做饭，以前得每个月换煤气罐。那个电梯上下也很方便，尤其是老人。（访谈资料：BZF20180219）

实际上，城中村居民长期接受现代都市生活形态的影响，也对现代生活空间产生向往。从心理维度和身份认同的角度看，

---

① 《东埠街道"城中村改造"快马加鞭》，《滨海日报》2018 年 6 月 20 日第 A2 版。

图 3-3 董村拆迁前航拍图

"住上楼"是村民摆脱底层身份,实现向上社会流动的表现。特别是对年青一代的村民来说,"有楼"成为其在婚姻市场中获得更大竞争优势的重要条件。而随着城市房价的快速上涨,村民很难在市里买一套房子。城中村改造中的楼房置换对村民来说很有吸引力。有的村民说:"如果不是城中村改造,我们也住不上楼。"(访谈资料:BG20180217)较为年长的村民讲:"我们住哪儿都行,关键还是为了子女。"(访谈资料:NBA20170208)

三是区别化的社区管理实践。在社会保障、住房安置以外,在失地农民安置区的日常管理中也存在区别化的现象。在城市商品房社区中,居委会、业委会和物业公司成为商品房社区治理的"三驾马车"(庄文嘉,2011)。城市居民可以通过选举业主大会、业主委员会来实现自主管理社区,业委会成为居委会之外的社区管理机构(陈鹏,2016)。有些回迁的当地农民安置区出现了村

图 3-4 卜村安置社区

委会自营物业的情况，这是区别于普通商品房小区的一个鲜明特点。下面我们以东埠失地农民安置区内的董村安置社区的社区管理为例来详细说明这一点。在董村安置社区中，村两委运营物业，物业成为村委会下设部门，与集体经济组织和工作委员会平级，很大程度增强了基层自治组织的服务职能。董村社区的村两委之所以自主经营物业主要出于三个方面的原因。一是失地农民迁入高层住宅区后，增加了物业管理的相关支出，村两委自主管理物业，可以运用集体经济对物业费进行补贴，减少居民的物业费支出，帮助居民减轻生活负担。二是董村仍保留集体经济，具有补贴物业的经济基础。并且村两委可以从集体经济（旅游公司）中调派人手管理物业，即拥有相关的人力资源。三是村委自主经营物业，物业服务人员（保安、保洁等）可以直接从村民当中招募，能够帮助解决一部分失地农民的就业问题。（访谈资料：DSQ20170211）

村两委自主管理物业给社区管理带来一些积极影响，主要包括减少物业纠纷和促进基层动员两个方面。在商品房小区中，物业费过高和服务质量问题是引发物业纠纷的两个重要原因。一方面，小区业主常常抱怨物业管理费过高，有的超出政府指导价；另一方面，业主对物业公司提供的服务质量感到不满，比如基础设施经常损坏，维修不及时等，业主作为消费者认为自己的权益受到侵害（张磊，2005）。根据调查，在一些引进商业物业管理的"村改居"社区中，物业纠纷更加突出，因为"村改居"社区的居民一时不能接受付费式的专业化物业管理服务，物业费缴纳率往往很低，而且这些问题常常是商业物业管理公司无法从市场的角度解决的（吴莹，2016）。而董村村两委通过自主经营物业，很大程度上解决了商品房小区中业主与物业的矛盾（特别是物业费收费过高和物业服务质量差）。首先，村委运营物业的优势在于物业费较低，收费0.8元/平方米。而当地类似高层商品住宅区的物业费一般为1.5元/平方米至2元/平方米。当然村民所缴交的物业费是无法涵盖物业运营成本的，其缺口由村集体资金补贴。这个物业收费标准得到了村民认可："我们村的物业费的确是比较少的。"（访谈资料：QDZ20170216）其次，当"村委会—村民"关系吸纳了"物业—业主（业委会）"关系后，社区中的一些问题可以直接通过村委会开会商议决定，村民就不必再选举业委会。而且由于村委会比业委会具有更多的资源优势（例如政府支持、集体资金控制权等），村委会解决一些社区问题更加高效。建车棚的例子很好地说明了这一点。在村民回迁之后，由于社区内没有建车棚，每家的电动车、自行车放在楼道、小区过道、地下车库等地方。物业、村干部发现这一问题后，立马组织两委会研究，并在党员代表会上表决通过修建电动车棚。资金到位后，车棚很快建立起来，不仅方便了村民，而且也使社区内公共环境得到了很大改善。而且，物业由村集体自营，避免了普通商品房小区中物业及其背后开发商与小区业主之间的一些利益纠葛，一定程度上防止了村民权益受到商业利益的侵害。

在基层动员方面，村委会运营物业通过原有熟人社会网络的组织基础，提高了上级政府在基层的动员能力。在董村的个案中，村经营的物业人员（包括经理、会计、出纳、保安、保洁主要由村民担任）均为村民。物业人员作为工作人员为社区提供服务，下班时物业人员与村民还是邻里乡亲，社会距离比传统城市社区中物业与居民的社会距离要小得多。这种亲密关系使物业更便于帮助村委动员居民。我们以2016年滨海市创建全国文明城市期间董村的社区动员为例详细说明这一点。2016年滨海市争创全国文明城市。其中，环境卫生、群众知晓率和满意度等方面是重点考核指标。从市政府到区政府再到街道办都严阵以待，努力抓好基层动员。而董村村民刚刚回迁，在社区环境卫生方面做得并不好，随地吐痰、乱扔垃圾、乱堆乱放等现象仍十分常见，基层动员变得迫切和必要。董村社区物业经理告知他们通过自己的员工来发动群众。

> 一是贴通知，二是发动我们的员工。我们物业公司四十多人，当时我给他们开全员会的时候，再三强调，要口口相传，用你的行为和语言，每个人都认识村里的一部分人，你作为一个物业人，聊天的时候就传递这种信息，不要随地吐痰，在你的家人、你的孩子来看，你是个成年人，对孩子是个反面的教材。一栋楼两个保洁，他们发现楼道里有东西，就敲门，弄干净。如果到处都是垃圾，你也就随手丢垃圾，如果到处都很干净，你就不好意思扔。当大家都重视的时候，就成了大气候。创城就是加了一把火，拿着鞭子往前赶，创城就对整个物业有督促作用，领导要检查，工作要严格，楼道不能堆放杂物，保洁就打扫无死角，习惯就慢慢养成了。创城也对全市的小区提升文明程度起到了一个很好的加速作

用。（访谈资料：WYM20170217）

在创建文明城市运动中，物业也要接受考核。而董村由于物业都来自本村，在发动群众方面具有得天独厚的优势。物业员工通过自己在董村社区的社会网络传递信息，便于物业更有效率地动员村民参与创城，改变不良生活习惯，保持环境卫生。这一动员也是卓有成效的，据物业经理反映，董村社区的环境卫生很快得到改善，随地吐痰、乱扔垃圾、乱堆乱放等现象明显减少。在2016年度综合工作考评中，董村社区也被评为"先进村（社区）"。

但是这种区别化的社区管理实践也产生了一定负面效应。村两委自主管理物业某种程度增加了其工作负担。与居委会相比，村委已经多出了管理集体经济的职能，而增加了物业运营后，村委的工作更加繁忙，并且在村民刚刚回迁这一阶段，还有分房等一些遗留问题还未解决，导致村委的工作负担比较大。村支书坦言：

> 建车棚这些事都属于中等决策。等物业完善了，这些事就放下去了。那天物业的人来找我，我说下一步这些事你们解决就可以了，不要来找我。不能我天天管这些事。咱处理牵涉到经济这些大事。他们就来汇报工作就可以了。（访谈资料：DSQ20170211）

可见，村两委目前计划进一步对物业放权，以减轻村两委的工作负担。在谈到董村社区未来发展方向时，村支书说，未来董村村两委的改革也会朝着进一步明确职能和简政放权的方向迈进："以后社区物业负责搞服务，水电、维修、设施、治安，股份制公司负责运营我们的集体资产，以前选村主任，下一步就选总经理。经济、政治、社会分开。"（访谈资料：DSQ20170211）简政放权有利于减轻村委会的工作负担，使集体经济、物业管理、社区综合事务管理等事务专业化发展。但总的来说，基层自治组织管理物业鲜明地体现了基层政府和基层自治组织对失地农民安置区的区别化社区管理，有利于帮助回迁的失地农民解决生活中的一些问题,减轻他们的生活负担,帮助他们更快地适应新的生活方式。

我们从上面的论述可以看出,基层政府在治理失地农民问题时采取了区别化治理的方式,这主要体现在社会保障、住房建设和社区管理三个方面。这些区别化治理措施是立足于宏观层面的区别化治理框架、结合基层治理中的具体问题制定相应治理措施,产生了比较积极的治理绩效。但是,在基层政府对失地农民安置区的治理过程中,也产生了一系列问题,这进一步制约了地方政府的向上和向下的应责模式。

二 基层政府的区别化应责模式

征地拆迁牵涉的居民数量之多、利益关系之复杂,使得处理好征地拆迁中的利益关系,维护社会和谐稳定成为征地拆迁项目中一项重要任务。例如滨海市2007年颁布的《关于城中村改造的意见(试行)》提出:"工作要取得广大群众的理解和支持,保证城中村改造顺利进行与社会和谐稳定。"2016年,在东埠街道所在区全区城中村改造工作推进会议上,区长也提到:"要全力抓好城中村安全稳定。"[1] 在此背景下,基层干部也发展出一系列向上和向下的区别化应责模式。

(一) 向上应责

安置区基层政府的向上应责主要表现在强调程序正当性与吸引注意力两个方面。强调程序正当性意为当矛盾发生且上级调查问责时,基层治理者强调所有决策均遵循常规流程,没有出现工作失误。吸引注意力意为强调治理过程中的一些突出表现,获得上级肯定。简言之,前者强调的是"无过",后者强调的是"有功"。

强调程序正当性是基层管理者向上应责的重要策略之一。由于拆迁的流程比较复杂,实际执行中也存在很多变数,这需要基层管理者"以不变应万变",任何流程都做到程序正当,即使遇

---

[1] 滨海市东埠街道所在区区政府:《全区城中村改造工作推进会议召开》,东埠街道所在区政府,内部资料。

到上级问责,也可以强调自己并没有出现工作失误,甚至可以通过强调程序正当性来合理化一些群众的不满。以董村村两委处理过的一次上级调查问责为例。2012年董村正式启动拆迁工作,董村村两委积极响应上级政策,动员村民进行搬迁,其间村委草拟了多套房屋拆迁补偿安置方案,但最终村委与村民签订的拆迁协议主要条款(原文)如下:

(1)安置楼房两套(总面积180平方米),车位一个(约20平方米),储藏室一个(约10平方米);
(2)建房补助费45000元,拆迁房屋补偿50000元;
(3)搬迁补助费1000元,回迁补助费1000元;
(4)签订协议奖励10000元;
(5)过渡安置费49500元(按正房间数计算,每间正房每月补助260元;按人口计算,每人每月330元,过渡期①为30个月);
以上1—5项共补助资金156500元。
(6)旅游村补贴按每间规划正房8000元的标准;
(7)搬迁区位生活补助按每人7000元标准;
(8)房屋安置:由甲方(董村)为乙方提供安置楼房,安置楼房为高层框架结构,装修达到经济适用房居住条件,质量安全符合国家安全标准,安置楼房交付时间为签订协议后24个月内;
(9)安置楼房的分配:安置楼房建成后,根据不同楼层、位置,并经过广泛酝酿及征求相关部门的建议,采取科学合理的搭配、捆绑方式,协议号与拆迁号两号相加数小的优先选房,同一号段的被拆迁人通过抓阄的方式确定选择安置楼房顺序;
(10)我村在拆迁改造完成后,将有约80000平方米的分户安置楼,待拆迁完成后,村两委将组织研究老年房、分

---

① 过渡期指村民从董村原住址搬出,至迁入新建的董村安置社区这一段时间。

户房的分配办法，依据前期安排宅基地的方式，对符合享受老年房、分户条件的户，将征求村民意见，由党员村民代表会议决定。分户房将以低于建安成本价格进行分配，老年房本着低于分户房的价格进行分配，根据国家政策，独生子女也将享受优惠待遇。同时对人均30平方米商业旅游小镇的经营和分配，根据建设完工后实际规划面积、户型设计等实际情况，征求村民意见，由党员村民代表会议决定后分配到户。商业旅游小镇分配也按协议号与拆迁号相加数小的优先选择，安置楼与商业旅游小镇按合作协议约定办理双证。

（11）本协议中没有涉及的内容按补偿安置方案执行。①

全村很快签订拆迁协议，2个月内所有董村村民均搬出董村到其他地方租房暂住。但回迁时，一些村民表示不满，因为他们认为村两委存在一定的违约现象。一是合约上写明安置楼房交付时间为签订协议后24个月内（第8条），但董村安置社区直到2016年才正式落成，比约定时间晚了约两年时间。二是合约上写明两套安置房总面积为180平方米（第1条），但村民回迁时被告知两套安置房实际总面积为222平方米，并且村两委要求多余面积应按每平方米4300元的价格换购。三是协议中提出的商业旅游小镇建设（第10条）迟迟没有回音，且村两委称村民作为村集体成员将只拥有小镇的所有权，而没有小镇的经营权（商业小镇的经营权由滨海市城市投资建设有限公司统一经营）。村民对村两委的违约感到不满，向上级政府（市政府）反馈情况，市政府派人向东埠街道了解情况。

在东埠街道向村两委调查的过程中，村两委强调所有的决策（包括协议内容的变动）都是符合正常程序的，这个符合正常程序指决策征求过村民的意见，是通过村里的两委会、党员代表会投票表决的，符合少数服从多数的原则，且有会议记录。那些有反对声音的人是"少数人"。

---

① 《房屋拆迁补偿安置协议》由董村村民提供。

> 大事都要开会，开两委会研究研究，再扩大到党员会。决策都是少数服从多数。（访谈资料：WWY20170211）
>
> 肯定有不同意的。但是你是少数，人家大多数同意了你也没办法。全同意是没有可能的。（访谈资料：DSQ20170211）

于是街道又将这些情况向上汇报，得到上级的认可，避免了问责。我们通过上级政府对村民的意见回复可以看出上级对程序正当性是认可的：

> 尊敬的村民：您好！您反映的问题东埠街道所在区人民政府进行了调查处理，现回复如下：一、关于"拆迁协议与回迁时不一样"的问题经查，按照《董村片区改建项目村企合作协议书》约定，该村拆除一处5间规划正房可免费置换180平米楼房，在安置楼建设时，为了增加房屋面积，村两委经征求村民、党员代表意见，安置楼户型设计为约126平米/户、96平米/户、76平米/户3种，分配时，对符合老年、青年分户安置条件的村民，可选择126平方米和96平方米户型搭配，仍享受180平方米免费置换政策，对于超出180平方米部分，用村民享受的分户楼面积抵顶；对不符合老年或青年分户条件的村民（主要指外来户），可选择126平方米和76平方米户型搭配，仍享受180平方米免费置换政策，对于超出180平方米的部分，按每平方米4000元标准购买。绝大多数村民对这一做法认可，但仍有个别村民认为履行协议不一致。二、关于"被迫签字搬到新小区"的问题经查，2016年2月，该村成立安置楼分配工作组，多次召开村民、党员代表会议征求意见，结合该村实际拟定分配方案，并经党员、村民代表会议通过。按照分配方案，村民于3月24日、25日到村委办公室领取《抓阄通知书》；3月26日上午6:30开始，村民纷纷自发来到分楼现场，有序排队抓阄选房，至下午2:30该村置换安置楼房995套全部分配完成，全过程由滨海市阳光公证处监督，不存在被迫签字回迁情况。

> 针对您留言反映的问题，东埠街道办事处已责成董村村委在该村党员会议、村民代表会议上向村民做出细致的解释说明工作。（文本资料：20170301）

在上文可以看到上级政府认可且也多次强调了程序正当，比如："经征求村民、党员代表意见"；"经党员、村民代表会议通过"；"绝大多数村民对这一做法认可"；"全过程由阳光公证处监督"等。这说明基层政府强调程序正当这一策略在向上应责时是有效的。但基层管理者的这些话语并没有得到很多村民的认可，有些村民说他们并没被征求过意见，还有的村民直接否定了程序的正当性：

> 没用啊，大事人家都定了。每次开会（指党员会，即村民代表会议）签到本来应该在签到表上签，签了名才能拿钱（指会议补贴），但他们鬼，让你在会议记录后面签上名，直接交到乡里去，这是什么意思？我们没同意也是同意了。当时承包海水浴场的时候没有一个举手同意的，签完名就成了全同意了。签上名是有效力的。我跟他们关系很好，他们竞选的时候也帮忙拉票，平时也一起喝酒，但这些做法我看不下去，我是对事不对人。（访谈资料：SBA20170215）

因此，虽然强调程序正当是向上应责的有效策略，但这不一定是向下应责的有效策略。首先，村民比上级政府更多地掌握了实际决策过程中的具体操作，村民并不买所谓"程序正当"的账。对村民来说，有会议记录不代表决策就是正当的，基层管理者是否真正征求和尊重村民的意见才是问题的关键。其次，村民关心的并不仅是村两委的工作是否出现失误，而是问题能否得到有效的解决。如果基层管理者仅强调程序正当，是无法满足村民的诉求的。这说明向上应责与向下应责之间存在着某种张力。在下一节关于向下应责的具体阐述中，我们会具体说明基层管理者如何向下应责才能真正对村民有一个交代。

除了强调程序正当，吸引注意力也是基层和地方政府向上应责的重要策略之一。东埠街道和滨海市政府围绕加快城中村改造、提高土地集约利用率、创建文明城市三个方面强调工作成果来吸引上级政府的注意力。在城中村改造速度方面，东埠街道所在区政府于2016年提出"三年攻坚，五年收官"的口号，计划用三年时间完成68个村的房屋拆迁，五年时间完成全部城中村改造任务。滨海市城中村改造工作在2017年也获得省住房和城乡建设厅的高度评价："立足'早'字，着眼'快'字，在推进房屋征收拆迁上出实招，在加快安置住房建设上作文章，在争取政策性贷款上下功夫，在棚户区改造工作加快推进上取得了明显成效。"① 在土地集约节约利用方面，地方政府通过限定安置用地面积、批建高层安置楼，实现对城中村居民的集中，从而节省居住用地面积。滨海市2007年颁布的《关于城中村改造的意见（试行）》规定："按人均45平方米的标准预留村（居）民居住安置用地。"在安置楼高度方面，政府表示："安置社区要提高容积率，安置楼向高层发展，今后新市区原则上不再批建多层住宅。"（文本资料：20110323）滨海市的城中村改造安置楼高度普遍在30层左右。这些政策的效果也十分显著。例如，2010年，滨海市改造28个城中村，腾空土地约3000亩。2016年，滨海市因城中村改造腾空土地近两万亩，获第三届国土资源节约集约模范市（国土资源部组织开展的一项国家级达标评比表彰）。在创建全国文明城市方面，滨海市将"城中村改造"作为创城的一大亮点。"城中村中低矮的楼房摇身变为整齐划一的楼房"，"脏乱的农村变为绿树掩映、环境优美的高层住宅小区"，"城中村改造优化城市布局，改善了城市环境和人民生活"，"城中村改造"成为滨海市创建全国文明城市时的重点宣传方向，为滨海市在2017年被列入"第五届全国文明城市名单"奠定重要基础。

基层管理者除了受上级政府的约束，还需要面临来自职能部门的考核（如住房和城乡建设部、自然资源部等）。地方政府通

---

① 武玉婷：《滨海市城中村拆迁改造安置区建设稳步推进》，凤凰网网址匿名。

过强调城中村改造任务完成速度快、节约利用土地资源、创建文明城市等不同方面的成绩吸引上级的注意力。这是区别化治理中向上应责的重要特点。但是，地方政府为了突出这些方面的治理绩效而刚性执行城中村改造政策时，也给被拆迁安置的失地农民带来了一些意外后果。

首先，政府为了尽最大可能实现土地集约节约利用，提高社区的容积率，采取了高层、密集安置的方式，这实际上给失地农民的生活带来了一定的负面影响。滨海市政府规定："安置社区要提高容积率，安置楼向高层发展，今后新市区原则上不再批建多层住宅。"（文本资料：20110323）在东埠街道的卜村安置社区中，政府提前划定了安置用地范围，但后来发现安置用地面积不够，政府就在本来设计好的8栋楼中间又加了两栋，结果导致楼与楼之间间距太小，相互遮挡光照，建筑采光不好。一位卜村居民说，她的阳台（8楼）只有午后2点到3点左右能见到阳光。

> 俺是2011年拆迁，2017年回迁。为什么这么久才回迁呢？因为盖起来房子，村民不满意。楼太密了，楼和楼之间不到30米，层数低的都整天看不见太阳。刚开始挺好的，后来插了两栋，和图纸不一样。当时图纸很好，也能看到太阳，没想到后来插了楼。我们抓阄也是从第8层开始抓，底下的楼层都空着。我们家还正好抓了个8楼。根本照不到阳光，早上从路边射过来一点，下午两点左右有阳光，其他时间基本没有。我做饭只能开灯，不然看不见。那天好不容易见了点阳光，把我小孙女喜得："奶奶，奶奶，咱们屋里也有太阳了。"你看看，我们就住这样的房子。（访谈资料：BG20180217）

其次，政府有时无法安排足够的安置社区容纳一个村所有的村民，当某个村的安置区面积过小，建设不了全部的安置楼时，政府会将一部分安置楼安排到其他安置区中，与其他安置区的安置楼拼凑起来，一定程度打散了原村庄的组织网络与社会空间。比如东埠街道董村（人口约550户、2300人）安置区只有84亩土地，无法建设所有的安置楼（包括平房置换楼、老年房、分户房等），于是政府决定在董村安置区附近的苗村安置区（占地约136亩，苗村人口约300户、1300人）容纳部分原董村村民。这意味着董村的一部分村民今后将离开董村社区的地理边界，住在苗村社区中，这影响了村民对社区的归属感，一些董村村民抱怨："自己村的房子去了人家村里，算怎么回事？"（访谈资料：QDZ20170216）并且，这种做法也缺乏对被切割的社会空间能否与新的空间相融合的考虑。比如东埠街道计划将马村的一部分村民安置进卜村安置社区中，但很多马村的村民对于搬到卜村居住有疑虑，因为马村的很多村民姓"马"，而卜村真实村名中有一个"庵"字，谐音"鞍"，民间有"马入鞍"的忌讳。可见，当地方政府在动员村民拆迁安置时忽略了村民的一些文化心理因素，反而会带来空间利用效率的下降而非提升。

最后，政府为创建文明城市，将村民迁移安置进标准化的现代住宅小区，未充分考虑村民原有的生活习惯与现代城市生活之间的差异，导致村民回迁进新社区时存在着诸多不适。例如，东埠街道董村曾经公共交通不便，大部分村民都依靠自行车、电动车和摩托车代步，而城投（城市建设投资公司简称，市级国有企业，负责城中村改造中的项目建设）在设计董村安置社区时，没有考虑这一特点，只设计了车库而没设计车棚，导致村民刚回迁时这些车辆没有地方停放，就被乱停乱放，堵塞了楼道。而有些基层干部会将这一现象解释为"村民文明程度不高，缺乏素质"，这也导致村民的污名化。

（二）向下应责

失地农民安置区的向下应责模式包括回应诉求与去责任化两个维度。

在拆迁过程中，随着新情况、新问题的出现，失地农民也会产生一些新的诉求，基层干部需要对这些新的诉求做出及时回应，帮助群众解决问题。基层干部的一些做法体现出这一点。以董村为例：前面我们提到，董村村民在回迁时对拿钱补安置房的差价这件事有所不满，虽然村干部强调程序正当，能够向上应责,但这个做法不足以解决村民所面临的问题。有些村民可能没有足够的经济实力补差价。在这样的情况下,村两委请示了街道,决定用集体资金帮村民补贴一部分房款,给村民降价。这样,本来村民需要用4300元/平方米的价格换购安置房,但基层干部答应用集体资金补贴后,村民可以用4000元/平方米的价格换购,一定程度上减轻了村民的负担。在卜村中也存在类似的例子。2017年卜村安置区建成,村民回迁。一开始,卜村安置社区内的物业是商业物业管理公司——恒海物业公司,由村两委招标引进,但后来村民反映物业收费过高。一年后,村两委解除了与恒海物业的合同,学习董村自营物业,用集体资金补贴村民的物业费,帮村民减少生活成本。由此可见,基层干部一定程度上可以回应村民的利益诉求,帮助村民解决实际问题。但基层干部要顺利回应民众诉求需要满足一定条件,村民的很多问题都与切身经济利益相关,有些社区服务也需要资金支持。董村和卜村这两个案例最后所缺资金是由村集体经济补足的。

对于基层群众较为容易实现的诉求,基层治理者会积极回应,但对于一些难以解决的诉求则存在着去责任化的情况,这集中体现在对失地农民的就业安置方面。虽然国家政策强调要帮助失地农民就业,地方政府也采取了一定的措施进行帮扶。但实际上,基层干部还是不断地向村民宣称"失地是向现代的、依赖工资收入的规范性转变"(Chuang,2014),以此回避和减轻自己对失地农民就业安置的责任。以董村社区为例,在2003年失去大量耕地与2012年搬迁之间,董村村民依靠董村沿海的地理优势发展民俗旅游。村民将董村沿海区域建设成滨海市著名景点,景区内所有摊位(包括旅游纪念品销售、日常百货销售、停车场运营、淡水冲洗等)均由村民自主经营,吸纳了村中劳动力500余人。同时,村中260多个家庭经营家庭旅馆和酒店,家庭年均收入在10万元左右[①]。但是,村民

---

① 2003年之前董村村民主要从事种植业和渔业,以及季节性外出务工。2003年市政府征收了董村1500余亩耕地用于建设人工湖和游泳馆,此后村民开始发展民俗旅游,直到2012年搬迁。

在城中村改造中被要求搬迁至远离沿海1.5公里的安置区,原村址被市政府用于建设新的旅游景点,村民无法再经营家庭旅馆。同时,市里承包了董村的沿海景区,景区内不再由董村村民经营。上述一系列的征地与搬迁行为导致村中1000多名劳动力失业。在我们的调查中,很多村民也反映适龄劳动力再就业是当前村里最需要解决的问题。而在村民代表会议上,村支书明确地讲道:"现在都是自主择业,不要等,不要靠。"(观察资料:20170219)由此我们可以看出,基层干部通过不断进行"村民应该自主择业"的话语表述,以此减轻自身对失地农民就业安置的责任。虽然国家的政策强调要加强对失地农民的就业帮扶,呈现出"特殊化"的治理逻辑,但基层干部这种去责任化的策略实际上是一种"普遍化"的逻辑,反映出中央层面的特殊化逻辑与地方"去区别化"策略之间的张力。

在基层政府的去责任化策略的背景下,失地农民大都已经不期望从政府那里获得支持。失地农民即使找到的是一些收入不高的工作(如打工、保安、打扫卫生、绿化、扫马路等),他们也愿意做下去,并通过节衣缩食节省开支。他们并不是等着国家给他们安排工作,或者像归难侨一样向基层政府提出过高的诉求。尽管他们也很难实现向上社会流动,但他们将这种困境进行合理化,认为与自身教育水平低有关。可以说,这种去责任化策略客观上促进了失地农民的"去区别化",使其心态与行动更加趋于与普通民众一样。

> 谁给安排(工作)?各人找路爬吧。(访谈资料:SBA20180216)
> 上学的比咱好的,吃好的,穿好的,还有穷人还不如咱的,打工挣钱。一个星期花十万、八万的有的是,人家有钱。社会就这样。(访谈资料:ZJH20170129)

三 小结

本节主要分析了宏观的区别化治理框架如何在基层生产出来,以及基层政府如何进行区别化应责。在治理理念方面,基层政府强调要将失地农民改造成城市市民，提高失地农民的素养。在治理措施方面，地方政府主要采取了以下措施：一是刚性执行国家针对失地农民的社会保障政策，关注失地农民的长远生计；二是对失地农民原有的聚居区进行大力改造，改善其居住环境；三是在失地农民安置区内实行区别化的社区管理，帮助失地农民更好地适应从乡村社区到城市社区居住模式的改变。

同时，面临复杂的征地拆迁问题，基层政府也发展了一些向上和向下的应责模式。在向上应责方面，基层政府一方面通过强调各项决策和措施的程序具有正当性、符合民主公开原则等方式进行避责。同时，失地农民安置区通过突出在安置与改造过程中的亮点，以此吸引上级政府以及上级职能部门的注意力，进行邀功。在向下应责方面，基层政府一面回应民众的部分诉求，帮助村民解决征地拆迁后的一些问题，促进村民拆迁后的适应和融入；一面对一些难以解决的问题采取"去责任化"的策略，鼓励村民自主解决问题。这种向下应责方式可能会激发村民的自主性，但同时也为村民适应新的社会环境（比如竞争激烈的劳动力市场）带来挑战。

第三节 失地农民的多向分层融入与身份展演

前两节我们分别梳理了中央和地方的失地农民安置政策与具体实践。那么，这种区别化治理的绩效究竟如何呢？政府的失地农民政策对失地农民的社会融入和身份认同产生了怎样的影响？本节将以东埠失地农民安置区的失地农民为例分析这些问题。

在讲述失地农民的故事之前，我们先对东埠街道几个主要社区（董村、卜村和高村）的征地历史进行简要的概述，这些背景影响了居住其中的失地农民的发展轨迹。政府向董村征地的过程主要分为两个阶段。一是耕地占用期（2003—2012）。2003年，为开发沿海一带，市物价局、财政局、农业局、林业局、市国土资源局联合下发《关于董村及其附近区域征用收回土地和附着物补偿标准等有关问题的通知》，征收董村耕地1500余亩，补偿费1.2亿元，此时董村村民仍居住在村中，董村还有一部分沿海的集体土地没有被征收。二是拆迁安置期（2012—2017）。2012年滨海市政府启动董村的拆迁安置计划，征用董村剩余所有土地用于沿海旅游景区建设。董村村民被搬迁安置到距离原村址西北方约1.5公里处的安置社区，安置区占地面积约84亩，有7栋安置楼。2016年安置社区建设完成，村民回迁。卜村位于董村西南方约2.5公里，靠近滨海市新市区（政府大楼和商业大楼集中地区）。卜村被征地的过程也大致经历过上述变迁：2011年以前，政府等单位陆续向卜村征地用于办公楼建设。2011年，滨海市启动卜村的拆迁安置工作，在卜村原村址建设了卜村安置区，其余土地均被征用，2018年卜村安置社区建设完成，村民回迁。高村则位于老城区和新城区交界地带，与董村和卜村不同的是，高村在1999年已经"农转非"，土地在高村拆迁前已经变为国有土地，并陆续被政府用于城市建设。高村的城中村改造是分批进行的，第一批于2010年拆迁，第二批于2013年拆迁，不同批拆迁的居民被安置在不同期的安置社区中（即高村一期，高村二期）。董村、卜村和高村三个社区的征地拆迁是分阶段进行的。这进一步塑造了失地农民的多向分层融入和不同维度的身份认同。

一 失地农民的多向分层融入

失地农民的社会融入不是单一方向的，存在内部的分化。失地农民因其价值观、社会网络、资本积累和发展机遇的不同而呈现出多向分层融入的特征。强势融入的失地农民在失地后反而能实现向上的社会流动，而弱势融入的失地农民则在失地后面临更大的生存压力。

（一）村庄精英与村庄转型

1980年董村实行土地包产到户，村民分到人均约一亩耕地。村民在耕地上种植粮食和蔬菜，主要供自家日常消费。在种地的同时，村里的一些青壮年劳动力也会寻找一些临时性工作赚取收入。例如董村的DQ在种地的同时还去附近的石子厂开拖拉机拉石子，积累了一些积蓄。2003年，DQ看到城市建设发展的机遇，在亲友的帮助下投资成立了一家建筑公司，主要开展公路工程、市政工程承包、园林绿化工程、水利工程等业务。

2003年，市物价局、财政局、农业局、林业局、市国土资源局联合下发《关于董村及其附近区域征用收回土地和附着物补偿标准等有关问题的通知》，征收董村耕地1500余亩，补偿村集体1.2亿元，许多村民失去了耕地，生计面临着挑战。

2004年，DQ参选成为董村村委会书记。他在竞选中向村民讲道："我有能力带大家走出困难，创造更好的生活！"DQ当选村委会书记后，为解决全村失地劳动力的就业问题，他主张充分利用董村沿海的地理优势，投资发展沿海旅游业，建设董村沿海"金海岸"海水浴场，吸纳村中的失地劳动力。这一主张得到村两委其他成员的支持。

> 这几年我们村发展很快，特别是2005年在DQ的带领下，村里开始有钱了。经营海水浴场这些决策都非常关键。那时候老百姓手里还没有钱，有愿意搞投资的，有不愿意搞的，有愿意把征地赔偿款分掉的，村两委就开会，宣传动员搞海水浴场。（访谈资料：DKJ20170209）

金海岸海水浴场的开发为村中失地农民带来了难得的发展机遇。金沙滩景区内的所有摊位（包括旅游纪念品销售、日常百货销售、停车场运营、淡水冲洗等）均由本村村民经营。每年村里举行抽签，抽中的村民拥有当年的摊位经营权。仅摊位经营这一项就吸纳了村中劳动力500余人。此外，董村凭借靠近景区的地利之便，开始发展民俗旅游。在董村，有260多个家庭经营家庭旅馆和酒店，家庭年均收入在10万元左右。董村从一个沿海的小渔村发展为当地著名的民俗旅游度假村。大部分村民实现了从农民、渔民向非农劳动力的转型。

> 我以前在村里的海水浴场开观光车，家里还有旅馆，一

年能挣二三十万元。以前海水浴场还在咱自己手里的时候，老的少的都有活干，可以说一个海水浴场撑起了我们村。（访谈资料：SBA20170215）

同时，董村也将一部分征地补偿款和集体经济盈利用于给村民分红。2004年董村制定村规民约，界定了享有分红权的村民范围。自此，董村村民每年在中秋和春节都会得到分红，金额不定，少时人均一千元，多时人均一万元。在访谈中，村民普遍表示他们非常认同这些举措。

在DQ的带领下，董村的经济得到迅速发展，成为东埠街道的发展典型。DQ个人也在担任村支书和负责集体经济时期积累了更多政治资本、经济资本和社会资本。2013年DQ卸任村支书和集体经济"金海岸旅游发展有限公司"总经理职位。随后DQ专注于个人事业，其名下的企业越做越大，从一家建筑公司发展成集团，集房产、建筑、市政、渔业、旅游和医疗健康多元产业于一体。目前，DQ是滨海市著名企业家。他说："人要顺应潮流，抓住机遇，转变观念，才能不断开拓创新。"同时，DQ的政治资本也继续发挥作用，2018年，DQ还当选了东埠街道所在区人大代表。

DQ的案例揭示了关于失地农民融入的两个重要方面：首先，个人的主观价值观、社会网络和资本积累对个人命运具有很大影响。同为失地农民，DQ也只有初中学历，但他抓住滨海市城市建设发展的机遇投资建筑行业，赚得第一桶金，并借助担任董村村支书和集体经济总经理期间积累的政治资本、经济资本和社会资本，在卸任后得到更大的发展。有研究发现很多失地农民由于观念保守落后，缺乏投资意识和理财能力，在拿到征地补偿款后坐吃山空，甚至沾染赌博、吸毒等不良嗜好，在花光征地补偿金后生活陷入困境，出现"一朝暴富，后期贫困"的情况（张高锋，2013）。DQ与这些失地农民的对比体现出失地农民因价值观念和资本积累不同导致的失地后的社会分化。其次，DQ的案例还体现出政策机会结构下地方精英所发挥的关键作用。虽然结构/

机制常常是主流社会学分析社会后果的主要逻辑,但不可忽视的是,某些节点上的重要人物或事件对社会后果产生转折性的影响(赵鼎新,2019)。在董村的耕地被政府征用后,村民失地该何去何从的关键节点,DQ 号召大家将征地补偿款投资集体经济,发展沿海旅游业,解决了村中大部分人的就业问题。此举提高了村民们的自我再生能力,不仅增进了个人收入,也进一步提高了集体福利,促进失地农民的强势融入。由此可见村庄精英在带领整个村庄摆脱失地危机、促进群体融入中所扮演的重要角色。

(二) 辛苦谋生的失地农民

与村庄精英不同,普通的失地农民由于自身社会经济背景不高,在土地征用的过程中需要面对更多挑战。下面以董村 QE 一家为例来详细论述这一点。

QE 生于 1964 年,文化水平为初中毕业。毕业后,当时董村还未实行包产到户,QE 在生产大队种地。1980 年,董村实行包产到户,QE 分到约一亩耕地,这些地都自产自销,生产的粮食和蔬菜供自家消费。种地的同时,QE 还通过打零工赚取一些额外收入,比如去盐场晒盐,去港口建设基地搬石头,有时还跟随出海的船队捕鱼等,主要都是体力活。1986 年,QE 同妻子 ZJH 结婚,妻子在家务农和操持家务。第二年,夫妻二人的儿子 QF 出生。

2003 年,市政府向董村征地 1500 亩,董村耕地被占用,QE 一家失去了耕地。QE 还是像之前一样通过打工赚钱。同年,QE 的儿子 QF 初中毕业,因找不到工作,决定和表妹一起到外省投奔亲戚。当时 QF 在服装厂做学徒学习服装裁剪,包食宿但没有工资,一年之后,QF 觉得干这一行没有出路,又返回了老家。其表妹在电脑刺绣生产线上工作,每月工资一千元,但在工作时不慎被机器伤到手,不得不回老家养伤。回到老家后,QF 学会了开车,给超市送货,有时和父亲 QE 一起去粮所扛麻袋。QE 的妻子 ZJH 则趁着董村沿海发展旅游业的机会,到沿海的景区摆摊卖烧烤。

2010 年,QF 和妻子 GXP 结婚。同时,QE 一家将自家的平房翻新，改建成家庭旅馆，打算趁着村里发展民俗旅游多赚一些钱。家庭旅馆建成后，ZJH和GXP负责经营家庭旅馆，在旅游旺季（夏季）的两个月中，家庭收入可达三万元左右。同时QF继续打工，按天计工资，每天50—60元。

> 不说别家，就说我们刚干（家庭旅馆）的，位置还靠里的，就是那两个月能挣三万，除去吃喝，最起码还能留一半，这还只是那两个月呢？那会你要是出来干活那两个月能挣那么多吗？现在可能工资高，那时候工资不才一天50或60？我丈夫在大学城那边干，一天才60，这个差狠了！搞旅游的时候虽然早起晚睡的，但能拿那么一大把钱哼哧哼哧地数也高兴啊。（笑）那两个月能挣一年的钱，光打一年的工也挣不来这么多。更别说人家家里盖两层的和靠海边的（家庭旅馆），搞旅游一年能挣十几万。（访谈资料：GXP20170208）

2012年，滨海市政府启动董村的拆迁安置计划，征用董村剩余所有土地用于沿海旅游景区建设，董村村民被搬迁安置到距离原村址西北方约1.5公里处的安置社区。2016年安置社区建设完成，村民回迁。在这一次搬迁中，QE一家共收到赔偿款18万元。然而回迁时，他们被告知安置房面积超出了原合同的180平方米，多了42平方米，他们需要自己拿钱补差价，虽然后来房价下调了一部分，但QE一家还是需要交30万元。更重要的是，他们由于居住位置发生了变化，难以再借助村里发展沿海旅游的机遇经营家庭旅馆增加收入。目前，QE和ZJH已到退休年龄，ZJH有一份失地农民养老保险，QE当初没有办理失地农民养老保险，只有城乡居民基本养老保险，夫妻两人每月领大约900元的养老金。同时，他们出租了一套安置房，每年有一万一千元的房租收入。再加上村里每年集体经济分红，老两口一年的收入在4万元左右。QF目前在工地轧钢筋，每个月的收入有五六千元，但没有五险一金等待遇，并且工作也并不稳定，有时候会没有活儿干。其妻子GXP说，这些工资也只能基本维持日常开支。

反正我老公一年挣的钱都存不下。我们本身也花钱多，这个可能得看个人家庭。我们这两个孩子说大不大，说小不小，光我们娘仨的保险就一万五，大女儿上幼儿园每年就得万数，反正我老公一年不大歇挣个五万六万的都存不下，村委过年发的福利金还得取出来使。尤其像送礼、过生日这样的事。说不定就冒出来谁过生日，谁结婚，过六十六大寿……说不定就冒出来了！这不今年两个六十六，一个满月，两千块出去了。不知道钱就没了。累就累我们这一代，上面老不老，下面小不小的。在村里的时候水也不要钱，电也不要钱，还能有点小菜园种种。那时候搞旅游赚钱，刚结婚，还没这两个孩子，肯定是能存下，最起码村里发的福利金没动，现在有了孩子，我和我老公开销不大，主要是两个孩子花销大，尤其感冒，现在孩子一感冒就得住院。在家照顾这个小的我还不能出去工作。（访谈资料：GXP20170208）

QE一家的案例在这些辛苦谋生的失地农民群体中比较有代表性。在收入方面，很多失地农民由于教育程度低且缺乏相应专业技能，往往在主流劳动力市场中处于劣势地位。他们从事的往往是建筑工、环卫工、家政工、保安、流动摊贩等低技能、低收入、不稳定、缺乏社会保障的工作。而在消费方面，当失地农民搬迁之后，他们的生活成本也随之增加，水电费、暖气费、物业管理费以及购买粮食和蔬菜等费用成为新增的生活成本。这种生计与生活模式的变化让很多村民缺乏安全感，他们这样描述自己的生存压力：

现在的生活真是很困难。一睁眼就要为钱发愁。就是待在家里不出去也得花钱。（访谈资料：QDZ20170216）
我们已经没有退路（指回家种田）了。以前学习好的去上班，上不了班的还能种地。现在呢？连地也没有了，不干活就只能饿肚子。以前住在平房里，心里觉得踏实，祖祖辈辈至少有个地方。楼有七十年的期限，住个几十年就旧了，有问题了，这意味着每一代必须得给他的后代买新的房子，房价这么高，祖祖辈辈得打工挣钱买房子。（访谈资料：GM20180216）

同时，村民对过往的农村生活具有怀旧心态。一方面，村民怀念以前安逸的生活："以前的生活很安逸，没什么竞争，种点粮食种点菜温饱没有问题，现在你要是不出去打工，不出去经商，你养活不了家庭。"（访谈资料：GSJ20180226）另一方面，村民怀念住在村中时紧密的人际关系网络："现在很少见面了，住楼住得人都生疏了，以前都敞着大门，看着门开着就进去喝茶聊天了，现在门都紧闭着，也不知道在不在家，有些人住在哪一户也不知道。以前大年初一拜年，一上午都能拜个十几家、二十几家，现在也就一两家，或者直接呆在家里，微信上拜拜年。"（访谈资料：GYT20170128）

二 失地农民的过渡性身份认同与身份展演

宏观的区别化治理框架和基层的区别化治理实践对失地农民的身份认同产生深远影响。失地农民群体呈现出"过渡性身份认同"和"弱者身份认同"两种重要的表征。

（一）过渡性身份认同形成

失地农民过渡性的身份认同与宏观层面的失地农民区别化治理框架所反映出的治理理念以及基层治理实践息息相关。

首先，在宏观层面，国家对失地农民的安置政策反映了国家推动城市化建设，促进失地农民市民化的目标。20世纪末以来，"城市化"在中国获得了价值正当性。其被预想为消除城乡间社会区隔、实现国民身份平等化与改变社会形态的主要途径（陈映芳，2018）。在上述发展主义的语境中，政府基于城市化目标对农民土地进行征用被赋予了合法性："国家出于公共利益的需要，可以依法对集体所有土地实行征用。"[①] 而与征地紧密相关的对

[①] 《中华人民共和国土地管理法》，1998年。

象——失地农民是服务城镇化的重要主体之一:"妥善解决被征地农民的基本生活和长远生计问题,维护其合法权益,保持社会稳定,促进城镇化健康发展。"① 从上述政策文本来看,"妥善解决被征地农民"的落脚点是"城镇化",其政策是服务于国家现代化这一宏伟目标的。在安置方式上,不同于国家对水库移民采取的以农业安置为主的方式,国家对失地农民主要采取货币安置、社保安置和城市住房安置等非农业安置方式。城市化的治理目标不只是土地的城市化,还需要人的城市化。非农业安置从生产资料和生产关系方面将农民从土地上解绑,并给予失地农民现代化的社会保障。这一系列政策都体现出国家为推动失地农民融入现代城市生活和弱化失地农民本来的"农民"身份的长远目标。其次,如本章第二节所述,在基层实践层面,基层遵循宏观层面的城市化和市民化理念,对失地农民采取了"市民化"的区别化治理理念和一系列推动失地农民市民化的具体措施,比如精神文明建设和号召失地农民进入劳动力市场自主择业。这种区别化治理推动着失地农民从农民向市民转型,也导致失地农民的身份认同在农民与市民之间徘徊,呈现出模糊性、过渡性的特征。这具体表现为以下两个方面:

一是失地农民群体内部存在着身份认同的差异。有些失地农民的身份认同在征地拆迁后没有发生较大变化,认为自己即使住了楼也还是农民,这些人大多是年龄较大的群体,在农村度过了人生大多数的时间,算是种了一辈子的地,身份认同早已比较根深蒂固。有的失地农民则持否定性身份认同,其认同的不是一种明确的群体成员身份,而是通过否定自己属于某个群体来对自己的身份进行界定,比如认为:"(我们)说农民不农民,说工人不工人,说农民没有地,说工人人家也没给你吃国库粮。谁知道我们是什么人?"(访谈资料:ZJH20170129)在这句话中,村民通过否定自己是农民或正式工人的身份来界定自己,但并没有给出一个明确的答

---

① 国务院:《做好被征地农民就业培训和社会保障工作指导意见的通知》(国办发〔2006〕29号)。

案——自己究竟是什么人。还有的村民认为自己在慢慢摆脱掉农民的身份和旧习，逐渐成为城里人（WAY20170129），其身份认同具有一定的目标性和渐进性。二是同一个体的身份认同在不同情境下也会呈现出不同的特征，比如在某些场景下认为自己还是农民，但在另外一些场景下又会认为自己是新市民，在不同身份认同间来回切换。比如他们在争取基层管理者的帮助时会强调自己身为失地农民和弱势群体的身份，而当遇到有些村民破坏社区环境，比如随地大小便等，他们又会以大家已经住进城里，要有公德意识等话语来谴责和约束这些村民的行为。

从失地农民的角度来说，这种模糊性、过渡性的身份认同的形成与他们所处的从农民向市民过渡的历史阶段密切相关。与归难侨不同的是，失地农民被赋予政策性地位的前提是被征地，而被征地意味着他们与"土地"这一和他们的身份认同紧密相连的生产资料相剥离。于是，在失地农民被赋予了政策性地位的同时，他们就可能会不得不与原来的身份认同产生割裂，产生一种"回不去"的怅惘。而同时，在征地之后，他们又可能会与城里人进行比较，看到自身与"城里人"的差距，使其又否定了自己已经成为真正的城里人。这种差距既是经济层面的（收入不高、工作不稳定、消费水平低等），也是文化素质层面的（教育程度不高、缺乏市民意识等），还有可能是制度保障层面的（叶继红，2013）。在城市化的进程中，由于主流意识形态中城市文明相对于农业文明的优越性、政治制度中城乡二元的结构性差距，很多失地农民又产生对成为"真正城里人"的向往。在这种"回不去（农民）""还不是（城里人）"和"想成为（城里人）"的情境交织中，失地农民形成群体内部复杂的、多元的、模糊的身份认同。

当然，失地农民在形成身份认同的过程中，其参照群体不只是以前的自己和现在的城里人，还会有其他农民群体。当他们有机会通过拆迁获得大笔赔偿款，住上普通农民种地一辈子也很难买上的楼房，有些失地农民也会有一种优越感，因为这在那些没机会拆迁的农民亲戚那里是很令人羡慕的。同时，有些失地农民觉得自己住上楼后素质更高了,养成良好的卫生习惯了,比还在村里随地乱扔垃圾的农民要具有更高的文明素养。还有的人学说普通话,再听到农民说方言后就觉得"土"了(访谈资料:WAY20170129)。这种情况与归难侨产生相对于其他普通居民产生的优越感类似。

最后,失地农民在逐步适应城市生活的过程中,其主体性和公共意识也表现为多个面向。首先,基层政府的改造式治理对失地农民的主体性产生了深远影响。部分失地农民已经逐步内化城市社区生活的行为规范,减少随地吐痰、踩踏草坪的行为,并由此在安置区内形成舆论监督的氛围,不少社区成员会对破坏公共环境卫生和秩序的行为进行道德谴责。有的失地农民甚至主动参与各种志愿活动中,体现出新的主体性和公共精神。这种改变也展现出失地农民的一种可塑性和适应性。其次,失地农民的主体性还表现为通过集体组织有意识地争取群体利益上。这与区别化治理息息相关。受宏观区别化治理框架与基层区别化治理实践影响,失地农民安置区产生了一些意外后果,比如征地纠纷、失地农民利益受损、不适应等。这促发了失地农民的集体行为,比如组织起来向上反馈等。

(二)身份的展演

除了过渡性认同,失地农民还产生了一种弱者身份认同。一方面,这种弱势身份认同与其所面临的生存压力与困境紧密相关;另一方面,这种身份认同也为其获取基层政府的资源支持建构合理性。东埠失地农民安置区卜村的物业纠纷就是典型案例。

2017年卜村安置区建成,村民回迁。当时卜村安置社区内的物业是一家由村两委招标引进的商业物业管理公司——恒海物业公司。物业管理引进是卜村社区生活的重大变化。物业管理主要负责物资管理、设备维修、卫生保洁和社区安保等工作,而这些在村民安置前的公共生活中是没有的。村民明显感受到这种社区生活的变化:

> 上楼之后生活肯定是有变化的。一个是现在有了暖气,以前在平房里面都是烧炉子,现在有地暖了;二是现在有电

梯了，毕竟住在高层楼，肯定得有这个，以前在平房里根本不需要；三是现在小区里面还弄上草坪、广场、花园，在村里的时候哪有这些；再一个是有了那个地下车库，以前在村里都在路边随便一停就算了；还有现在有保安看门什么的，以前村里没有这个。（访谈资料：BZW20180219）

但伴随高质量服务而来的则是对失地农民来说比较高昂的物业管理费。2017年4月，恒海物业公布了物业收费标准为：

> 住宅、公寓物业服务费：本村居民1.55元/平方米，迁入户1.70元/平方米；沿街商铺物业服务费：本村2.30元/平方米，其他2.70元/平方米；地下车位服务费：每年240元/个（仅限拆迁安置户）；每年360元/个（外来置换）。（文本资料：20170214）

按照这一收费标准，平均每户需要每年支付4200元左右的物业管理费。此标准一公布，很多村民表示愤怒，认为这是"天价物业费"。对于普通的失地农民家庭来说，物业费就占到家庭年平均消费的15%。有村民计算了他们一年的开支：

> 现在什么都要钱，水费、电费、燃气费、暖气费、物业管理费。水电费一年也得1500多，燃气费一年200，取暖费一年2400。我们还得吃喝，还得买这样那样的东西呢？（访谈资料：GXP20170208）
>
> 老百姓上楼，连物业费都交不起了，真不如以前住平房，水自己打个井，没有物业费、卫生费，菜自己种点，现在上楼了什么都要花钱，真愁人啊，不适应。（文本资料：20170214）

村民通过突出自身的弱者身份来号召村两委帮村民解决物业费问题：

一年 4200 元的物业管理费，对于以前辛辛苦苦在地里刨食的农民来说意味着什么？以前可以养花种草的小院房住得好好的，现在被上楼，被收物业费。个人感觉这块钱村里出是最基本的，胸怀宇宙的村干部还是自省去吧。（文本资料：20170430）

社会学家戈夫曼提出，人们在日常生活与社会沟通中，会形成一种对社会情况进行解释的认知结构（Goffman，1974）。这种认知结构通过话语表达可以用来动员群众参与利益表达以及为利益表达行为正名，行动者在话语中会指出"问题是什么"，"谁该为问题负责"，以及"怎样解决问题"等（Benford and Snow，2000）。同时，建构这种集体性话语的过程也是形成集体认同的过程（Benford and Snow，2000）。亨特等人指出（Hunt et al. 1994），建构集体认同主要通过两种方式：一是通过将一群行动者置于特定的时间和地点，赋予他们相同的特征，表明他们之间存在某种明确的共同点；二是行动者围绕他们的身份进行对话，更加明确他们的集体认同。

从卜村村民的话语中可以明显地看出村民的"弱者身份认同"：强调自己农民出身、收入低且无力承担大笔物业费的弱者形象。在滨海市的大众论坛上，当卜村居民贴出卜村的物业管理费收费标准，高呼"天价物业费"的时候，有些住在商品房社区中的城市中产业主在下方回复"这个收费标准在高层住宅区里不算贵""和我们的物业费比起来，你们的已经算便宜的了"等，村民则进一步回应"安置房和商品房能一样吗"和"这对农民来说能负担得了吗"（文本资料：20170214）。村民通过这种"城里人"和"农民"的话语区分，更加强调自己与普通城市居民是不同的，是需要特殊对待的。同时，失地农民提出应由基层管理者解决物业收费问题。他们认为自己本来住在农村不必负担这些增加的生活成本，而他们响应了政府号召拆迁后，却得到这样的结果，因此基层管理者有责任帮他们解决问题。

这种弱者身份认同所带来的影响是两方面的：一方面，这一弱者身份认同可能会进一步使失地农民增加对政府的依赖，并由此造成一系列学者所提到的"行政社会"（王春光，2013）的后果。另一方面，村民的这种弱势身份建构是其试图有效应对一些难以解决的问题的策略选择。行动者必须寻找伦理资源和价值正当性来为自己争取利益（陈映芳，2010）。而这种将自己建构为弱势群体，强调政府有责任帮助自己的方式恰恰也符合国家"以人为本""重视民生"的话语。

在村民的利益诉求下，2018年下半年，村两委解除了和恒海物业公司的合作关系，开始像董村安置社区那样由村两委自主经营物业。物业下属村两委，由村两委管理，并从集体经济的收益中补贴一部分物业管理费，减少村民的物业管理费。

三 小结

我们在本节主要分析了失地农民的社会融入和身份认同。虽然我们一直将他们统称为"失地农民"，但其实失地农民群体也存在内部分化。其中也不乏一些精英，他们能够抓住时代发展的机遇，不断积累与转换不同类型的资本，以此帮助自身实现向上的社会流动。有些地方精英还会充分利用自身的政治资源，带动整个村庄的其他失地农民群体发家致富，实现村庄的转型以及群体的共同发展。而一些普通的失地农民，则因为经济、政治、文化、社会等资本的匮乏，只能继续辛苦谋生。

在社会认同方面，失地农民的认同也不是单一的。一方面，他们认可自己已经开始从农民向市民转变，呈现出一种"过渡性身份认同"；另一方面，他们在生存压力之下发展出"弱势群体认同"。持这种认同的失地农民试图通过塑造自身的弱者形象，强调自己的弱势地位，以此获取资源与利益。

我们从东埠失地农民安置区的案例中可以提炼以下政策启示：一方面政府需要关注失地农民内部的分化，在做好兜底保障的同时，为缺乏各种资本的普通失地农民提供更多的发展机会，促进社会公平，促进失地农民的社会融入，使其"失地不失利"。另一方面，政府要关注失地农民群体基于自身处境所形成的身份认同，稳步推进城市化和市民化进程，使城市发展与人民的社会心理发展相互协调，同时应注意失地农民在弱者身份认同下所具有的某种不稳定的集体性，要从失地农民的切身利益着手，帮助其解决困难，从而避免一些社会风险，促进社会有序运行。

第四章　浅度区别化治理：西龙水库移民安置区[*]

本章我们将要探讨一个浅度区别化治理的案例——水库移民安置区及水库移民。水库移民是指因兴建水库而引起的较大数量的、有组织的人口迁移及其社区重建活动（曾建生，2006）。水库移民安置区是国家试图实施对水库移民的补偿、安置、扶持的政策性社区。我们将水库移民安置区及其中的水库移民作为浅度区别化治理的典型。一方面，水库移民面临着重新适应安置地的挑战，因而很大程度上依赖于国家的特殊照顾政策。另一方面，相比于归难侨，水库移民既有公民身份，其在农业安置过程中又暂时不必面临像失地农民那样高的市民化转型风险，因此水库移民安置区的区别化治理程度相对较浅。目前已有研究对水库移民安置及治理问题进行了较为深入的分析。已有文献主要集中于三个视角。一是宏观层面的水库移民政策视角。从这个视角出发的研究更多从宏观层面梳理水库移民相关的安置政策，包括征地补偿、劳动就业、社会保障、住房安置等多个方面，基本描述了水库移民安置政策的演变过程、政策执行以及政策效果，并对水库移民安置政策的发展方向提出建议，旨在通过政策改进更好地解决水库移民安置问题（吴上，2019；孙良顺，2016 & 2018a；张津瑞、段跃芳，2013；陈晓楠等，2009）。二是中观层面的社会治理视角。这个视角的研究集中于社会学、管理学、政治学方面

---

[*] 此部分曾以相似内容发表于《广东社会科学》2022年第2期，原题为《"政策性合约"的产生与实践：基于失地农民与水库移民的比较》文章作者为本书第一作者和第二作者。

的文献。这些研究关注水库移民安置区的治理问题，特别是项目制等社会治理机制在水库移民治理、精准扶贫方面所起的作用，并进一步探讨了社会治理的创新（孙良顺，2018b；陈绍军等，2018；李晗锦、郭占锋，2018；李庆、黄诗颖，2016；曾建生，2006）。三是微观层面水库移民的融入安置与身份认同视角。从这个视角出发的研究主要集中在社会学、人类学领域。已有文献主要讨论水库移民在安置过程中以及安置后期在社会适应、文化融入与身份建构方面所面临的结构性障碍以及演变类型（程瑜，2003；王沛沛，2015；施国庆等人，2015；施国庆、古安琪，2018；韩秀记，2012；胡静，2010；阮品江、张林洪，2015；付少平、赵晓峰，2015；杜云素、李飞，2018；左萍、王建中，2005）。本章旨在整合以上三种视角，兼顾宏观政策演进、中观社区治理和微观水库移民的适应与认同三个层面，尝试更深入地呈现水库移民安置区的治理图景。

本章以西龙水库移民安置区为例探讨水库移民及其安置区的区别化治理。西龙水库移民安置区成立于1998年。在G省A市水利局的牵头下，由原Z管理区、市移民办、移民户签订三方协议，接收了C市西龙水库移民108户534人。下面我们会先梳理水库移民安置区的政策性地位赋予的历史演变过程，接着探讨西龙水库移民安置区的基层治理实践，并进一步分析在上述宏观制度及治理实践背景下水库移民群体的社会适应与身份认同。

第一节 线性式政策性地位赋予：水库移民政策

本节将从宏观制度层面分析20世纪50年代初到现在的水库移民安置政策，具体探讨顶层制度的设计者（主要指中央政府及省级政府）建立水库移民安置制度与制定水库移民政策的逻辑及其在不同历史时期的转变。国家的水库移民政策主要经历了从弱优势到强优势的线性式政策性地位赋予的历程。

第四章　浅度区别化治理：西龙水库移民安置区

一　"重工程"：水库移民安置制度的建立

水库移民的政策性地位赋予是国家为高效完成水利水电工程这一社会经济目标的产物。下面我们将分析 20 世纪 50 年代初期至 80 年代初国家对于水库移民的治理逻辑及其变迁。

中华人民共和国成立后不久，国家在佛子岭、梅山、响洪甸和官厅建设了 20 座大型水库，动迁的移民达到 30 多万。1958 年"大跃进"开始，中国的水利工程进入跨越式开发阶段，1958—1977 年全国建设了三门峡、新安江、密云和丹江口等 280 多座大型水库。1949 年以来所建成的大、中、小型水库（含水电站）共八万余座，在防洪、发电、灌溉、供水等方面发挥了显著效益。① 在上述背景下，水库移民的规模数量和分布范围迅速扩张，水库移民达到 1000 多万（陈晓楠等，2009）。然而与华侨农场、失地农民安置区不同的是，国家在 20 世纪 80 年代以前并未对于水库移民制定针对性的政策和设立单独的安置制度。在 1949 年后长达四十多年的时间里，水库移民的安置与治理始终处于无明确制度规定的状态。但国家及地方对于水库移民安置依然有一些碎片化的安置政策及管理方式。此一阶段的水库移民安置政策主要遵循"重工程、轻移民"的治理思路。

在治理理念层面，国家主要强调水库移民的无偿奉献精神，应以服从国家大局、服务水库工程建设为着眼点。新中国百废待兴，国家急需建立一系列大型水力发电项目，用于满足国家现代化、工业化的需求，由此导致了中华人民共和国成立后一大批水库移民陆续产生。但当时国家所拥有的物质资源极度匮乏，需要将资源集中用于社会主义建设，此时对水库移民的安置主要动用了"国家施恩"和"国家承诺"策略来交换个人的忠诚与奉献（参见王宁，2007）："为国家舍小家。"此时，国家对于水库移民的治理理念更强调水库移民对国家的贡献。这种治理理念也进一步影响了具体的

---

① 《国务院办公厅转发水利电力部关于抓紧处理水库移民问题报告的通知》（国办发 [1986] 56 号），内部资料，街道办事处获得。

治理实践。在治理实践层面，由于缺乏宏观层面的制度依据，地方政府在实际治理过程中，主要通过国家宣传和总体性行政方式，保证了水库移民搬迁任务的落实与完成（参见吴上，2019）。这种治理方式确保了水利水电工程的顺利完工及投产运行。

国家对于水库移民的治理逻辑对水库移民的适应与融入造成了深远的影响。但在国家集体观念与总体性结构的背景下，水库移民安置区的一些矛盾并未完全凸显出来。虽然在计划经济时期，水库移民的补偿标准较低，但依托农村社区的集体经济模式，移民的生活水平与当地农民并未发生分化（参见陈晓楠等，2009）。但随着国内经济体制改革，农村实行家庭联产承包责任制，家庭劳动力的素质与特征直接影响了农民的生活机遇。在上述背景下，广大农村地区的经济重新焕发活力，大部分农民群体的生活处境得到了较大改善。而此时的水库移民安置区并未像许多农村地区那样实现生产力的提高，反而随着单个家庭经济生产方式的确立，原有的"重工程、轻移民"的治理思路的弊端开始逐渐显现出来：水库移民社区与普通农村之间的差距逐渐凸显。水库移民生产生活条件恶劣，部分水库移民长期处于温饱线以下，只能靠低保救济作为主要生计模式。整个水库移民安置区的经济与收入水平也低于当地的平均线，社区整体性贫困程度较深（参见吴上，2019）。上述一系列客观经济因素进一步引发了水库移民安置区的基层治理问题。比如不少水库移民安置区内的水库移民群体不定时发生返迁，水库移民安置区内干群关系出现一定程度的紧张，基层治理难度和成本增加，等等。

二 "重移民"：弱优势政策性地位赋予

为了安抚水库移民以及稳定水库移民安置区，国家开始着手调整水库移民政策，并试图在制度层面进一步规范对于水库移民的治理。

国家最初的水库移民政策调整主要集中在经济层面，比如1981年财政部、原电力工业部联合颁布《关于从水电站发电成本中提取库区维护基金的通知》（〔81〕电财字第56号）、1985年印发《关于增提库区建设基金的通知》(〔86〕财工字第 151 号)等。上述一系列政策均试图解决现有水库移民在生产生活方面的困难。尽管上述一系列政策仍是局部、零碎的,但已经反映出国家在水库移民治理问题上的逻辑转变。1986 年《国务院办公厅转发水利电力部关于抓紧处理水库移民问题报告的通知》(国办发〔1986〕56 号)的出台,标志着全方位、成体系的水库移民安置制度正式成立。56 号文首先指出水库移民安置存在的遗留问题:

>……由于过去对移民安置工作的复杂性认识不足,偏重于生活安置,而且组织管理不善,补偿标准偏低,缺乏优惠政策……没有安排好移民的生产、生活出路,遗留下许多问题……也影响水利水电建设事业的发展。各级人民政府和水利水电主管部门应予以高度重视,切实抓紧解决。①

接着,56 号文强调了"安置水库移民"的重要性,并出台了具体的工作方针以及资金配套问题:

>水库移民工作必须从单纯安置补偿的传统做法中解脱出来,改消极赔偿为积极创业,变救济生活为扶助生产。要使移民安置与库区建设结合起来……走开发性移民的路子。处理移民的遗留问题,不能简单地算老账、搞退赔,更不是按新标准重新补偿,而应帮助移民调整产业结构……提高移民自身发展能力,支持他们开发创业。有条件的地方,在开发、利用库区及水利资源时,要尽可能吸收他们参加,使移民逐步脱贫致富……从一九八六年起,新建、扩建和续建水库工程的移民经费与工程概算一并审定,并在基建投资中安排包干使用。此后发生的移民问题,由基建投资中安排解决……②

---

① 《国务院办公厅转发水利电力部关于抓紧处理水库移民问题报告的通知》(国办发〔1986〕56 号)。
② 《国务院办公厅转发水利电力部关于抓紧处理水库移民问题报告的通知》(国办发〔1986〕56 号)。

在上述国办发〔1986〕56号文件中，国家明确了开发性移民的方针，采取了一系列措施试图解决1985年之前水库移民所累积的历史遗留问题。政策文件中提到"不算老账、不搞退赔、不重新补偿，而是帮助移民调整产业结构、提升自身发展能力"。这种表述主要还是着眼于水库移民自身发展能力的提高。与此同时，国家也一定程度上调整了原先的治理逻辑：设立了库区维护基金、库区建设基金、库区移民扶助金，用于支持水库移民的持续发展，进一步加强了对于水库移民及安置区的制度性支持。

国办发〔1986〕56号文的出台和落实正式标志着水库移民安置制度的建立以及针对水库移民安置区的特殊主义逻辑的确立。中央层面的政策调整，促使地方也出台了一些维护水库移民利益的规定。1989年G省出台《G省维护水库移民土地山林房产权属的若干规定》：

> ……水库移民（以下简称移民）安置时，由当地人民政府划给移民的乡（镇）、村集体所有的土地……在交接时无论手续是否完备，其土地的所有权和使用权一律归移民集体所有。经移民整治增加、使用达五年以上的土地或移民开垦使用五年以上的其他土地，已经形成使用权的，除国有土地外，其土地所有权归移民集体所有；开垦使用不满五年但权属无争议的也归移民继续使用。凡土地权属归移民集体所有的土地，任何单位和个人不得侵占。已侵占的要迅速归还……要切实维护移民的正当权益。对于侵犯移民的土地、山林、房产、宅基地等合法权益，破坏移民生产、生活设施，抢夺移民财产，迫赶移民者，要严肃处理。构成犯罪的，由司法机关依法追究其刑事责任。①

从上述中央及省的一系列政策表述中，我们可以看出国家对水库移民的治理逻辑已经开始从"重工程"转为"重移民"。政策上

---

① 《G省维护水库移民土地山林房产权属的若干规定》。

的调整进而强化了水库移民的特殊性及享有的政策性地位。水库移民这种弱优势政策性地位的确立对其社会融入产生了积极影响。

1985年出台的《国务院办公厅转发水利电力部〈关于抓紧处理水库移民问题报告〉的通知》（国办发〔1986〕56号）文件虽然对水库移民设立了特殊照顾的安置制度，但从政策受益对象的范围来看，此政策仅限于老水库移民，而不包括1985年之后所产生的新水库移民群体。这也进一步导致地方政府在实际的治理实践中出现由政策不一导致的紊乱。在上述背景下，1991年，中国第一个关于水库移民的专项政策法规《大中型水利水电工程建设征地补偿和移民安置条例》（国务院74号令）正式颁布实施。74号令首先提出了水库移民安置的基本原则：

> （一）正确处理国家、集体、个人之间的关系，移民区和移民安置区应当服从国家整体利益安排；（二）移民安置与库区建设、资源开发、水土保持、经济发展相结合，逐步使移民生活达到或者超过原有水平；（三）移民安置应当因地制宜、全面规划、合理利用库区资源，就地后靠安置；没有后靠安置条件的，可以采取开发荒地滩涂、调剂土地、外迁等形式安置，但应当遵守国家法律、法规的有关规定。①

尽管74号令仍然强调了"移民区和移民安置区应当服从国家整体利益安排"，但明确了移民安置规划应由政府审批。而且74号令也进一步提及应重视移民的生活水准，而且应重视安置地的宜居性。此外，以往政策较少明确提及对于水库移民的补偿费用，主要还是强调移民应服从国家利益的大局，但74号令首次明确提及有关水库移民安置补偿的具体标准：

> 第五条 大型水利水电工程建设征用的土地，由建设单位按下列标准支付土地补偿费和安置补助费：（一）征用耕地

---

① 《大中型水利水电工程建设征地补偿和移民安置条例》（国务院74号令）。

的补偿费，为该耕地被征用前三年平均年产值的三至四倍；每一个需要安置的农业人口的安置补助费标准，为该耕地被征用前三年平均每亩年产值的二至三倍。大型防洪、灌溉及排水工程建设征用的土地，其土地补偿费标准可以低于上述土地补偿费标准，具体标准由水利部会同有关部门制定。（二）征用其他土地的补偿费和安置补助费标准，由省、自治区、直辖市人民政府参照本条第（一）项的标准规定。

　　第六条 依照本条例第五条规定支付土地补偿费和安置补助费，安置移民仍有困难的，可以酌情提高安置补助费；但是，土地补偿费和安置补助费的总和不得超过土地被征用前三年平均年产值的下列倍数：（一）库区（含坝区）人均占有耕地一亩以上的，不得超过八倍；（二）库区（含坝区）人均占有耕地零点五亩至一亩的，不得超过十二倍；（三）库区（含坝区）人均占有耕地零点五亩以下的，不得超过二十倍……①

　　从上面的政策表述，我们可以看出，国家对水库移民的补偿分为土地补偿以及现金补助两种形式，并且对相应补助的适用范围及相应额度进行了详细规定。此外，在74号令中，第十条至第十九条都在明确移民安置的重要性、责任主体以及相应的具体措施：

　　　　……没有移民安置规划的，不得审批工程设计文件、办理征地手续，不得施工。编制移民安置规划，应当遵守国家有关规定……由县级以上地方人民政府负责实施，按工程建设进度要求组织搬迁，妥善安排移民生产和生活；工程竣工后，由该工程的主管部门会同移民安置区县级以上地方人民政府对移民安置工作进行检查和验收……国家设立库区建设基金，用于大中型水利水电工程库区维护和扶持移民发展生产。新建水利水电工程库区建设基金的提取、管理和使用办

---

① 《大中型水利水电工程建设征地补偿和移民安置条例》（国务院74号令）。

法，由水利部、能源部会同财政部制定……水电工程竣工后，国家有关部门对移民生产的生活用电量应当按核实电量给予保证……国家安排支农、扶贫资金和交通、文教、卫生等经费时，对移民安置区应当适当照顾，以扶持移民安排生活和发展生产……①

上述政策文件既明确了国家在水库移民补偿及安置过程中的政治主体责任，也同时强调了针对水库移民在生产生活方面的特殊照顾与社会保障。74号令出台后产生了一系列影响：水库移民及安置区的特殊性被不断强化，使其弱优势政策性地位得以从中央至地方生产出来。

但中央层面的制度转变也进一步引发了地方执政者的调整与应对。56号文和74号令的先后出台标志着国家对于水库移民的弱优势政策性地位赋予的确认，但在此文件也强调了移民对于国家的服从："按照移民安置规划必须搬迁的移民，不得借故拖延搬迁和拒迁。经安置的移民不得擅自返迁。"② 同时，对于水库移民管理细则演变为对安置区基层治理者的治理要求。在这种制度压力下，一些地方的水库移民安置区自发地探索出针对水库移民群体与安置社区的危情预警系统，并试图建立一系列排解矛盾纠纷、应急处置和责任追究等机制。水库移民不返迁、不闹事成为水库移民安置区基层治理者的首要治理目标（参见吴上，2019）。此外，中国农村人地矛盾日益突出，加上农村家庭联产承包责任制的实行，使土地重新划拨或调整的余地锐减（陈晓楠等，2009）。在上述背景下，水库移民与安置地本地农民之间的关系出现某种紧张，给水库移民安置区的治理带来了一定难度，进而提高了水库移民安置区的日常治理成本。在这种背景下，国家重新调整了政策，促进水库移民从弱优势政策性地位转向了强优势政策性地位，并使区别化治理框架得以不断延续与深化。

---

① 《大中型水利水电工程建设征地补偿和移民安置条例》（国务院74号令）。
② 《大中型水利水电工程建设征地补偿和移民安置条例》（国务院74号令）。

三 强优势政策性地位赋予与区别化治理框架的深化

如上所述,国办发〔1986〕56号文的出台和落实正式标志着水库移民安置制度的建立以及针对水库移民安置区的特殊主义治理逻辑的确立。尔后,国家在1986年的政策文件基础上进行了调整,进一步强化了水库移民的特殊性及享有的政策性地位。水库移民的这种强优势政策性地位的确立对其社会融入产生了积极影响。但在政策执行过程中也产生了一些意外的负面后果。水库移民政策包括搬迁安置政策和后期扶持政策两部分(陈晓楠,2009)。1991年的74号令主要是确立了对于水库移民的安置政策。而2006年国务院出台的《关于完善大中型水库移民后期扶持政策的意见》(国发〔2006〕17号)标志着中国水库移民安置政策进入了成体系的完善阶段。在17号文件中,国家肯定了水库移民对国家所做出的贡献以及水库移民所面临的困境,明确了奠定长期扶持水库移民的政策导向:

> 新中国成立以来,我国兴建了一大批大中型水库,在防洪、发电、灌溉、供水、生态等方面发挥了巨大效益,有力地促进了国民经济和社会发展,大中型水库移民为此做出了重大贡献。为了帮助移民改善生产生活条件,国家先后设立了库区维护基金、库区建设基金和库区后期扶持基金,努力解决水库移民遗留问题,对保护移民权益、维护库区社会稳定发挥了重要作用。但由于扶持政策不统一、扶持标准偏低、移民直接受益不够等多种原因,目前水库移民的生产生活条件依然普遍较差,有相当多的移民仍生活在贫困之中。当前,我国总体上已进入统筹城乡发展、以工促农、以城带乡的发展阶段,有必要也有能力加大对水库移民的后期扶持。①

---

① 《关于完善大中型水库移民后期扶持政策的意见》(国发〔2006〕17号),中华人民共和国中央人民政府网站,http://www.gov.cn/zhengce/content/2008-03/28/content_2997.htm,查看时间:2019年6月11日。

17号文最为重要的变革是延长了对于水库移民的扶持时间。原先74号令规定："第二十条国家对移民扶持时间为五至十年，自移民安置规划实施完毕之日算起；按照移民安置规划分期分批安置的，自每批移民安置完毕之日算起。"而17号文进一步延长了扶持的时间："对2006年6月30日前搬迁的纳入扶持范围的移民，自2006年7月1日起再扶持20年；对2006年7月1日以后搬迁的纳入扶持范围的移民，从其完成搬迁之日起扶持20年。"①上述政策等于延长了2006年前搬迁的水库移民享有优势政策性地位的时间。由此，我们可以看出国家试图对水库移民进行长期扶持和特殊照顾的政策意图。而且17号文从政策层面加大扶持力度的同时，还扩大了对水库移民的扶持范围：

>后期扶持范围为大中型水库的农村移民。其中，2006年6月30日前搬迁的水库移民为现状人口，2006年7月1日以后搬迁的水库移民为原迁人口。在扶持期内，中央对各省、自治区、直辖市2006年6月30日前已搬迁的水库移民现状人口一次核定，不再调整；对移民人口的自然变化采取何种具体政策，由各省、自治区、直辖市自行决定，转为非农业户口的农村移民不再纳入后期扶持范围……对纳入扶持范围的移民每人每年补助600元……后期扶持资金能够直接发放给移民个人的应尽量发放到移民个人，用于移民生产生活补助；也可以实行项目扶持，用于解决移民村群众生产生活中存在的突出问题；还可以采取两者结合的方式……②

此外，17号文件中还强化了国家以及地方各级政府的责任，

---

① 《关于完善大中型水库移民后期扶持政策的意见》（国发〔2006〕17号），中华人民共和国中央人民政府网站，http://www.gov.cn/zhengce/content/2008-03/28/content_2997.htm，查看时间：2019年6月11日。
② 《关于完善大中型水库移民后期扶持政策的意见》（国发〔2006〕17号），中华人民共和国中央人民政府网站，http://www.gov.cn/zhengce/content/2008-03/28/content_2997.htm，查看时间：2019年6月11日。

包括加强政府对于移民工作的领导，实行移民工作的属地管理，加强从事移民工作人员的培训，尤其强调了对于水库移民资金的管理与监督。① 同年，国家修订颁布了《大中型水利水电工程建设征地补偿与移民安置条例》（国〔2006〕471号）。与1991年74号令相比，471号文将"以人为本"放置在了安置原则的首位：

> 大中型水利水电工程建设征地补偿和移民安置应当遵循下列原则：（一）以人为本，保障移民的合法权益，满足移民生存与发展的需求；（二）顾全大局，服从国家整体安排，兼顾国家、集体、个人利益；（三）节约利用土地，合理规划工程占地，控制移民规模；（四）可持续发展，与资源综合开发利用、生态环境保护相协调；（五）因地制宜，统筹规划。②

在上述注重民生的安置原则基础上，471号文中还在1991年74号令的基础上增加了有关水库移民的后期扶持的条例，主要涉及水库移民的生产生活方面：

> ……各级人民政府应当加强移民安置区的交通、能源、水利、环保、通信、文化、教育、卫生、广播电视等基础设施建设，扶持移民安置区发展。移民安置区地方人民政府应当将水库移民后期扶持纳入本级人民政府国民经济和社会发展规划……国家在移民安置区和大中型水利水电工程受益地

---

① 《关于完善大中型水库移民后期扶持政策的意见》（国发〔2006〕17号），中华人民共和国中央人民政府网站，http://www.gov.cn/zhengce/content/2008 - 03/28/content_ 2997.htm，查看时间：2019年6月11日。

② 《大中型水利水电工程建设征地补偿与移民安置条例》（国〔2006〕471号），中华人民共和国中央人民政府网站，http://www.gov.cn/zhengce/content/2017 - 05/02/content_ 5190382.htm，查看时间：2019年6月11日。

第四章　浅度区别化治理：西龙水库移民安置区

区兴办的生产建设项目，应当优先吸收符合条件的移民就业……大中型水利水电工程建成后形成的水面和水库消落区土地属于国家所有，由该工程管理单位负责管理，并可以在服从水库统一调度和保证工程安全、符合水土保持和水质保护要求的前提下，通过当地县级人民政府优先安排给当地农村移民使用……国家在安排基本农田和水利建设资金时，应当对移民安置区所在县优先予以扶持……各级人民政府及其有关部门应当加强对移民的科学文化知识和实用技术的培训，加强法制宣传教育，提高移民素质，增强移民就业能力……大中型水利水电工程受益地区的各级地方人民政府及其有关部门应当按照优势互补、互惠互利、长期合作、共同发展的原则，采取多种形式对移民安置区给予支持。[1]

从以上文件表述中，我们可以看出国家对于水库移民的优先特殊照顾原则。此外，国家为了落实对于水库移民群体的特殊照顾政策，还出台了一系列后续监督管理条例，一是试图通过政策规定，从征地、补偿、安置、后期扶持进行全程监督；二是试图加强对水库移民扶助资金的管理、审计和监督，以确保国家资金落实到具体的移民安置区及相应的群体：

> ……国家对移民安置和水库移民后期扶持实行全过程监督。省、自治区、直辖市人民政府和国务院移民管理机构应当加强对移民安置和水库移民后期扶持的监督，发现问题应当及时采取措施……国家对征地补偿和移民安置资金、水库移民后期扶持资金的拨付、使用和管理实行稽察制度，对拨付、使用和管理征地补偿和移民安置资金、水库移民后期扶持资金的有关地方人民政府及其有关部门的负责人依法实行

---

[1] 《大中型水利水电工程建设征地补偿与移民安置条例》（国〔2006〕471号），中华人民共和国中央人民政府网站，http://www.gov.cn/zhengce/content/2017-05/02/content_5190382.htm，查看时间：2019年6月11日。

>   任期经济责任审计……县级以上人民政府应当加强对下级人民政府及其财政、发展改革、移民等有关部门或者机构拨付、使用和管理征地补偿和移民安置资金、水库移民后期扶持资金的监督……各级审计、监察机关应当依法加强对征地补偿和移民安置资金、水库移民后期扶持资金拨付、使用和管理情况的审计和监察……国家对移民安置实行全过程监督评估……从事移民安置规划编制和移民安置监督评估的专业技术人员,应当通过国家考试,取得相应的资格……①

除明确了水库移民扶持项目的实施责任主体外以及与之对应的考核机制外,471号文还专门列出一章,详细列举可能会追究法律责任的一系列违规行为。② 可以说,17号文和471号文从宏观制度层面确立了对水库移民实施长期的安置与扶持制度。国家对于水库移民的弱优势政策性地位赋予转向了强优势政策性地位赋予,使得区别化治理框架进一步深化。

在上述中央政策精神的指导下,省级政府层面细化了国家对于水库移民的倾斜照顾政策,延续宏观制度层面的区别化治理框架。2006年,G省出台了《G省水库移民后期扶持政策实施方案》。上述政策文件首先提到了G省水库移民的特殊情况:

>   G省水库移民工作虽然取得了良好效果,但由于历史原因、自然条件和经济基础的制约,遗留问题仍然比较突出,主要表现在:一是大多数移民住房年久失修成危房……二是库区和移民安置区的公共基础设施建设严重滞后,移民行路难、饮水难、看病难和子女上学难等问题还比较突……三是

---

① 《大中型水利水电工程建设征地补偿与移民安置条例》(国〔2006〕471号),中华人民共和国中央人民政府网站,http://www.gov.cn/zhengce/content/2017-05/02/content_5190382.htm,查看时间:2019年6月11日。

② 《大中型水利水电工程建设征地补偿与移民安置条例》(国〔2006〕471号),中华人民共和国中央人民政府网站,http://www.gov.cn/zhengce/content/2017-05/02/content_5190382.htm,查看时间:2019年6月11日。

由于生产生活条件的制约，水库移民收入低，增收难度大。水库移民收入仍达不到 G 省农民人均纯收入的平均水平……四是水库移民管理体制有待完善……①

G 省政府在梳理省内基本情况的基础上，提出了详细的近期、中期以及长期的政策目标，以实现逐步改善水库移民的生产生活条件，强化对于水库移民的社会保障力度，促进水库移民融入当地，最终达到库区与安置地社会实现同步可持续发展的目标。②由上目标可以看出，G 省从住房、教育、就业等方面针对水库移民制定了一系列的政策扶助措施，此外还试图加强水库移民安置区的基础设施和生态建设，提高水库移民的收入和生活水平，以实现安置区与本地社会的共同可持续发展的治理目标。在政策实施原则上，G 省的治理原则与中央政策文件有所区别，尤其是其中提到的属地管理原则、政策衔接原则、确保稳定原则，一定程度上反映了 G 省作为地方政府面临中央政府绩效考核的压力。在这种压力之下，G 省通过出台政策进一步约束下级政府的行为，以确保安置区的稳定有序，其中包括统筹兼顾原则、属地管理原则、政策衔接原则、尊重民意、融入社会、确保稳定等原则。③从这个时期的一系列中央及省级的政策文件中，我们可以看出国家及地方试图解决水库移民基本温饱问题、增加水库移民收入、恢复并改善水库移民生产生活条件和实现库区及移民安置区的经济社会可持续发展的政策意图（参见吴上，2019）。

近年来，国家根据全国各地的水库移民安置区的治理实践情况以及各级政府反映的问题，也在不断地调整政策：2017 年 4 月 14 日进行了第二次修订。2017 年主要的修订地方是将 2006 年颁布的 471 号文的第二十二条的"大中型水利水电工程建设征收耕地的，土地补偿费和安置补助费之和为该耕地被征收前三年平均

---

① 《G 省水库移民后期扶持政策实施方案》。
② 《G 省水库移民后期扶持政策实施方案》。
③ 《G 省水库移民后期扶持政策实施方案》。

年产值的 16 倍。土地补偿费和安置补助费不能使需要安置的移民保持原有生活水平、需要提高标准的，由项目法人或者项目主管部门报项目审批或者核准部门批准"① 改为："大中型水利水电工程建设征收土地的土地补偿费和安置补助费，实行与铁路等基础设施项目用地同等补偿标准，按照被征收土地所在省、自治区、直辖市规定的标准执行。"② 原来471号文的"被征收土地上的零星树木、青苗等补偿标准，按照工程所在省、自治区、直辖市规定的标准执行"③ 改为"被征收土地上的零星树木、青苗等补偿标准，按照被征收土地所在省、自治区、直辖市规定的标准执行。"2013年3月8日G省水库移民工作局印发《2013年水库移民后期扶持工作要点》，要求继续大力推进移民安居工程建设，抓好移民村文化与信息服务工程建设，加强移民资金的规范管理，加强移民资金项目的监督管理，积极开展扶持移民发展生产工作。④

总体而言，国家已基本延续对水库移民进行倾斜照顾的政策倾向。2017年，国家财政部印发了《大中型水库移民后期扶持基金项目资金管理办法》，进一步规定了对水库移民的后期扶持基金项目的管理范围，主要用于支持库区和移民安置区基础设施建设及经济社会发展，具体内容包括基本口粮田及配套水利设施建设、交通、供电、通信和社会事业等基础设施建设、生态建设和环境保护、移民劳动力就业技能培训和职业教育、移民能够直接受益的生产开发项目以及与移民生产生活密切相关的其他项目。

---

① 《大中型水利水电工程建设征地补偿与移民安置条例》（国发〔2006〕471号），中华人民共和国中央人民政府网站，http：//www.gov.cn/zhengce/content/2017 - 05/02/content_ 5190382.htm，查看时间：2019年6月11日。

② 《国务院关于修改〈大中型水利水电工程建设征地补偿和移民安置条例〉的决定》（国发〔2017〕第679号），中华人民共和国中央人民政府网站，http：//www.gov.cn/zhengce/content/2017 - 05/02/content_ 5190382.htm，查看时间：2019年6月11日。

③ 《大中型水利水电工程建设征地补偿与移民安置条例》（国发〔2006〕471号），中华人民共和国中央人民政府网站，http：//www.gov.cn/zhengce/content/2017 - 05/02/content_ 5190382.htm，查看时间：2019年6月11日。

④ G省《2013年水库移民后期扶持工作要点》，内部资料。

而且此办法同时规定："项目资金不得用于财政补助单位人员经费和运转经费、交通工具和办公设备购置、楼堂馆所建设、偿还债务等支出。"① 2018年国家财政部、水利部、国家发展改革委发布《关于印发〈中央水库移民扶持基金绩效管理暂行办法〉的通知》（财农〔2018〕174号）。② 此办法进一步明确了各级财政部门、移民管理机构等职责，确保中央水库移民扶持基金能落实到位。上述政策的出台及落实进一步导致了区别化治理框架的路径依赖生成，并对水库移民安置区的基层治理实践与水库移民的社会融入造成了深刻影响。

四 小结

本节主要分析了水库移民安置政策的逻辑变迁轨迹。水库移民是国家建设水库工程的产物。国家的水库移民政策经历了碎片化到成体系的过程。在计划经济年代，国家通过总体性控制的行政安排以及集体主义观念的配合实施，水库移民的安置与治理呈现出"重工程"的政策取向。水库移民安置区及水库移民群体由于缺乏制度性支持，长期处于比较贫困的处境。而后经济转型，前期治理所带来的一些问题逐渐凸显出来。国家为了解决水库移民安置区的民生问题，开始转向"重移民"的特殊主义治理逻辑，最终确立对于水库移民的倾斜照顾政策，使水库移民转变为弱优势政策性地位。

在特殊主义的治理逻辑下，水库移民安置区的特殊性被强化。而后国家还采取延长扶持时间、加强扶持力度、扩大扶持范围等措施，加强了对水库移民安置区及水库移民群体的特殊照顾，使水库移民从弱优势政策性地位转向了强优势政策性地位。尽管在

---

① 《大中型水库移民后期扶持基金项目资金管理办法》（国发〔2017〕第128号），中华人民共和国中央人民政府网站，http://www.mof.gov.cn/zhengwuxinxi/caizhengwengao/2017wg/czwg201710/201804/t20180410_2864589.html，查看时间：2019年6月12日。

② 2018年《关于印发〈中央水库移民扶持基金绩效管理暂行办法〉的通知》（财农〔2018〕174号），中华人民共和国中央人民政府网站，http://www.gov.cn/xinwen/2019-01/16/content_5358234.htm，查看时间：2019年6月11日。

这个过程中，国家试图平衡普遍治理逻辑与特殊照顾政策倾向，但最终还是使区别化治理框架得到不断延续与深化。

与归难侨、失地农民政策不同的是，水库移民安置区及水库移民群体的政策性地位并没有像归难侨与失地农民那样经历过一个政策性地位赋予、政策均等化以及政策性地位再赋予的过程。这使得水库移民的相对失落感并不如前两个群体那么强。这种特征进一步影响了水库移民安置区的基层治理实践与水库移民的社会融入。

第二节 水库移民安置区的治理实践

上一节我们梳理了国家的水库移民政策。那么这些政策在水库移民安置区是否得到贯彻？本节将以西龙水库移民安置区的治理实践为例，讨论基层治理者是采取怎样的理念和策略来治理水库移民安置区的。

一 基层政府的刚性执行与区别化治理实践

（一）治理理念区别化

基层政府对于特殊化逻辑的刚性执行首先体现为从理念角度将水库移民群体进行区别化。基层治理者对于水库移民的评价还是比较正面的，如勤快、能吃苦等："他们什么也比归难侨好管一点。他们也勤劳，他们也愿意去做，不怕辛苦。"（访谈资料：FJM20170630）一位水库移民的回答也与上面街道干部的表述比较一致：

> 以前出现那个问题，都是去找那个干部聊一下啦。现在自己能养活自己，就不找他们啦，没办法就没办法了，现在自己能养活自己，哪里还找他们麻烦？不是经常的，都是实在没办法，才找他们的。对呀，自己有能力，就不会这样的，做人，要问心，要有良心啊，实在没办法就，生活都困难就

第四章 浅度区别化治理：西龙水库移民安置区

没办法了。（访谈资料：LMR20170901）

上面水库移民的回答体现出很强的"自力更生"的心态，对于基层治理者并没有过多的期待与诉求。当然，街道干部还是会认为水库移民是为国家建设水库工程做出奉献的群体，是需要被特殊照顾的弱势群体：

> 当时他们是国家建设西龙水库过来的。他们大多数是农民，没有什么文化，过来后主要还是村民的身份。他们都是自己出去打工挣钱，不用我们政府操心的。不过他们收入不高，也有一些低保户，需要我们政府去关注的。国家对于这一块群体每年都有钱拨下来。（访谈资料：TL20170714）

与归难侨和失地农民群体所享有的政策照顾多为波动式[①]不同，国家每年对于水库移民均有固定的扶助资金以及相应的考核目标："因为每年都有资金下来，需要拨付这些资金。"（访谈资料：TL20170714）。基层执政者在刚性执行国家的特殊照顾政策的过程中，也深化了其对于水库移民的特殊化治理理念。西龙水库移民安置区虽属于街道管辖，但是安置区内实施村民自治。上述种种因素也造成了基层政府在实际治理中对于这一群体的治理理念的区别化，这也进一步影响了治理措施的区别化。

（二）治理措施的区别化

除治理理念上的差异外，水库移民安置区的区别化治理还体现在对于水库移民的倾斜照顾措施上。其措施主要包括搬迁安置扶助、农业生产补贴以及实施安居工程三个方面。

一是搬家安置扶助。西龙带水库建于1975年，当时搬迁部分村民外，还有大部分村民仍居住在山里。20世纪90年代末，水库水位出现明显上升后，影响到居住在半山腰的部分村民。在这

---

① 比如国家对于华侨农场和归难侨群体曾实施过安居工程。而后的一些政策虽然在理念上依然体现出倾斜照顾的特征，但并无太多实际需要落实的政策，比如资金划拨等。

种背景下，西龙水库移民迁移到目前的安置地点。在搬迁以及安置的过程中，按照国家政策精神，省、市、区级财政均拨付了相应资金给予扶助，对西龙水库移民进行了实质上的区别照顾。

> 我们上面的水库是七几年建成的嘛，我们那些就在库区周边住的嘛。就是半山腰，那些山上。你山区建了一个水库，那些田地啊，房屋全部淹啦。你想生产啊，上面那个（笔者注：指水库移民来源地）就是说那个生产资料还有生产条件比较差一点。对，那个时候就吵了很多年啦，跟政府那些。到这里来，是因为我们那上面（笔者注：指水库移民来源地），管辖的话是直接属于市水电局管的。这个地方呢刚好是，以前是华侨农场，这边属于市农业局。他们大家都是市下面的兄弟单位，刚好这上面以前没有开发的那么厉害，肯定需要人口，所以就当时迁下来这边咯。政府组织搬过来，分几批搬过来。因为上面有几个大队的人嘛，不是同一个地方的，一百多户一下子搬，可能也是个比较大的工程。他们是分三批还是几批，忘记啦。不是一个村，是一个大的，就是说来自几条村的。（访谈资料：HWF20170824）

> 因为我们上面（笔者注：指水库移民来源地）那个农地很小嘛。为了搞灌溉，修了水库。就是郊区搞农田，没有灌溉，用我们地方修水库，抽水。原来是这样，后来我们是搬到山坡下，原来我们是有农田的。那个水库把我们地淹啦，人多地少，就把一部分搬过来了。自愿为原则。我们当时搬家还是有制度的，支付那个搬家费好像是300块吧，九几年不算很多。有搬家费，不多。我家当都搬过来了。（访谈资料：YZX20170824）

> 那很小的补贴，搬家费一千多块。（访谈资料：LJW20170828）

> 搬过来那个车费是他出的嘛，反正它派车去说搬过来。是他们组织搬的，他给的是政府的，又不是个人的，个人的不同，政府的肯定搞得好一点咯。（访谈资料：LGM20170824）

第四章 浅度区别化治理：西龙水库移民安置区

在安置过程中，地方政府与水库移民协商，由财政出搬迁费。而对于水库移民安置房的建设，地方政府采取的是"扶助＋自助"的方式，政府负责盖安置房的地基以及第一层，而安置房二楼及以上由水库移民自己盖：

> 99年搬过来的，国家出钱搬家的。房子是国家修的一层。楼上是我们自己搞的。反正我们整个村的都一样，我们搬下来的都一样。其他不是我们村的，我们不知道。第一层有九十方，按人口给的。有大有小，人多的房子就大点咯。家具都是我们自己带过来的，它是把房子建好了，全部都搞好了，进来就可以住了。你自己有钱了就搞好点咯，你没钱的话那房子也可以住了。政府算对我们好啦，那个房子建好又不用我们出钱。（访谈资料：LYF20170824）

> 我们来到这里那个房子就可以住了嘛。就搞好了。一个人好像是十四平方，十四平方。四个人就五十六平方。我们自己加的层，不够住嘛。都一样的，反正是人多的就多点面积，人少的就小点。全都一样的。一样的造型，全部都一层。（访谈资料：LGM20170824）

> 他们建好（房子）才搬下来，一层。我们谈好条件，就是说一家一户的房屋，就是说地基是三层的，修了一层，后面的自己修建。房子有简单的装修。（访谈资料：HWF20170824）

水库移民的住房安置虽然不是完全由国家财政包办，但由于是政策目标群体，其还是享有不同于本地村民的住房扶助政策。这种在治理措施上的差异化也进一步引起了本地居民的比较与羡慕。西龙水库移民是地方政府为解决水库工程遗留问题的产物。因此，这个群体的搬迁与安置过程本身就是一个逐步区别化的过程。这也为地方政府后续的其他区别化治理措施的开展奠定了基础。

二是农业生产补贴。国家对于水库移民的政策性地位赋予除了体现在搬迁安置的补偿政策，还体现在对于其安置后的扶助政

图 4-1 水库移民的楼房

策。水库移民安置区建立后，地方政府定时对水库移民进行生产补助。首要的则是地方政府免了水库移民的地租。街道干部提到地方政府为了稳定，将免地租的条例适用期延长：

> 当时租的地，本来当时签的协议就是资助，前面的租金是不管你的嘛，后面的租金就自己交嘛，但是政府为了稳定，就是从 98 年一直到现在都是政府来的，就是一个要求嘛。就等于是在这里的地是不要钱的。他在那边的地没有收回，属于林地来的嘛，没有收回。当时本来是政府要把它收回去的，但是在搬迁过程中，他们要求多嘛，就不愿意搬迁，政府就让步了嘛，在签协议的时候就那个林地还是给了他，有些东西还是政府为了稳定还是制定了一些措施的，享受了一些优惠。他经常回去分红的啊，每年都回去一次，每年分一次红啊。（访谈资料：TL20170714）

第四章 浅度区别化治理：西龙水库移民安置区

但关于免地租的说法，在水库移民那里存在出入。许多水库移民表示，确实有给每人两亩土地，但需要交年金，还有的水库移民表示不足两亩土地：

> 一个人就有两亩地。一年年金，这里好像一年1200。按人头，你人头多就多。我家五个人。要种十亩地，种番石榴。（访谈资料：LCY20170824）

> 我们这个村嘛，一样的，全部待遇都是一样的，也没有什么帮助，就是靠你自己去找工作，就是种那个田，种那个石榴。自己决定的，自己想种石榴就种石榴，种香蕉就种香蕉这样，这不是国家、政府叫大家统一说种什么就种什么，自己喜欢种什么就种什么。（访谈资料：LXD20170826）

> 就是当时按一人两亩地，但是它分的时候没给我们足够的地。就是分了一亩七分地，不知道怎么搞得，反正是没给我们两亩土地。按照我们的合同，是有的。好像搞那个路，吃了我们的耕地。

还有的水库移民表示，这两年街道还涨了地租，但涨的部分由当地区级水库移民局从专项资金里支出：

> 以前我们是有一点就是说，就种地的那些，我们是代耕嘛，代耕那些种地呀……他就租给我们代耕，现在又涨我们的价，以前就说每年好像付一些款给我们吧，然后呢，现在说他说要涨我们地租，然后移民办，就从不知什么款项那里呢，就直接就给交了管理区……（访谈资料：HXY20170901）

除在地租上有优惠外，地方政府对水库移民还有一些额外的生产补助，比如以实物或资金形式发放水库移民日常农业生产所用到的生产资料：

> 发了一年的钱，政府有生产补助费。发了肥料的，生产

扶持费，到现在都是有的。（访谈资料：LYF20170824）

> 有啊，一开始有。钱啊、生产资料啊那些扶持，经常他们会发一些化肥啊，头一年好像是每人几百块钱吧，就按人口来说。补了几年，然后是水电局，以前我们是归市水电局的嘛，他们每年都有些扶持款啊，叫什么农业扶持款拨下来的，现在不知道有没有。他们单位他们做预算的时候有这样一批，因为我们之前是属于他们管的嘛。偶尔会有一些帮助，拨一些款买化肥那些东西。一年发一两次吧，到现在可能都还有。按人口咯，是一样的。（访谈资料：LXD20170826）

> 开始的时候都有一点，一个月几十块。不知道是几十块了，很小的。补贴在两三年里有一点，那个是水库移民办（给的）。它有个移民办，市水利局的。很少的（补贴）。（访谈资料：LGM20170824）

除资金上的补贴外，安置地政府及相关的农业推广部门还对水库移民定期展开农业种植技术培训、就业择业观念培训、综合技能培训等，试图提高水库移民的就业比例以及就业质量。[①] 对水库移民日常生活生产方面的倾斜照顾政策不仅水库移民自己知道，也引得本地人羡慕。本地人冯先生说：

> 他们比我们本地人好得多了。有几方面的，第一，他把每个人有地的，有土地的，好像一个村民有三亩地（笔者注：有误），他不用收钱的就免费的，这是第一个的，我们本地都要租地耕地，都要投的都要钱的，他们不用钱，第二个，他移民下来了，也有每个月都有生活费补助……他来这里，耕地耕了几亩地，自己产出了农产便自己去卖，还可以回他老家，就是水库移民下来的，还有一些剩地，现在很多人，还有回原来的那里呢，种那个山果啊……他耕那个地不

[①] 根据西龙水库移民安置区街道的《G省水库移民教育扶贫战略与政策研究调查问卷》，内部资料，在西龙水库移民安置区街道办事处获取。

用缴税不用钱，又回老家那里报那个剩地，搞出了农产品又能赚钱，每个月都有生活费发给他们的。这国家每个月补给他们的生活费，现在有没有我不知道，早十年就有了，差不多十年都有的。（访谈资料：FGS20170827）

可见，基层政府对于水库移民的区别化治理不仅是一个水库移民和基层治理者都知道的"社会事实"，而且也被其他普通居民所认知并且接受的社会规范。

三是实施安居工程。基层政府对于水库移民的倾斜照顾除了表现在搬家安置扶助以及日常生产生活，还体现在长期持续的住房保障上。2011年，G省A市N区水务局出台《关于下拨西龙新村危房重建及房屋补漏资金的通知》和《关于西龙新村危房重建及房屋补漏实施意见的复函》。为此，西龙水库移民安置区所在居委会出了一份《西龙新村移民原危房加固维修或重建协议书》：

甲方：西龙水库移民安置区所在居委会

乙方：西龙水库移民

……

第一条、区水务局对西龙新村移民危房（具体地址）采取由移民危房户的乙方自愿申请，由乙方就地对本户房屋存在的安全隐患进行加固维修或重建。政府一次性分批拨付的危房重建补助资金共90000元，超出部分由乙方自行筹款。

第二条、甲方的权利和义务：

1. 甲方有权对乙方的加固维修或重建工程进行监督，并要求乙方严格按照"原地、原结构、原面积、原状、原高度"进行加固维修或重建，如果发现有违上述条件的情况出现，甲方有权拒绝支付补助资金，造成的损失和责任由乙方全部负担和负责。

2. 在确认乙方已动工将自住的有产权的危房实施加固维修或重建时，甲方应按程序向有关部门申请拨付启动资金40000元；在确认乙方已原址加固维修或重建完工时，由相关部门验收符合要求或审核后，按程序拨付余下的补助资金50000元。若乙方未能完成危房加固维修或重建时，补助资金50000元甲方不再支付给乙方，已支付的启动资金40000元乙方应退回给甲方。

第三条、乙方的权利和义务：

1. 乙方自愿承诺对自住的有产权的（是否需自有产权）危房（地址:）按"原地、原结构、原面积、原状、原高度"进行加固维修或重建。

2. 乙方承诺本次房屋加固维修或重建主要是排除危房的安全隐患，做到在不违反法律法规、不违反规划、不改变原房屋结构、不影响邻居居住安全、交通安全及排水排污等前提下进行，主要是排除安全隐患。

3. 乙方应知晓本次危房的加固维修或重建是政府按相关规定解决乙方房屋的安全隐患，为一次性拨款。如今后房屋出现新的问题，乙方承诺自己解决，今后不再就房屋的问题（包括漏水、倾斜、裂缝等）向街道办或其他政府部门提出其他要求。

4. 乙方申请自行对危房实施加固维修或重建，施工期间出现的一切问题责任及施工质量问题均由乙方自行负责。

5. 乙方在办妥维修或重建的相关手续后应积极实施维修工作，为施工过程提供方便。

截至2012年12月31日，西龙水库移民安置区已经完成了全区的安居工程建设，将158户中住房隐患问题比较大的114户住房进行了重修与加固。①

如上所述，地方政府对于水库移民安置区及水库移民的区别化治理措施主要体现在搬迁安置扶助、农业生产补贴以及实施安居工程方面。在我们的调研过程中，除个别水库移民表示并没有

---

① 根据西龙水库移民安置区街道的《大中型水库移民安居工程建设进度报表》，内部资料，在西龙水库移民安置区街道办事处获取。

第四章　浅度区别化治理：西龙水库移民安置区

图 4-2　水库移民家中

享受到特殊照顾外，大多数人对基层治理的现状表达了满意：

> 以前，很久之前，我老公去，我们种那个橘子，就摔倒了，那个骨头断了，这很困难，孩子读书，我就去那个街道，那个说，我跟他们聊了，什么很困难啊，现在生活有问题啊，他那些干部，都很好啊，他马上就拿一点生活费给我们，就帮我们申请那个低收入，每个月补三两百块钱，都好啊，就是这样啊。所以我觉得，那些干部还可以的，你真正遇到那个困难，他们是体会到你真正的困难的。（访谈资料：LMR20170901）

虽然基层政府针对水库移民采取了一系列区别化治理措施，比如搬家安置扶助、农业生产补贴以及实施安居工程。但与归难侨、失地农民群体的区别化治理结果不同的是，水库移民并未出现对国家照顾政策的严重依赖性以及以群体认同为基础的身份政治实践，这与水库移民安置区所实施的水库移民自治的区别化治理措施有着密切关系。

四是实行移民村自治。西龙水库移民安置区虽属街道管辖，但安置区内实行村内自治，设置村委及村民代表，由村委统筹水库移民村的日常事务。村委选举按照《中华人民共和国村民委员会组织法》进行：

> 然后他有一个代表啊，但是你知道他这个村里面，它是一个小组，是几个村汇在一起。好像它几个姓，而且它几条村汇在一起，它来的时候，一百多户吧，五百多人，那它三百多人是另外一条村。另外一百多人是另外一条村，六十多人又是另外一条村。几个人，好像七八个人也是一条村。几拨人在那里，好，那三百多人肯定是大村啊。那投票我的最高啊，其他人肯定也不行啊，那你就因为它不是一条村里出来的……一共五个村组长，那大村的给两个代表，小村就各一个。这个肯定要他们自己投票的。他们自己选出来的。他们选举的时候，街道会派人去监督。但我们不干涉他们的村务。（访谈资料：FJM20170630）

水库移民项目的资金发放以及管理权需经由村民代表同意，街道才能配合实施具体的发放与分配工作。这很大程度上赋予水库移民以自治权，一定程度上降低街道与水库移民直接产生摩擦的可能性："他们实行自治。那么我们必须每用一个钱都需要代表们同意。同意了，我们才能用。"（访谈资料：FJM20170630）

此外，西龙移民村村委及村组长扮演着上传下达的中介角色：村组长代表村民与街道干部进行汇报、沟通与协调。而街道也主要通过村组长了解水库移民的日常诉求以及水库移民村的日常情况。这种移民村自治的方式一定程度上化解了利益诉求表达不畅通的矛盾。水库移民自治权是政府针对水库移民发展出来的区别

第四章　浅度区别化治理：西龙水库移民安置区

图 4-3　西龙水库移民安置区

化治理措施之一。这种区别化治理措施虽然一定程度上导致了基层治理模式的特殊化，但其在水库移民安置区的社区建设与治理中扮演比较积极正面的角色。

由此可见，国家对于水库移民的政策扶持、基层政府的区别化治理实践与水库移民的诉求与期待基本取得了匹配和平衡，这也使得西龙水库移民安置区所面临的治理压力并没有像华侨农场与失地农民安置区那么严峻。这种水库移民安置区的区别化治理实践进而影响了基层政府的区别化应责模式。

二　基层政府的区别化应责模式

如上所述，西龙水库移民安置区无选择性执行国家的水库移民政策。宏观层面的区别化治理框架与微观层面的刚性执行共同促成了区别化治理在水库移民安置区的生产。而内嵌于普遍化治理框架的基层政府由此形成不同于其他普通社区的向上与向下应责模式。

(一) 向上应责

西龙水库移民安置区的基层政府之所以能够对水库移民进行上述一系列区别化治理措施,主要来自中央、省、市各级政府长期不断对这个群体的政策性地位赋予的压力。在这个向上应责过程中,基层执政发展出照实汇报和向上求助的应责模式。

一是照实汇报。2011年,G省水库移民工作局根据国家发展和改革委员会、财政部、水利部联合印发《关于开展大中型水库移民后期扶持政策实施情况监测评估工作的通知》(发改农经〔2011〕1033号)的要求,决定从2011年第4季度到2012年1月,组织对2006—2010年度大中型水库移民后期扶持政策实施情况进行监测评估,建立监测评估机制,制定监测评估制度,通过开展监测评估工作,对后期扶持政策实施情况进行跟踪监测。2011年12月,G省水库移民工作局出台《G省大中型水库移民后期扶持政策实施情况监测评估工作大纲》。此大纲中规定了后期扶持政策实施效果并建立了详细的考核指标:

> (三) 后期扶持政策实施效果
>
> 主要包括:移民群众收入水平变化情况,移民群众生产生活条件变化情况、库区和移民安置区社会稳定情况。
>
> 1. 移民群众收入水平变化情况。监测评估内容主要包括:库区和移民安置区移民2010年度人均年收入,年均增长情况,贫困移民脱贫情况,以及与当地平均水平的比较等。并与当地2006年度统计年鉴中的人均年收入进行纵向比较。
>
> ……
>
> 2. 移民群众生产生活条件变化情况。主要包括:库区和移民安置区基础设施建设和经济发展情况,特别是解决"五难"(行路难、用电难、饮水难、上学难、就医难)问题的进展情况等。
>
> 库区和移民安置区基础设施建设和经济发展情况主要包括:移民人均耕地面积、耕地质量及生产设施较项目实施前变化情况;移民人均住房面积、质量,移民村(户)的水、

电、路较项目实施前改善情况；文教卫生、通信、广播等项目的预期目标实现情况。

……

七、后期扶持监测评估的指标体系

后期扶持政策实施情况监测评估的指标体系和监测评估的任务与内容相一致，由资金发放、项目实施、政策实施保障和政策实施效果4类构成，下设16个二级指标和40余个三级指标。

（一）资金发放指标。根据后期扶持方式，包括2个二级指标。

1. 按600元标准全部发放给个人（即600元标准）；

2. 采取资金发放与项目扶持两者结合方式中部分发放给个人（即，600元以内标准）。

（二）项目实施指标。根据规划项目内容，包括基本口粮田建设及水利设施配套、农村基础设施、生态建设及环境保护、劳动力技能培训和职业教育、生产开发、其他项目等6个二级指标。

1. 基本口粮田建设及水利设施配套。包括基本口粮田建设、水利设施配套2个三级指标；

2. 基础设施。包括饮水安全、沼气池、交通、供电、文化、教育、卫生、通信广播8个三级指标；

3. 生态建设及环境保护。包括生态建设、环境保护2个三级指标；

4. 劳动力技能培训和职业教育。包括劳动技能培训、职业教育、劳动力转移3个三级指标；

5. 生产开发。包括种植业、养殖业，以及第二产业3个三级指标；

6. 其他项目。根据当地规划项目的实施情况自行确定。

（三）政策实施保障指标。包括组织保障、政策保障、资金保障3个二级指标。

1. 组织保障。包括机构设置、人员培训、监督管理3个三级指标；

2. 政策保障。包括配套文件制定、配套文件执行、权益保护3个三级指标；

3. 资金保障。包括后期扶持基金和库区基金征收、配套资金落实、资金监督管理措施3个三级指标。

（四）政策实施效果指标。包括移民家庭收入、生产、生活条件、地方经济、社会稳定5个二级指标。

……①

三、水库移民工作。

（一）注重抓好直补资金发放。年初我对我街水库移民直补人口进行了重新核定，核实西龙新村移民直补人口为530人。同时，每笔直补资金都是按上级要求及时兑现，无一例推迟现象发生，直补对象的满意率为100%。

（二）注重抓实后扶项目管理。2011年，我街后扶项目5个，总资金为142.5万元。至2011年10月底已支付相关项目资金为796710.13元，受益人口达545人。通过加强项目的管理与督查，做到专款专用，未发生挤占挪用移民项目资金；同时我组织了相关部门，通过问卷调查、移民代表座谈会、研讨会等方式，对西龙新村"十一五"时期水库移民工作及"十二五"规划进行了调研。通过调查，我街后扶项目实施取得了较好的效果，使移民得到真正的实惠。②

随后，2013年3月8日G省水库移民工作局印发《2013年水库移民后期扶持工作要点》，要求继续大力推进移民安居工程建设，抓好移民村文化与信息服务工程建设，加强移民资金的规范管理，加强移民资金项目的监督管理，积极开展扶持移民发展生产工作。③ 由上可见，西龙水库移民安置区不仅要执行上级政

---

① 《G省大中型水库移民后期扶持政策实施情况监测评估工作大纲》，内部资料，在西龙水库移民安置区街道办事处获取。

② 街道《2011年度工作总结》，内部资料，在西龙水库移民安置区街道办事处获取。

③ G省《2013年水库移民后期扶持工作要点》，内部资料。

策,而且需要面临上级定期不定期的各种考核和检查。在这种背景之下,西龙水库移民安置区的基层治理者发展出了一种照实汇报的应责模式:"有问题我们会向上反映。"(访谈资料:TL20170714)之所以会发展出这种应责模式,一定程度上与频繁的上级考核有着密切关系:既然问题没法掩盖,还不如照实汇报。如下是西龙水库移民安置区所在街道有关水库移民的总结,其中涉及移民资金发放、资金项目预算、审计工作等:

2012年上半年水库移民工作总结

一、及时发放移民直补资金及移民房屋补漏资金。

上半年,一是分两次共发放2011年第一、二、三季西龙新村水库移民直补资金23.85万元,直补人口为530人,二是按上级要求发放了移民房屋补漏资金170万元,涉及的房屋有111间,受益人口541人。其次建立直补、房屋补漏资金发放工作档案,做到了户有卡、村有表、社区有册、街存档,切实做到不重发、不漏发、不错发。同时,每笔资金都是按上级要求及时兑现,无一例推迟现象发生,受益对象的满意率为100%。

二、认真做好2013年的移民资金预算计划及以前年度的工程实施。

(一)根据上级水库移民政策的要求,为更好地做好水库移民扶持工作,切实帮助移民改善生活环境、发展生产。征询西龙新村移民意见并结合其相关实际情况,编制了2013年N区水库移民西龙新村队专项扶持资金项目计划表,申报了5个项目,预算资金共计147.2万元。其中地租扶持77.79万元;综合治理12.41万元;基础设施29万元;生产扶持21万元;就业扶持7万元。组织实施的项目有5个:其中中心公园改造25万元;化粪池改造10万元;休闲路径5万元,牌坊建设50万元;围墙扩建25万元,共115万元,目前这5个项目已完成了工程的设计工作,正准备进行施工。

(二)项目实施的成效

根据《A市水库移民工作五年规划调研方案》和《N区

水库移民工作五年规划调研方案》的要求，我街组织了相关部门，通过问卷调查、移民代表座谈会、研讨会等方式，对水库移民工作规划进行了调研。通过调查，我街后扶项目实施取得了较好的效果：第一，自2006年实施后期扶持以来，始终坚持移民"自建、自有、自用、自管"和"政府监管服务"的监管机制，坚持让民做主，努力提高后扶项目自建率，在自查中移民群众普遍反映良好，他们认为后扶项目不仅有效解决了移民急需解决的生产生活问题，增加了移民及当地群众的收入，而且激发了群众建设家乡的积极性，密切了党群和干群关系。第二，通过水库移民后扶项目的实施，明显地改善了移民和移民安置区群众生产生活条件。第三，通过移民自建、技术发包明显地提高了项目资金使用效益和工程质量。第四，落实移民项目监管新机制，提高了移民的满意度。如移民房屋补漏纠偏采取户主申请、层级审核、张贴公示、签订协议、自行维修、验收后拨付资金。资金的合理安排，使移民得到真正的实惠。

三、认真协助做好省市对2008—2011年移民资金的审计工作……①

由上面的工作总结可以看出，西龙水库移民安置区对很多上级压下来的治理任务分点落实，并且详细做好记录，以备向上汇报以及应对上级考核。这构成了水库移民安置区很重要的一种向上应责模式。

二是向上求助。水库移民发展出另一种向上应责模式为向上求助。在实际治理过程中，面对水库移民的各种生产生活问题，街道办能给予解决的就立即解决；而对于超出街道办权力范围的，会向上汇报求助。关于这一点，水库移民的访谈资料可以作为佐证：

---

① 《2012年上半年水库移民工作总结》，内部资料，在西龙水库移民安置区街道办事处获取。

> 哪个干部都好啊，我们村有什么问题都很重视。领导解决，如果不能解决就上边汇报一下。都是这样的啦，能解决的都解决了，不能的就上报了。自己种地的种地，没什么问题哦。有问题居委他们都下来了解情况，都有。（访谈资料：LYF20170901）

与失地农民群体不同，水库移民前期政策的制定与落实单位为国家水利部水库移民司以及所在省、市、区（镇）级政府的水务局（原为水利局）。而水库移民后期扶持由部级联席会议管理。国家常年对水库移民设有专项资金，各级水务局均有水库移民专项结余资金。比如2013年2月，G省水库移民局、财政厅下发了《2011年度大中型水库移民后期扶持结余资金省级预留资金项目申报指南》：

> 一、资金扶持范围和申报规模
> （一）专项资金名称。本次申报的资金为中央下达我省2011年度大中型水库移民后期扶持结余资金省级预留资金。
> （二）资金扶持范围。按照财企〔2012〕315号文规定，省级预留资金用于支持实施经批准的库区和移民安置区基础设施建设和经济发展规划、解决各市县库区和移民安置区临时性、突发性事件的应急处置补助支出，以及解决水库移民突出困难和问题。
> （三）资金申报规模。各地级以上市和厅（局）本次申报结余资金总规模控制在粤财农〔2012〕663号文下达本级结余资金的8%以内。①

由此可见，虽然都是政策性社区，水库移民安置区所获得的政策性扶助明显要高于失地农民安置区，甚至也比华侨农场所获得的倾斜照顾要更频繁和更持续："（水库移民）他们的所有的建

---

① 《2011年度大中型水库移民后期扶持结余资金省级预留资金项目申报指南》，内部资料，在西龙水库移民安置区街道办事处获取。

设都是上面拨钱给他们的……他们都是上面拨，肯定好啊，肯定比归难侨。"（访谈资料：FJM20170630）国家针对水库移民的政策作为一种政策路径，不仅一定程度上解决经济困难，而且为水库移民提供了表达诉求、回应处理以及缓解情绪的正式渠道（参见张静，2019：76，82）。相比于华侨农场和失地农民安置聚集区，水库移民安置区有着更多元的渠道向上反映诉求。2013年，街道向区水务局写了一份《关于请求扶持困难水库移民生产经费的函》，请求上级拨款：

> 区水务局：
> 我街有18户水库移民家庭成员文化程度低，农业生产科技意识不强，多年来缺少可以支撑家庭经济的主导产业，生活一直处于较贫困状态。目前，他们承包了南涌农工商联合公司148亩耕地，由于资金缺口较大，生产运作困难。为提高他们自主创业、劳动致富的积极性，特请求贵单位资助他们40350元，以解决他们购买部分生产资料之需。
> 专此函达。
> 二〇一三年二月六日①

此外，西龙水库移民安置区的基层治理者会将水库移民的诉求及时记录，并及时向上级水务局反映。在调研过程中，有水库移民反映没有房产证："他说15年给房产证的，现在还没有给。"（访谈资料：LCY20170824）街道干部将此问题就报给了水务局。水务局做了如下答复：

> 水库移民民生热线问答
> 1. 移民住房房产证还没有发放，什么原因？
> 根据各移民户98年4月同管理区签订《西龙水库部分移民迁移合约》的第三条第4点"关于房屋产权问题"："房屋

---

① 西龙水库移民安置区街道：《关于请求扶持困难水库移民生产经费的函》，内部资料。

第四章 浅度区别化治理：西龙水库移民安置区

产权归属丙方所有，但15年之内不得出卖及转让、转租，否则，由A市水库移民办代表市政府收回丙方（移民户）房屋[房屋证正本由甲方（管理区）房管办统一保管，副本由丙方（移民户）保存]，15年后房产证正本无条件交回丙方（移民户）。"因时间还未到期，所以没发放。①

此外，水库移民在住房、生产上面的问题，街道也及时向水务局反映：

2. 有两户移民房子出现地基沉陷，怎样解决？

……二十七巷1号钟＊＊、十一巷5号赖＊＊的房屋出现地基沉陷，经市稳固危房鉴定公司鉴定分别为B级危险点房和一般损害房。鉴定公司建议：B级危险点房应聘请有资质的设计、施工单位尽快对该房屋进行排危、修缮处理；一般损坏房屋可以安全使用，但要及时对房屋损坏部位进行修缮处理。为此，我街聘请了市稳固防水补强工程有限公司对两户移民的房屋维修作出了详细的房屋维修方案及预算经费，钟＊＊、赖＊＊的房屋维修预算经费分别是36726.91元和23037.48元。同时市移民办2010年对这两个移民每户已安排了9万元的房屋维修专项资金，由户主自行维修。

3. 西龙新村生产发展转型问题如何解决？

西龙新村水库移民是1998年在A市水利局的牵头下，由原管理区、市移民办、移民户签订三方协议，接收了西龙水库移民108户534人移民，共建110间安置房屋，从而组成西龙新村。现在该村生活区占地0.8平方公里，租用耕地面积864.3亩，人均可租耕土地约1.63亩，租金一直由市移民办下拨经费支付。目前耕地以种植沙糖柑为主。由于沙糖柑种植时间长，经济效益逐年降低，移民们迫切希望转型种植新优品种，以提高经济收入与生活水平。

---

① 西龙水库移民安置区街道：《西龙新村问题的解决报水务局》，内部资料。

一是积极向有关部门立项争取资金，切实改善移民的生产生活条件。特别是要充分利用相关部门的优惠政策，整合资源，争取专项资金，打造精品产业，形成产业化，提高村的整体经济水平，加快移民脱贫致富的步伐。

二是积极开展农业实用技术培训，使移民子女都能掌握一技之长，提高生产开发的综合技术，确保开发产业适销对路和产品良好质量。

三是引导移民走"公司十基地十农户"的运作模式，延长产业链，提高附加值。西龙新村现有一部分具有艰苦创业、开拓创新精神的移民，他们承包土地建立一些较大的种养殖基地。街道将因地制宜进行引导，大力扶持"公司＋基地＋农户"和"合作社"的运作模式，组建实力更强的企业，优化产品结构，提高产品的质量档次，延长产业链，提高附加值。通过交流与合作，更新田间管理技术，提高农民种养殖的技术水平，以达到增产增效，壮大产业目标，让一部分人先富起来，带动其他移民逐步致富。

四是进一步加强"菜篮子"工程建设，大力发展特色经济。发挥西龙优越的自然资源，引导帮助移民发展旅游经济、庭院经济、流通经济，搭建移民创业致富的平台。①

如上所述，基层政府发展出照实汇报和向上求助的应责模式。在日常治理中，街道层层如实向上汇报，针对一些治理难点则直接向上级求助。当然，在实际治理过程中，街道除了"照实汇报"以及"向上求助"，街道也采取"默认特殊"的策略向下应责。

（二）向下应责

在普遍化治理目标下，水库移民安置区的基层治理者为规避治理责任及其潜在风险，也会采取避责的策略。但与对归难侨群体完全的"缺席回避"不同的是，水库基层治理所采取的更多是

---

① 西龙水库移民安置区街道：《西龙新村问题的解决报水务局》，内部资料。

一种"柔性应责"。有水库移民在谈到与街道干部相处时谈道：

> 现在那个田还没分够给我们，那个房产证还没给我们。数都数不清楚。我们同移民办签的合同，没跟街道签的，我们本来就不跟它签，现在移民办也不管我们了，我们不知道怎么办。（我们）经常去居委和街道。那个因为那个地，三分地，还欠我们村一百多亩地。村里108户人家。他们呢，你知道那现在那个地不是街道管的嘛，街道我们去找他，他推倒联合公司去了。好像当我们皮球一样。（访谈资料：LJW20170828）

这种"柔性应责"的治理策略表现在不与水库移民进行正面冲突，而通过向水库移民耐心解释自身的职责范畴，并将水库移民转向其他渠道。虽然水库移民对于基层治理者的处理方式比较无奈，但从其表述来看，他们也并未完全将自身问题归咎于基层治理者："街道说这个他们没有能力解决。也不是不想解决。"（访谈资料：YZX20170824）这种柔性应责虽然并未解决实际问题，但通过柔性策略很大程度上缓解了水库移民的不满情绪。

除柔性应责外，基层治理者还发展出默认特殊的策略。对于一些无明显国家政策支持的行为，街道采取了"睁只眼闭只眼"的默许态度。比如国家对于水库移民安置房的面积以及层数有明确规定，不按规定修建的房屋属于违章建筑。但水库移民安置区的基层政府对此采取了默许的态度，默认了水库移民在楼房搭建上的特殊性：

> 反正这片地区，以前是禁止建楼。不准建的。后来政府暗中放松了管制，大家都建了房，有钱没钱都建咯。上次经济危机政府是放开你建的……这边以前违建的话城管会过来叫你停工那些嘛。那一两年他们就是全部放开了，这里面有政府的允许。有钱没钱先建起来，装不装修后面搞起来慢慢装修。（访谈资料：HWF20170824）

如上所述，西龙移民安置区的基层执政者实际上默许了水库移民的违建行为。在西龙水库移民安置区，不少水库移民就在"默许"的背景下盖起了小别墅。而且从上面的表述中可以看出，街道干部的默许违建使得水库移民的自建楼房最后得到了合法确认。

水库移民安置区基层政府的区别化应责模式既是宏观区别化治理框架和基层治理实践的结果，但同时也强化了治理的特殊化逻辑，使得对于水库移民安置区与水库移民的区别化治理加深。

三 小结

本节分析了宏观政策层面形成的区别化治理框架是如何在基层中生产出来的。西龙水库移民安置区的基层治理实践分为政策执行与应对考核两个层面。

在政策执行层面，基层政府刚性执行国家的政策性地位赋予，在治理理念上将水库移民视作"自力更生"的弱势群体，在治理措施上实行倾斜照顾政策，对水库移民进行搬家安置扶助、农业生产补贴以及实施安居工程。这些均导致了宏观层面的区别化治理框架最终得以在水库移民安置区中生产出来。但总的来说，与华侨农场、失地农民安置区比较而言，水库移民安置区虽然是区别化治理，但是其治理难度与成本并没有比前二者高。这主要与国家持续的政策支持以及水库移民相对优越感与满足感有着密切关系。这也进一步影响了水库移民安置区基层政府的应责模式。

水库移民安置区的基层治理者同样面临普遍化的考核制度，为了降低问责的压力，他们发展出照实汇报以及向上求助的向上应责模式。事实上，这两种策略是通过科层制度层层上报，转嫁可能引发的治理风险。此外，基层政府还通过采取默认特殊的方式，安抚水库移民的情绪。这种区别化应责实际上强化了水库移民安置区作为政策性社区的特殊性，对水库移民的社会融入与身份调适产生了深远的影响。

第三节 水库移民的浅层融入与弱者认同

如上所述，西龙水库移民安置区及其水库移民经历了线性式政策性地位赋予的过程。而基层政府在实际治理实践中，刚性执行宏观层面的区别化框架，使得对于水库移民的倾斜照顾得以在安置区生产出来。水库移民在上述政策背景以及基层治理实践的背景下，发展出浅层融入的适应策略以及身份策略，以应对这种变化。

一 浅层融入：水库移民的社会适应

（一）良好的经济适应与自助心态

水库移民在安置地的融入首先表现在其就业上。在西龙水库移民安置区，大部分的水库移民采用了"农业生产+外出务工"的生计模式。水库移民梁女士表示刚搬过来的时候主要还是从事原先的农业生产，但是由于种菜易受到天气影响，农产品的价格也不高。而梁女士家里后改种成熟期较短的果树后，家里的收入开始增加：

> 开始几年呢，个个都赚不到钱，都说上去了，我们回去上面了，在这里2毛钱一斤菜，那个野菜是6分钱，都没有人收啊，我们当时生活很艰难的，艰苦的，6分钱都没人要啊，种出来那个野菜，亏本的，种那个香蕉啊，台风一来全部断了，那个蕉也是亏本的。所以我们种那个水果，才赚到一点点，这生活才改变过来的。（访谈资料：LMR20170901）

2005年，西龙水库移民安置区所在区变为独立行政区。大批工厂在此背景下进驻，给西龙的水库移民外出务工带来了较多机遇与条件。梁女士就表示比原来迁出地好，因为西龙安置区附近有很多工厂："在这个地方已经习惯了，很喜欢。在这里地方大，工厂又多，去找工作又好一点啦。"（访谈资料：LMR20170901）易先生也表示容易找到工作做："以前在老家那里，那个交通不方便，找工作麻烦，就是这样的，这里呢随便能找得到工作做。"（访谈资料：YYZ20170824）

当然，也有不少水库移民对未来国家的扶持力度减少以及有可能给经济收入带来的影响表示担忧。目前国家对于水库移民的扶持主要体现在减免地租以及安居工程上。有水库移民表示地租租金渐长而扶持资金却没有变化：

> 我们现在主要是耕地咯，人均一亩七分地。要交租金。现在政府呢看到我们比较困难就从移民扶持那部分先交，但是现在那个耕地价钱以前是600多，去年就900，现在它说要1300多元。但是那个扶持款是定下来的，每年就那么少，现在也没有（增）多，但是我们现在还没交。我们现在反映了这个问题，看看那个地租能不能从优从低，就是这样子咯。现在八百多亩，应该是一千多亩的，它还有两百多亩没给。人均两亩地嘛，给了八百多亩，我们五百多人嘛当时迁来这里。租金呢现在不是我们移民，上面移民办、市水利局（去交），因为水利局在我们那边（笔者注：指水库移民来源地）搞了水库把我们的田和山淹啦，就看到我们比较困难，他们就通过政府部门把我们搬迁过来了。现在可以那么说，但是那个事情呢，反正现在我们比较困难啊。（访谈资料：YZH20170901）

虽然国家给予水库移民的专项扶持资金并没有减少，但随着生活成本的日益增加，这种扶持资金就显得捉襟见肘：

> 移民款越来越少，租金越来越增，生活水平又越来越高，你就知道哦。但是那个扶持力度没有涨，他定下来的嘛。到时候没有了我们就很难生存了，是不是？因为我们都是农民，它把我们那个转了居民户口，又没地没田耕，是我们在这里生存最大困难。（访谈资料：YZH20170901）

还有水库移民对土地的使用权与房屋的产权表示了担忧：

> 这个土地他们回收了以后，我们就担心没有地怎么生存？我看都是有这个可能，但是我也不敢说。（访谈资料：YZH20170901）

> 现在暂时房子说是归我们，但是还没有房产证下来这里，那么多年了，已经差不多二十年了，房产证还没到我们手上，所以我们说比如说想去，如果说没钱呢，想做个生意去贷款我们也是不行的。这个房子，就不能卖，也不能说是个人的了，现在房产证没有啊。（访谈资料：HXY20170901）

西龙安置区的水库移民在我们访谈过程中表达了各种各样的困难。比如梁女士则表示家里小孩需要读书而自己身体不好：

> 困难就是钱，建房子也用完了，现在身体又不好啊。小孩又读书啊，这样哪里来源啊？那个石榴又没有价钱，这样啊。困难造成的，就是身体不好，自己的身体不好啊，这样造成的嘛。遇到困难的话会首先找居委。（访谈资料：LXD20170826）

同时，也有的水库移民对国家的政策表达了一些看法：

> 就生活，刚开始来的时候，在家什么都没有，来这里很穷嘛，搬下来这边很穷，然后呢，就每个月补了生活费，就补了两年之后就没有补了。就在家里了，带小孩，现在一直都是没工作的，工作不了啊，因为以前，我家公他中了风，然后就已经偏瘫了有七年，就是一直都照顾他，然后他去世了之后，又生了一个小孩，就无法工作，就靠我老公一个人劳动。对，就是只能有得吃，但是你说有省下来钱啊，怎么样，就没啦，比如说老人家，如果说生病呀，像我们这些老太太这样，她生一次病的话，一下子搞个几千，医疗它又不是报销报很多的，它是报五成，报五成的话，它是规定，就是说要规定多少钱，然后才起付线才可以报，然后有些药品

是不能报的，像如果说住院住1万块钱，自己都要出5000多块钱。我们比较，主要是比较困难的，就是医疗上面的。就是老人家生病的时候，看病这个报销比例太低，因为它一升值的话，它说像我们不是升值了，然后医疗好像是报75%，说是75%，但是实际上报的是只有5%，报很少的。（访谈资料：HXY20170901）

但总的来说，水库移民很少将自身的生活困境完全归因于国家政策与地方政府。大部分水库移民只是将国家的扶助政策作为补贴，从内心并没有期待着完全靠国家的援助。以何先生为例，他表示妻子在安置前的原籍地，存在着工资差异，也承认了具体的生活困难，但是他在具体表述时强调的还是"靠自己"：

具体来说，我肯定有困难咯。我老婆在上面工作（笔者注：指水库移民来源地），我在这里工作。上面不好找工作，或者找到工资也不是很高。这边跟那边（笔者注：指水库移民来源地）工资水平是相差一大截的。其他大问题没什么啊，都是这样，混日子咯。找谁帮忙？找朋友咯，靠自己了，这些困难政府解决不了嘛，是不是？你总不能说叫它在上面搞工作给你，开个价，这不可能的嘛。（访谈资料：HWF20170824）

李女士家为家里建房花费不少，目前主要是靠李女士和丈夫农业耕作以及儿子外出打工支持，偿还盖房子的费用：

困难有，现在你说好大的困难就没有。反正有两餐都可以了，没大的问题。搞那个房子借了很多钱，还债啊。就是那个困难。都是自己找的，政府没叫你建房子，你自己建了，困难就是你自己造成的哦。现在如果是这样的问题，那个债务都是自己搞的。到现在都是靠儿子打工啊，靠我们的耕地收入啊。

第四章 浅度区别化治理：西龙水库移民安置区

当我们问到有困难找谁帮忙时，李女士表示：

> 找自己咯，找上面的街道领导，怎么帮你解决呢？都是自己解决咯。都是村长在管理咯。这个啊，参与呢反正村里有个村长和代表。有什么事呢都是他们搞好。（访谈资料：LYF20170901）

除客观的经济指标外，西龙安置区的水库移民的主观满意度也是比较高的。这与其参照群体的选择有着密切的关系。很多水库移民认为自己现在的生活比搬迁前的生活状况好多了。还有的水库移民参照还留在原有迁出地区的亲戚朋友。两相比较之下，也使得水库移民产生了相对优越感：

> 老家肯定没有这边好啊，这里最起码方便嘛，老家没有那么方便嘛，就是这样的。那些小孩读书啊，也比较方便啦，在原来那里就不方便啦。（访谈资料：LXD20170826）

这种生活水平与质量的提升也使水库移民很少产生怨恨感。有些水库移民还表达了对于政府的感恩之情：

> 我现在自己觉得好了，比原来好。在这里交通啊，读书啊，什么都比上边好。我们是正确选择，我们搬下来就是，多谢政府啊。不是政府搞，我们没机会到这里啊。（访谈资料：LYF20170901）

总的来说，水库移民在搬迁到现有安置区后，基本上实现了经济适应。从客观指标来说，除非个别因劳动力丧失无法工作的，水库移民的失业率较低，基本上要么在家务农要么外出务工，很少出现归难侨群体那种依赖国家福利政策的情况。胡女士就将"找政府"归为没面子的事情："生活出现问题呀？肯定就是家人啦……找居委会啊？不好吧？我老公的面子不在啊，要丢

死啦,是不是?"(访谈资料:HXY20170901)

而且由于有水库移民的专项资金以及国家农业安置政策的支持,很大程度上降低了水库移民在生活生产上的成本。这也使得他们在经济层面基本达到了温饱水平。而从主观感受来说,虽然有些水库移民表达生活存在一定困难,但他们基本上对生活持较为积极的态度,也相信能通过"自力更生"度过现有困境。这也为水库移民的社会融入奠定了良好的基础。

(二)浅层融入于本地社会

如上所述,国家与基层政府对于水库移民的安置属于空间置换与"恢复性安置",也即水库移民原有的社区以及与之相关的社会网络都随之整体搬迁。因此水库移民原有的社会支持网络并未像其他移民群体那样出现明显断裂。目前安置水库移民的移民村比较接近于熟人社会。水库移民的社会交往对象也基本上局限在本群体内:

> 反正大家住一起,什么都聊。大家住一起,都是吃完饭后我到你家,你到我家,喝茶聊天。很好啊,这个生活方式。在城市没有啊,我们农村才有啊。我到你家,你到我家。反正干活儿回来就打开门,走走。我们经常聊产品问题啊,反正干什么就聊什么咯。那个话题都是说这个啦。(访谈资料:LYF20170901)

此外,很多水库移民表示与原迁出的西龙村村民还保持着密切的社会往来。他们有些还回C市西龙村种果树,也与村内的亲戚朋友有联系。

> 有,经常都是过节啊,那个喜酒啊都去的。正常来往,我们上去,他们下来,走来走去都是这样咯。问问身体好不好啊,干什么工作啊,嘿嘿。(访谈资料:LYF20170901)
>
> (亲朋联系)联系多,基本上就是说一年都回去几趟。红白喜事都回去庆祝啊,那就回去。见了面什么都聊咯。

（访谈资料：HWF20170824）

由上面可以看出，水库移民的社会支持网络主要还是限制在其原有的迁出地以及在安置地的移民村内。而西龙的水库移民与本地人以及住在附近的归难侨群体也有往来，但从社会交往的频率与内容来看，水库移民与他们所建立的社会网络还是处于较为浅层的层面：

> 那些（越南归难侨和本地人）有些都认识，有些不认识。（访谈资料：LXD20170826）
>
> 有来往的，平时打招呼啊都有。都不会产生什么问题，反正住在这里左右都是邻居，大家都要搞好关系。（访谈资料：LYF20170901）

总的来说，水库移民的社会支持网络仍然深受其迁出经历以及水库移民身份的影响，这说明了水库移民在安置地的适应仍处于一种浅层融入状态。而且由于水库移民的社会网络及由网络所汲取的资源主要是同质性资源，这一定程度上限制了水库移民的社会适应，也进一步影响了水库移民对于自身身份的建构与认同。

二　水库移民的认同建构与身份表述

与归难侨群体尝试协调族群身份与国家认同，失地农民试图从农民身份转向市民身份不同的是，水库移民对于身份认同呈现出对于水库移民单一性的认同强化，以及以此为凭据的弱势群体的身份表述上。

（一）水库移民的认同建构

与前面的归难侨和失地农民群体相比，水库移民不断强调自己作为政策目标群体的特殊性，表现为对水库移民认同的强化上。这与国家的水库移民政策、水库移民的搬迁与安置模式及其在安置地的社会情境着密切关系。

首先，宏观层面的区别化治理框架及安置区的区别化治理实践对于水库移民的身份建构产生了一定的影响。西龙水库移民是在1998年搬迁的,当时国家对于水库移民已经形成初步的弱优势政策性地位赋予。因此不少水库移民是出于自我选择成为水库移民的,对于水库移民的身份也持较为积极的认同:

> 反正他说可以移民,就可以报名来啦。那地方生活不好,最主要交通不方便,现在我都不想坐车回去。回老家那个地方那个弯路太疾,上个坡又高,从我们那个镇到我们村里,坐车我都要呕吐。坐车都怕那个地方。(访谈资料:LGM20170824)

尤其是2006年国家出台的后期扶持政策及其在基层的实现更是加速了水库移民身份的自我类别化与强化。水库移民易先生就将自己的待遇与附近的归难侨作比较:

> 他(越南归侨)也是很困难的,我都同他们聊过。那批老人死了。年轻的什么东西都没有。我们的政策优惠好过他们(本地人),反正我们,实际上,一年他们给我们田地,他们田地都没有嘛。都是在社会找工作,社保没有,农场没给他一分钱的嘛。反正就是我出生在这个地方,什么东西都没有,就是这样。他们怨言也多,反正你招工也不照顾他,反正我读书,读完书,我去社会找工作,找不到你也不管,难以安排他们(本地人)。我们的地反正就是比较容易签(合同),地租嘛,现在也没有那么困难。他们(本地人)不是要交地租,他们是没有地,要申请。我们不是(申请),当时规定我们两亩地嘛,我们要种就是当然的事。(访谈资料:YZX20170824)

由上可见,水库移民从"怕当移民"转变为"争当移民"的情况(参见王沛沛,2009)。水库移民能凭借其移民身份比其他普通农民甚至是其他的政策目标群体获得更多的资源。水库移民的身份认同在上述背景下得以延续与固化。

第四章　浅度区别化治理：西龙水库移民安置区

其次，水库移民特有的搬迁与安置模式作为其区别化治理实践的重要组成部分很大程度上强化了水库移民的身份认同。虽然西龙水库移民由山村搬迁至城市郊区，生活环境均发生了较大的变化，但他们主要是以整村搬迁的模式迁移至现有安置地的。西龙水库移民原有的熟人社会网络并没有因为搬迁而解体："我们这个村，这些关系很好的。"（访谈资料：LXD20170826）。这种社会支持网络与之相关的社会资本为水库移民在地融入与适应起到了积极作用：

……我们的村子，不像你们这样的村子，说有钱就不借的，我们都是你帮我，我帮你，我们上面的那些人，都是很热情的。他们说，他们这里的不行嘛，他说这里的本地人，不借的，我们的借钱不用到他家，就是一个电话，有就有，没有就没有，能帮多少就帮多少，就这样啦，我们都是借钱，每一家都是借的，自己哪有几十万啊？借的，慢慢的一年还多少，一年还多少。（访谈资料：LMR20170901）

而水库移民安置区在积极为水库移民提供相应的社会资源的同时，也一定程度上使得水库移民的身份认同得以固化与维持。

再次，受宏观层面的区别化治理框架与地方区别化治理实践的影响，水库移民安置的社会接纳了"将水库移民区别化"的社会规范。安置地社会的本地居民、归难侨群体对于这群最晚来到社区的水库移民采取了区别化策略。这种区别化与歧视不同，无论是本地人还是周边的归难侨都强调水库移民享有更好的优惠政策。本地人方先生说：

（水库移民）就是移过来的时候就砌好了，都是公家分下来的，像我们都是瓦房的之前，我们都是自己砌的，他们那些直接就是拨（钱）下来的，一口人一栋。他们盖好，然后才移过来的。像我们就没有了，我们只是住这种瓦房，一人分过来这种。（访谈资料：FZH20170827）

本地人冯先生则表示水库移民所享受到的这种特殊待遇可以接受：

> 我们哪里有什么意见啊，反正他是移民的嘛，是移民你国家肯定要补偿他们啊，是不是啊，肯定这样，他们也不关我们的事，我们哪里有意见啊，他也不伤害我们，那个土地反正是国家的，我们这里的土地也是国家的。（访谈资料：FGS20170827）

冯先生的这种"认命"也加速了水库移民与其他群体的区隔："他们是水库移民，就是和我们不同的。"如上所述，由于政策区别与资源分配上的差异，水库移民与其他群体由于缺乏共同语言，很难建构为一个共同体。水库移民与上述两个群体在实际交往中还是比较少的。本地人陈先生说："肯定他们比我们受的优惠多啦。他现在耕的地啊，人家说他的地是不用交租的。他们一般认识才打交道的，农村那边的人就很少打交道。"（访谈资料：CWT20170827）

这种安置地社会情境的区别化也加速了水库移民的自我类别化。本地干部："他们说他们自己（是）水库移民。"（访谈资料：FJM20170630）水库移民李女士在访谈中提到本群体与归难侨群体时，这么说："他们（侨民）很早就来到这里，我们（是）后来的，享受的待遇啊我都说不清楚。他们又说我们好，我们又说他们好，反正这个问题我说不清楚去。"（访谈资料：LYF20170901）虽然李女士对于到底是水库移民好还是归难侨好并没有明确表述，但是很明确的是"他们归难侨"和"我们水库移民"是两个不同的群体。"我们水库移民"群体不管是享有优惠政策还是政策待遇不足够，我群的意识是存在于水库移民的观念里的。

由此可见，宏观的区别治理框架、安置区政府的治理措施以及安置区社会情境因素均加速了水库移民群体自我认同的强化。而且与其他政策目标群体不同的是，水库移民所享受到的国家政策待遇与自身的需求与期待基本匹配，周边群体对于水库移民的特殊待遇也基本持接受态度。这些都影响了水库移民无须通过借用对于其他身份的强调来获取资源。这也是水库移民发展出单一性的群体身份认同的原因之一。而且水库移民为了发挥"水库移民"身份的积极意义，还试图不断将弱势群体的意涵不断增加至其身份的表述中。

(二) 群体的身份表述

虽然水库移民作为政策目标群体，其所享有的经济扶持与社会保障均要高于本地普通居民，甚至也比附近的归难侨群体以及失地农民群体所享受到的倾斜照顾要多。但是水库移民还是发展出一种"弱势群体"的身份展演。

在问到水库移民梁女士与本地人相比时，梁女士的表述与"客观事实"实际上是存在一定的出入：

> 肯定是那些本地人优惠政策多啦，人家有那个退休金啊，那些什么都有啊，我们这上面，像迁移下来的什么都没有呀。我们搬过来真的没有什么，都没有什么好处。（访谈资料：LXD20170826）

易先生也表示附近归难侨群体能够享受到的地租要更优惠，而且认为归难侨是华侨农场职工，有退休金，而他们并没有享受相应待遇：

> 肯定是他们（优惠多）啊，他们以前也是像我们在这里耕地、租地，他们有那个社保啊，有那个退休，我们这里什么都没有。他们现在那个地，那个越南归侨和本地人四百多（租金），我们一千多。应该就是差别，政府对他们的优惠肯定比我们好，因为他们有退休，你知道哦，有社保什么，到了五六十岁了就享受了，我们没有。他们是职工，我们就按发标，好像他们对我们和对外者一样，他们一亩地就优惠了四百多，是不是？他们是自己人，是儿子，我们就不是啦，是另外的。（访谈资料：YZH20170901）

李先生也认为归难侨享有的政策待遇比水库移民好:

> 他们（归难侨）比我们好，那老人家退休了有退休金。我们都没有。我们种田也不算工龄，难侨种那个田有养老保险嘛。我们都没有。就是政府漠视我们的权利，同样我们下来也是种地，为什么他们有我们就没有呢？人家是六百一年的田租，我们去年的九百，今年一千三的田租了。（访谈资料：LJW20170828）

但事实上，易先生和李先生的表述只是一种策略性的表述。从地租方面来说，水库移民刚安置时长期免地租，只是最近几年过了免地租期，需要缴交地租（需要缴交的费用也由水库移民专项资金支付）。而从退休金方面来说，只有第一代归难侨群体作为农场职工才享有退休金，而他们的孩子第二代归难侨不但无法进入农场工作，而且很多失业待业，其生活要比水库移民困难得多。易先生的选择性表述更多是一种"弱势群体"的自我建构。

除了与附近的归难侨群体相比，水库移民还会与安置地的本地居民相比。水库移民李女士强调自己没有享受到"本地人"的待遇：

> 我们转成非农户口了，那个户口变了。那我们应该享受他们本地人的待遇，是吧？我们没有，这个不合理。他们做那个地来耕啊，他们交的钱比我们还少。他们到六十岁了有退休的钱，两三千块一月，我们一分钱都没有。这很不合理，我们都跟你一样了嘛，那个户口转过来了嘛。我们承包地的钱比他们多一半，这个很不合理，你说是不是？应该和他们当地一样是吧？我们下来十多年了，我们现在六十多岁了，一分钱都没有。我们原来那里修了大水库，把水田都淹了，没田干了，一个人还有一两分田。来这里现在有一亩六分，原来我们没下来的时候说好的一个人两亩。交租金啊，是啊。我们比当地交的租金贵，他们五六百块，我们要一千二，这很不合理是不是？（访谈资料：LCF20170824）

李女士的表述中还强调自己作为水库移民配合国家建设水库，但还要比当地交的租金贵是很不合理的："……我们比当地交的租金贵，他们五六百块，我们要一千二，这很不合理是不是？"实际上，李女士这里说的本地人享受五六百块指的是归难侨第二代所享受到的地租租金。而李女士的参照群体是另一政策目标群体——归难侨，而非本地群体，但为何在李女士口中要用"本地人"的表述呢？其实更多是强调自己作为曾为国家做过贡献的政策目标群体理应享受到更好的政策待遇。而这种政策期待演变成"弱者的武器"（斯科特，2007），也成为水库移民争取资源的依据。

　　由上面资料可以看出，在宏观制度、安置地社会以及群体因素的影响下，水库移民不断建构与强化自身的水库移民身份，并以此发展出"弱者的展演"。水库移民的弱者身份与其认为自己应该"自力更生"的逻辑并行不悖。不少水库移民还对自己所"享受的特殊待遇"进行了"解释"：

> 　　哪里有什么享受呢？就是靠自己，享受？去赚的钱回来的，哪里有什么享受？没有的。人家农村的，现在搞房子，还有几万块钱补助每一个家庭。我们现在搞房子，全部钱都是自己的，全部都是自己掏出来的，哪里有什么优惠呢？他们呢，以为我们水库移民搬来的，可能是有钱补偿一点，就有些人这样说过，说我们这个村就好了，政府补了多少钱多少钱……我说没有啊，我们都是借的。（访谈资料：LMR20170901）

　　梁女士上述的话语表述试图解构他们所获得的特殊政策性地位，强调"是靠自己"来谋生，因此有困难也是正常的：

> 　　肯定有困难啊，怎么造成的？怎么说呢，我们搬下来，你知道的，你又没学历，没什么工作经验啊，是不是？技术上没有，你靠耕地，我就说了人家年轻点的都去打工了，我们五十多岁了，找工作没人要，是不是？肯定有差距啊。（访谈资料：YZH20170901）

三 小结

我们在本节主要分析了水库移民的浅层融入与弱者认同。国家对于水库移民的政策性地位赋予经历了一个不断增强的过程，水库移民的政策性地位历经基层政府的刚性执行与区别化应责得以在基层生成出来。这进一步影响了水库移民的社会适应进程与身份认同建构。

在社会适应层面，在国家政策的长期扶持下，水库移民比较好地实现了在安置地的再就业与融入。大部分的水库移民在善加利用国家各项政策的基础上，发展出农业生产与外出务工并行的生计模式，寻求更好的生活机遇。与经济适应不同的是，水库移民的社会交往仍比较局限于本群体，社会融入程度有限。

在身份认同方面，受到国家长期的扶持政策、整村搬迁安置模式以及安置地政府与社会的区别化等因素的影响，水库移民群体衍生出单一性的群体身份认同，并且不断强化弱势群体的身份表述，进行"弱者"的身份展演。水库移民的认同建构以及身份表述展示的是国家主导的制度变迁中个人生活机遇改变的图景，也是具有自主行动能力的人，借助群体身份，结合群体的历史文化，争取符合自己的权利和利益的过程（参见王沛沛，2015）。

第五章 比较与讨论

我们尝试建立"区别化治理"的分析框架,以华侨农场、失地农民安置区和水库移民安置区这三种不同类型的移民安置聚集区为比较个案,探讨区别化治理的形成原因、运作机制与结果呈现,并进一步探讨了特殊化逻辑与普遍化逻辑在这种治理中是如何交织与互动,在对相应移民安置聚集区的治理结构与应责模式产生影响的同时,如何约束安置移民群体的社会适应与身份认同的。我们在本章中将在比较三种移民安置聚集区治理的相似点和不同点的基础上,对于区别化治理的一些亚类型进行深入分析。

第一节 比较视角下的三个移民安置聚集区

区别化治理模式根据政策性地位赋予、基层治理实践以及治理对象的特殊化程度可以分为深度、中度和浅度。本书所探讨的华侨农场、失地农民安置区和水库移民安置区这三个移民安置聚集区分别代表了不同程度的区别化治理程度。这三个案例在移民群体规模及性质、国家政策及职能部门的设置、基层治理理念与措施、群体的适应与认同上均存在着一定的差异,由此构成了区别化治理的不同亚类型。

一 规模与权利:安置前的移民群体差异

在影响移民安置聚集区治理的因素中,安置群体的规模以及群体在安置前的权利是不可忽视的重要因素。在我们的研究中，尽管华侨农场、失地农民安置区和水库移民安置区都采用了区别化的治理模式，但是这三个社区的安置群体以及安置前权利的差异使得无论是宏观层面的区别化治理框架还是中观层面的区别化治理实践均产生一定的变异。

在群体规模上，全国归难侨群体的规模出现逐渐缩小的趋势，而失地农民和水库移民的群体规模则随着城市化进程的加深以及水利工程建设的持续而呈现日益增长的趋势。其中，失地农民的规模扩张速度最快，也是三个群体中目前规模最大的群体。中国目前有84个华侨农场，主要分布在广东、福建、广西、云南和海南等身份。从历史阶段看，从20世纪40、50年代起，华侨农场陆续接收来自新加坡、马来西亚、印尼、越南、缅甸和蒙古等国的归难侨。其中，20世纪70年代中后期，大批越南归难侨由于中越关系紧张回国。这是中国接收规模最大的一批归难侨群体。据统计，1978—1988年，进入中国的印支难民有28.3万人（董中原主编，2017：152）。1978年，全国华侨农场共有归难侨181773人。随着不同批次的越南印支难民陆续回国。全国归难侨人数在20世纪80年代达到了顶峰。随后受到国家经济体制改革的影响，华侨农场在20世纪80年代中期后基本停止了对新归难侨的大规模安置。1984年全国华侨农场总人口574853人，其中归侨215432人，难侨161575人（董中原主编，2017：157）。2001年全国华侨农场总人口598394人，归难侨人口177263人（董中原主编，2017：308—309页）。从20世纪90年代开始，随着老一辈归难侨的相继去世和部分归难侨选择到港澳或国外谋生，归难侨的人数逐渐下降。学者数据显示，2012年全国归难侨总数为13.41万人，比高峰时期降低38.5%（参见胡修雷，2017）。相比之下，失地农民的人数规模随着中国城市发展与城市化程度加深而不断扩大。改革开放以来，城市用地规模迅速增加，导致了大量失地农民群体的产生。2011年中国社科院发布的《中国城市发展报告》的数据显示，中国有4000万至5000万失地农民。2020年中国失地农民数量达到1亿以上。① 农民集中居住区的数量也在"城中村改造""撤村并居""农民上楼"等背景中不断增加（吴莹，2017；周飞舟、王绍琛，2015）。水库移民的规模也随着中国水利建设工程的增加而不断扩大。截至2017年底，全国已建成各类水库98795座（孙爱芬，2019）。据国家水利部移民局的数据，2007—2012年全国新建大中型水库农村移民后期扶持人口92万人，加上2006年已经核定的在建水库移民后期扶持人口约60万人，共搬迁安置了150万水库移民。② 2013年至2017年，中国水库移民每年的搬迁人口分别为11.7万、14.1万、10.08万、12.76万和14.73万人。每年开工建设的集中安置点分别为367个、437个、309个、642个和266个③。国家赋予这三个移民安置群体以及相应安置区特殊政策所基于的原因并不相同。总的来说，国家对于华侨农场及归难侨群体的政策赋予主要是基于政治原因；而国家对于失地农民与水库移民的特殊照顾主要是基于经济原因，比如城市建设和兴修水利工程。但无论政策性地位赋予的原因是什么，这三种移民群体都具有相当的规模，国家对于这三个群体都高度重视，并根据实际情况不断调整政策，确保安置群体的生产生活。但同时由于这三个移民群体的规模呈现出不同的发展趋势，所以在实际的政策制定以及落实过程中，国家对这三个政策目标群体的扶持力度是存在着差异的。

除群体规模差异外，归难侨、失地农民和水库移民在安置前的权利上也存在显著差异，主要表现在公民权上。归难侨群体的公民权在成为政策目标群体时涉及赋予的过程，而失地农民和水库移民则并不涉及公民权赋予的问题。公民权的基础是主体必须拥有某一国家的国籍即公民身份。围绕此身份是在某个民族国家享有一系列相关的政治经济与社会文化权利。在这方面，归难侨

---

① 中华人民共和国自然资源部，http://www.mnr.gov.cn/zt/zh/xnc/zcjd/200903/t20090319_2031767.html。
② 唐传利：《关于水库移民工作几个重大问题的思考——在全国水库移民期刊工作暨理论研讨会上的讲话》，《老区建设》2014年第1期。
③ 水利发展统计公报，http://www.mwr.gov.cn/sj/tjgb/slfztjgb/。

与另外两个移民群体具有较为明显的差别。很多归难侨出生在所在国，大部分持外国国籍。因此，他们因排华等各种因素准备回国前，并不具备中国公民身份以及相应的公民权利。他们来到中国后，中国政府因其中大部分人具有华人血统，且与国内民众共享相同的文化，而将其界定为"归难侨"。"侨"身份的赋予实际上就承认了这些群体成为中国公民的权利。大部分归难侨群体自回国后就一直作为中国公民享有相应权利（姚俊英，2009a & 2009b）。但是归难侨群体的公民权始终具有一定的特殊性。归难侨身份的复杂性影响了他们的国家认同和族群认同。相比之下，失地农民和水库移民只是国内移民群体，并不涉及不同民族国家公民权的转换。比较而言，安置前公民权的不同导致了归难侨群体在身份认同和对国家的依赖程度方面呈现出与失地农民、水库移民群体的明显差异（见表5-1）。归难侨更容易受到国家政策波动的影响，对国家政策的依赖度更高，也使其更易于发展出身份政治实践，进而影响他们在安置地的适应融入与身份认同。

表5-1　　　　　　　　三个安置移民群体的比较

安置群体	归难侨	失地农民	水库移民
群体规模	规模小 逐渐减少	规模大 规模增加	规模中等 逐渐增加
群体安置前的权利	无公民权	公民权	公民权

二　政策性地位赋予：宏观区别化治理框架的形成

本书所讨论的三个政策目标群体不仅在安置前的初始状态不同，而后其在安置过程中，国家对于他们的政策性地位赋予也呈现出明显差异。归难侨和失地农民呈现出波动式政策性地位赋予的特征，而水库移民所经历的政策性地位赋予则呈现出线性式的演变趋势。

（一）波动式与线性式：政策性地位赋予的演变逻辑

国家对归难侨群体的政策性地位赋予经历了从"强优势政策性地位赋予"到"政策均等化"，再到"政策性地位再赋予"三个阶段。与之对应的是国家政策逻辑从特殊化到普遍化再到特殊化的转变。在计划经济时期，中国对归难侨进行特殊照顾，归难侨的生活水平在相当长的一段时间内普遍高于周边的农民群体，此为强优势政策性地位赋予，体现为一种特殊化的政策逻辑。这种强优势政策性地位赋予使归难侨形成了对国家制度支持的长期依赖。改革开放初期，受"以经济建设为中心"指导思想的影响，国家对华侨农场进行经济体制改革，希望促进华侨农场的经济发展，改善归难侨的生活状况。这主要体现在两个方面：在行政管理上，华侨农场下放地方管理，归难侨的子女不再自动转为农场职工；在资源配置上，不再以"侨"身份作为划分资源的依据，试图在社区内实现均等化的公共服务供给。以上种种皆可视为政策均等化的表现，体现了一种普遍主义的治理逻辑。归难侨在上述过程中，逐渐因无法适应市场竞争机制而陷入生活困境，并由此产生"相对失落感"。均等化政策的实施与普遍主义逻辑所引发的意外后果得到了国家层面的高度重视。随着"建设社会主义和谐社会"与"以人为本"理念的提出，国家日益重视归难侨的民生问题，并对归难侨进行政策性地位再赋予，比如下拨资金用于归难侨的危房改造和完善归难侨的社会保障。归难侨的"侨"身份与意涵在上述一系列"再侨化"措施中被不断激发出来。这种政策性地位再赋予和特殊化的政策逻辑是过往政策性地位赋予和特殊化政策逻辑的延续，导致了宏观层面区别化治理框架的路径依赖生成。

而国家对失地农民的政策性地位赋予经历了从"弱优势政策性地位赋予"到"政策效率转向"再到"政策性地位再赋予"三个阶段。与之相对应的是国家政策逻辑从特殊化到普遍化再到特殊化的转变。20世纪50年代初到80年代末，国家对失地农民进行弱优势政策性地位赋予，体现特殊化的政策逻辑。这主要表现在国家对失地农民的就业和养老进行妥善安置方面，当时部分失地农民还有机会转为非农户口。这种政策逻辑和政策性地位赋予与当时的总体性结构特征以及国家需求有着密切关系。当时土地征收较为有限，总体性结构的分配体制基本能满足失地农民的安置以及后续保障。虽然这一时期国家对于归难侨和失地农民的治理都是基于特殊主义的治理逻辑，但二者仍然存在着差异：国家对于归难侨是强优势政策性地位赋予，而失地农民则享受的是弱优势政策性待遇。这种类型划分主要基于以下两个原因：从政策内容来说，归难侨因其"侨"与"国际难民"的身份更具有国际敏感性，因而享受到了更多的政策性待遇。从交换性质来说，国家以补偿安置的方式交换农民手上的土地权，失地农民享有的特殊待遇很大程度上源于其让渡的土地权。而归难侨并没有通过让渡土地权就获得政策待遇，所以其相对失地农民来说是一种"强优势"。20世纪90年代至21世纪初，国家对失地农民的政策呈现出普遍化的政策逻辑。这主要表现在国家通过货币安置手段安置失地农民，不再负责失地农民的养老和就业。这是由当时国家"效率优先"的导向决定的。这也导致失地农民缺乏有效的社会保障，"种田无地，就业无岗，低保无份"的"三无"现象十分突出（章友德，2010）。在失地农民安置区，因征地拆迁导致的不和谐因素增加，这一点与归难侨的情况是比较相似的。进入21世纪后，国家开始试图重新启用特殊化逻辑，积极探索保障失地农民基本生活和长远生计的有效办法，对失地农民进行政策性地位的再赋予。国家主要从就业和养老两个方面来解决失地农民的基本生活保障问题。同时，政府开始大力整治地方征地单位在征地过程中存在的暴力强征、补偿不到位等问题以减少征地拆迁纠纷，化解社会矛盾。并且，随着城中村的逐渐增多，政府将城中村改造也作为改善失地农民居住条件的重要工程大力推进。这种特殊化政策逻辑和政策性地位再赋予是基于国家对民生问题和社会和谐的日渐重视。这些政策一定程度上有助于改善失地农民的生活，也使人社部、自然资源部（原国土资源部）等职能部门在失地农民问题上的职责越来越突出。值得一提的是，近年来随着"城乡一体化"方针政策的提出，失地农民社会保障的发展方向将朝向更高层次的普遍化方向发展，即促进失地农民完全融入城市，享受与城市居民同等社保待遇。而归难侨的国家政策尚未呈现出这样的趋势。上述两者的差异是值得注意的。

与归难侨和失地农民政策相比，国家的水库移民政策主要经历了线性式政策性地位赋予的历程。在上述三个阶段中，国家的水库移民政策始终秉持着特殊化逻辑，不同的是第一阶段的特殊化更侧重于水库工程建设，而第二、第三阶段的特殊化更强调对水库移民的扶持。20世纪50年代初期至80年代初，国家对于水库移民的治理理念是特殊主义的，更强调"重工程"的理念以及水库移民服从国家集体利益。自20世纪80年代中期开始，国家对水库移民的治理思路从"重工程"逐渐转向"重移民"，提高了水库移民的政策待遇，对其进行了弱优势政策性地位赋予。国家日益重视水库移民的融入问题，出台一系列水库移民补偿安置措施来改善水库移民的生活，希望通过将移民安置和库区建设结合起来，帮助水库移民脱贫致富，使水库移民的长远生计有保证。进入21世纪，国家从宏观制度层面确立了对水库移民实施长期扶持的安置制度，水库移民的政策性地位从弱优势转向强优势。国家不仅加大对水库移民的扶持力度，还出台了一系列后续监督管理条例确保国家资金落实到具体的移民安置区及相应的群体，遏制与约束安置地政府的侵权行为。这些措施体现了国家对水库移民群体的特殊化治理逻辑。

　　由上面的比较，我们可以看出国家对于三个群体的政策性地位赋予呈现出不同的演变逻辑。尽管国家对归难侨和失地农民的政策性地位赋予均呈现出波动式的特征，但总体而言，归难侨对于国家的政策依赖要高于失地农民。而与前面两个群体不同的是，水库移民的政策性地位获得经历了线性式过程。但对上述三个群体的政策梳理，我们可以发现国家治理中的弹性机制：这种弹性既可能是同时性的，比如针对不同政策目标群体采取不同的治理逻辑；也可能是历时性的，比如国家会根据政策目标群体以及安置区的情况，适时调整国家政策。当某一政策目标群体的民生问题凸显时，国家会重启特殊主义治理逻辑，重新赋予或加强对于这一群体的政策性待遇。

　　（二）政策性地位赋予的政策源头

　　区别化治理不同于分类治理或其他特殊化治理的一个重要原

因是有相应的政府职能部门作为制定与执行源头。这些职能部门对某些群体或地区进行特殊政策性地位赋予，造成了相应的政策目标群体或政策性社区。

政策性地区及群体的政策性地位赋予是多来源的，中央政府及其他部委也会对其出台相关的特殊政策。但地区及群体所直接对应的中央与地方各级职能部门在政策性地位赋予中处于核心位置，主要涉及政策的起草、出台、落实以及监督。本书所讨论的三个移民安置聚集区均有相应的国家职能部分负责政策的制定与落实。在第一个案例中，国务院侨务办公室（简称国侨办）是华侨农场和归难侨群体的政策性地位赋予的主要职能部门。国侨办的主要职能是承担侨务工作政策、规划和法律法规草案的拟定工作，推动侨务相关政策法律的贯彻执行和调查研究侨务重大问题等。而在地方层面，与国侨办对应的职能部门是省、市、区各级侨务部门①，其中负责的是华侨农场及归难侨政策的实施与监督。而在第二个案例中，失地农民群体的主管部门是自然资源部（原国土资源部）。其主要职能包括管理国土资源，比如制定土地征收办法。自然资源部还负责监督和检查地方各级政府及其部门是否按照国家规定制定地方细则以及对于具体政策的落实情况。其中包括对于地方政府征地行为、补偿标准、补偿费落实以及对于失地农民安置情况的审核与监督。② 在第三个案例中，水库移民安置区以及水库移民群体的主管部门则较为复杂：水利部移民司主要负责水利工程，水电工程由国家能源局管理，前两个部门制定、管理与监督相关的水利工程移民的搬迁与安置政策，而涉及水库移民后期扶持则由部级联席会议管理。在地方政府层面，负责政策执行的主要为各级水利与民政管理部门。③

---

① 各级侨务职能部门均称为侨务办公室。在归难侨、侨眷、海外华侨华人比较多的街道（或镇级政府）一般也会设侨务办公室，但人员多为民政科统筹。
② 省级层面为国土资源厅，市级及以下层面为国土资源局。在街道（或镇级政府）一般由社会事务管理办公室或民政科统筹。
③ 省级层面为水务厅，市级及以下层面为水务局。在水库移民比较多的街道（或镇级政府）一般会设水库移民办公室，但人员多为民政科统筹。

当然，上述三个部门是本书所涉及的三个移民安置区及群体主要对应的职能部门，实际上还有很多职能部门与这些移民安置群体相关。例如，归难侨、水库移民和失地农民这三个群体在就业、养老和医疗保障等方面的制度与政策的制定与实施由人力资源与社会保障部门执行。这三个移民安置群体的住房建设政策又都与住房和城乡建设部门相关。此外，这三个群体多从事农业生产，涉及农业土地的使用与农业生产，也与农业管理部门有着密切关系。

尽管，本研究所讨论的三个政策性社区及相应群体的政策性地位的赋予源头不尽相同。但是这些职能部门均通过宏观层面的制度设计，使这些移民安置聚集区及群体获得了区别于其他群体的优势政策性地位，使宏观层面的区别化治理框架生成。可以说，负责特殊政策制定的职能部门是区别化治理机制中的首要核心，它的存在也使得普遍化治理机制在实际政治过程中产生了差异。在区别化治理中，这些特殊政策制定部门的权威要比普遍化治理中的职能部门高，其与同级政府部门之间的张力更大，并对基层政府的行为逻辑造成刚性约束，使得区别化治理框架得以在基层实践中产生出来，见表5-2：

表5-2　　　　　　国家政策性地位赋予的比较

国家政策：治理的制度层面	华侨农场及归难侨群体	失地农民安置区及失地农民群体	水库移民安置区及水库移民群体
政策地位性赋予	波动式政策性地位赋予	波动式政策性地位赋予	线性式政策性地位赋予
隐含的治理逻辑	特殊化—普遍化—特殊化	特殊化—普遍化—特殊化	特殊化（"重工程"）—特殊化（"重移民"）
主要的政策制定部门	国侨办	自然资源部	水利部

三　刚性执行与应责逻辑：区别化治理的基层实践

华侨农场、失地农民安置区和水库移民安置区在基层治理实践上也存在着共性和差异，这主要体现在治理理念、治理措施、向上应责模式和向下应责模式等方面。

（一）理念与措施：区别化治理政策的刚性执行

华侨农场、失地农民安置区和水库移民安置区的地方政府对这些安置区中的群体均具有区别化和差异化的治理理念，但在具体层面又各有侧重。华侨农场的地方管理者对归难侨的区别化治理理念主要体现在对归难侨尤其是越南归难侨存在刻板印象，认为他们不求上进，同时也是需要特殊照顾的弱势群体。失地农民安置区的基层管理者对失地农民的治理理念区别化则主要体现为从城市精神文明建设需要出发将失地农民与城市居民区分开，认为很多失地农民素质较低、习惯较差，着力促进失地农民的"市民化"。水库移民安置区的基层管理者对水库移民的治理理念区别化主要体现在三个方面：一是认可他们是需要被照顾的弱势群体；二是从城乡统筹的角度认为无须强硬转变水库移民的农民身份；三是给予水库移民较为正面评价，认为水库移民"容易管理""勤劳""能吃苦"。综合来看，基层执政者对失地农民和水库移民群体尽管持区别化的治理理念，但对这两个群体实现适应并融入本地的可能性是持肯定态度的，并且认为他们最终会实现独立自主，摆脱国家政策的依赖。而相对来说，地方政府认为归难侨对政府的依赖性强，对于基层治理诉求高，这也进而深化了华侨农场以及归难侨的区别化治理程度。

华侨农场、失地农民安置区和水库移民安置区的基层执政者对于移民群体均刚性执行了宏观层面的区别化治理框架，采取了区别于其他普通群体的区别化治理措施，这主要表现在住房改造、社会保障、生产就业扶持、社区公共服务等方面。具体来说，华侨农场对归难侨的特殊照顾主要表现在实质照顾（如社区公共服务与资源的倾斜性分配）、形式照顾（在政策实施与日常治理中对归难侨进行相比其他居民更为细致、认真与频繁的解释）和"以侨顾侨"（比如从归难侨中抽调"有一定素质且心向政府"的人员成立"拆迁办"，作为政府的"解说员"向其他归难侨做解释工作）等方面。而失地农民所受到的特殊照顾主要包括社会保障（养老与就业方面）、住房改造和社区服务（由村两委管物业、由村集体经济补贴物业管理费等）等方面。水库移民的特殊照顾则体现在搬家安置扶助、农业生产补贴、实施安居工程和实行移民村自治等方面。这些特殊照顾一定程度上帮助这些安置群体改善生活，促进了社会和谐。

（二）向上与向下：基层政府的应责模式

与其他社区一样，我们所讨论的三个移民安置聚集区的基层政府也受到普遍主义治理逻辑的影响。受到为绩效考核指标约束的基层干部发展出区别化的应责模式，来应对上级的问责考核与下级的治理诉求。

在向上应责方面，三个移民安置区的基层管理者具体表现有所不同。华侨农场的基层治理者主要采用诉苦和问题化的方式，街道"诉苦"有两个目的：首先，将上级政府与职能部门拉进责任连带体系，试图在考核中得到上级的保护与支持；其次，通过"注意力竞争"引起上级重视，得到政策资源的倾斜（练宏，2016a & 2016b）。华侨农场主要通过"侨区创新"的方式，发挥"侨"元素，促进文化建设和吸引外资，并对这些"制度创新"进行大力宣传，以此向上邀功。而失地农民安置区的基层管理者主要通过强调决策程序的正当性和吸引注意力的方式向上应责。在征地拆迁实践中有很多需要根据实际情况灵活处理的变数，基层干部在决策时就强调一些流程的程序是否正当，是否符合科层规范，以免受到问责，这其实是一种将特殊情况常规化的做法。另外，基层政府又通过突出对失地农民进行住房安置过程中的一些亮点来吸引上级的注意力，比如城中村改造项目执行效率高、移民安置提高土地利用效率、促进城市精神文明建设等，这种邀功的方式也是向上应责的重要体现。相比之下，水库移民安置区的基层管理者的应责方式更为常规，他们通过照实汇报和向上求助的方式应责。面对水库移民的各种生产生活问题，街道办能给予解决的就立即解决；而对于超出街道办权力范围的，会向上照实汇报与求助。水库移民安置区之所以发展出这种照实汇报与向上求助的应责模式，其主要的原因是因为相比前两种类型的移民安置聚集区,其享有更多的国家政策支持,所能求助的政策凭借与相应职能部门也更多。而在吸引注意力方面,相比于华侨农场和失地农民安置区,水库移民安置区基层干部的表现并不明显。

在向下应责方面,在三个移民安置聚集区个案中,地方政府表现出不同的向下应责模式。在华侨农场,地方政府主要通过缺席回避的方式向下应责,避免与华侨农场中矛盾多发的区域与问题集结群体发生直接冲突。在失地农民安置区,基层管理者采取了一系列向下应责模式。一是回应失地农民的部分诉求,帮助失地农民解决困难。二是对于难以回应的诉求则会采取去责任化策略,比如针对失地农民就业安置提出自主择业是主流理念,以此降低自己对失地农民就业安置的责任。而在水库移民安置区,基层治理者主要通过"柔性应责"和"默认特殊"的方式向下应责。一方面,基层政府通过解释自身权限限制以回应水库移民所提出的一些诉求;另一方面,基层政府对于水库移民的一些无明显国家政策支持的行为,例如私自搭建房屋,采取了"睁只眼闭只眼"的默许态度。

如上所述,基层政府通过刚性执行国家的特殊照顾政策以及区别化应责模式,使得这些政策性社区与政策目标群体出现了政策制定者意料外的社会后果。这三个移民群体在上述复杂的社会政治进程中被进一步特殊化与区别化,并对其社会适应与身份认同产生了深远的影响(见表5-3)。

表5-3　　　　　　　　**移民安置区的基层治理实践比较**

基层治理实践		华侨农场	失地农民安置区	水库移民安置区
刚性执行	治理理念	将其视作需要特殊照顾的"弱势群体"	将其视作需要"市民化"的群体	将其视作"自力更生的弱势群体"
	治理措施	治理性质区别化:倾斜照顾; 治理程度区别化:密切关注	治理性质区别化:倾斜照顾; 治理程度区别化:密切关注	治理性质区别化:倾斜照顾

续表

基层治理实践		华侨农场	失地农民安置区	水库移民安置区
应责模式	向上	诉苦 制度创新	强调程序正当 吸引注意力	照实汇报 向上求助
	向下	缺席回避	回应诉求 去责任化	柔性应责 默认特殊

四 群体的适应与认同：区别化治理的社会后果

区别化治理宏观框架的生成、中观层面的区别化治理实践以及区别化应责模式导致不同安置区形成了差异化的治理绩效，并进而影响了本书中的三个政策目标群体的社会适应与身份形塑。下面我们将从安置群体的社会融入和身份认同两个维度来讨论区别化治理的社会后果。

（一）多向分层与浅层融入：移民群体的社会适应

在社会融入方面，归难侨和失地农民群体均呈现出多向分层融入的特点，而水库移民则出现浅层融入的特点。

华侨农场的归难侨群体呈现出多元化的适应模式。马来亚归难侨及其第二代通过选择性适应的方式基本融入本地社会；而越南归难侨则因关系贫困、政策依赖等因素融入本地社会的边缘层。马来亚归难侨能够较好地实现社会融入，主要有以下四个方面的原因：一是马来亚归难侨归国时恰逢中国社会主义改造的历史背景，内化了"自力更生""劳动光荣"的价值观念，这促使他们努力奋斗以获得更好的生活，并且这种价值观通过家庭教育和群体亚文化向下一代传承；二是马来亚归难侨具有一定的人力资本（一些归难侨在回国前就具备一定的文化素质及见识）和政治资本，一些马来亚归难侨在农场内部担任领导职务，使得整个亚群体内部所共享的资源要优于本地人及其他的归难侨群体；三是马来亚归难侨归国时间较早，国家对于这些归难侨第二代仍然实行统包分配的政策；四是马来亚归难侨是被分散安置在农场的各个生产队内的，这就使得马来亚归难侨群体既能够享受到亚群体网络内的优质资源，又能与本地社会保持着密切联系，他们的同化程度很高，无论是在生活习惯上还是语言上都与本地人相差无几。反观越南归难侨群体，他们之所以不能较好地融入当地，同样有四个方面的原因：一是大多数越南难侨来自较低的社会经济背景，缺乏人力资本和政治资本。而那些有社会经济资源和海外跨国网络的难侨陆续迁出农场，留下的是既没社会经济资源也没有海外跨国网络的归难侨；二是当地政府对越南归难侨采取了更为集中的安置模式导致越南归难侨与其他群体缺乏交流，缺乏异质性的社会关系与资源支持其向上流动；三是越南归难侨回国后恰逢华侨农场经济体制改革，华侨农场职工子女成年以后，不再自动转成农场职工，失去了政策优势；四是很多越南归难侨的子女不愿意再像父辈一样吃苦耐劳，接受薪资低、体力劳动时间长的农活，而希望能够从事薪资高而又无须长时间体力劳动的工作，这种价值观与上述因素的互动作用下，导致很多侨二代宁愿依赖国家政策也不愿就业。

在失地农民安置区，失地农民群体的多向分层融入主要体现在少数村庄精英和多数普通村民的分层适应上。少数村庄精英在失地后能够实现向上社会流动，是因为他们拥有"人要顺应潮流，抓住机遇，转变观念，才能不断开拓创新"的积极价值观，努力争取村中的政治经济资源，并且不断发展与拓宽自己优质的社会网络资源。而一些村庄精英在个人奋斗的同时也带领整个村庄经济转型，帮助失地的村民寻找新的谋生方式。有些普通村民抓住发展机遇，顺利实现了经济适应。但对于大多数普通村民来说，他们因为教育程度不高，只能从事建筑工、环卫工、家政工、看门人、流动摊贩等低技能、低收入、不稳定、缺乏社会保障的工作。失地农民群体在"上楼"后日常生活开支陡增，也进一步影响了其经济适应。

与归难侨群体、失地农民群体不同，本研究中的水库移民在搬迁至安置地后实现了基本社会适应，呈现出"浅层融入"的趋势。在经济方面，水库移民采取的是以国家扶助政策为主、自力更生为辅的融入方式。水库移民谈及在迁出库区后获得了更多改善生活境遇的机会。水库移民就业率普遍较高，发展出"在家务农＋外出务工"的生计模式。虽然有些水库移民在生活上存在一定困难，比如地租上涨，生活成本增加，一直没拿到房产证等，但他们很少将自身的生活困境完全归因于国家政策与地方政府。大部分水库移民并没有出现归难侨群体那种依赖国家福利政策的情况。在社会交往方面，水库移民的强关系还是局限于本群体内，但也与本地人有一定接触，发展出外向型社会网络用以弥补内向型网络资源不足的问题。但总体来说，水库移民在安置地的适应仍处于一种浅层融入状态。

（二）叠加型与单一型：移民群体的身份认同

受到国家政策与群体社会位置变动等因素的影响，归难侨、失地农民和水库移民发展出不同的身份认同。

归难侨群体建构出勋章式缝合认同和补丁式缝合认同，不断协调其族群认同与国家认同。归难侨将宣示优越性的族群身份如同勋章一样依附式缝合于国民身份之上。而当这一群体丧失了优势政策性地位时，作为"勋章"的族群身份被迫从国家认同中撕扯下来，并由此出现"破洞"。归难侨重新建构了一种"补丁式"缝合认同，试图通过族群身份在国家制度体系中实现资源博弈。虽然"补丁式"缝合认同的演绎与运用能使归难侨重获制度性支持，但社会结构加诸其身上的"问题化"标签也进一步使其面临着新问题。而失地农民群体的认同也不是单一的。一方面，他们认为正在从农民向市民转变，呈现出一种"过渡性认同"。另一方面，他们在生存压力之下发展出"弱势群体认同"，持这种认同的失地农民试图通过塑造自身的弱者形象，强调自己的弱势地位，以期获得国家与地方政府更多的政策。与归难侨、失地农民群体所发展出来的叠加型身份认同相比，水库移民受到国家长期扶持政策、整村的搬迁安置模式与安置地区别化治理措施等因素的影响，水库移民群体衍生出单一性的群体身份认同，并且不断强化弱势群体的身份表述，进行弱者的身份展演。

总的来说，归难侨因其跨国的迁移经历在不断协调自身的国家认同和族群认同，失地农民因其生活空间从农村向城市的转变不断协调农民和市民的身份，水库移民则不断内化其弱势群体。但归难侨、失地农民和水库移民都会通过弱势群体的身份展演，以此获得国家的政策支持。这三个政策目标群体既依赖于国家赋予的政策性地位并不断深化对于国家的认同，也出于维系政策目标群体的身份利益而试图维持其群体边界，甚至进而发展出群体的身份政治，并对区别化治理产生深远影响（见表5-4）。

表5-4　　　　　　　　区别化治理的后果比较

	归难侨	失地农民	水库移民
安置群体的社会适应	多向分层融入	多向分层融入	浅层融入
安置群体的身份认同	勋章式缝合认同与补丁式缝合认同（不同时期）；协调国家认同和族群认同（兼容性）	过渡性身份认同与弱者身份认同（同一时期的不同方面）；协调农民身份与市民身份（从农民向市民转变）	弱势群体的身份认同

第二节　政策性地位差异下的区别化治理

目前对于中国社会治理的基础性制度与普遍化机制已有了相当深入的分析与讨论。在与以往文献对话的基础上，本研究试图在比较三个移民安置聚集区的基础上，探讨区别化治理的形成原因、运作机制与结果呈现，并进一步分析特殊化逻辑与普遍化逻辑在这种治理中是如何交织与互动，并对其治理结构与应责模式产生影响的。

区别化治理模式根据政策性地位赋予、基层治理实践以及治理对象的特殊化程度可以分为深度、中度和浅度。本书所探讨的华侨农场、失地农民安置区和水库移民安置区这三个移民安置聚集区分别呈现出不同的区别化治理程度。华侨农场、失地农民安置区和水库移民安置区都采用了区别化的治理模式，但是由于这三个移民安置聚集社区的安置群体及其安置前权利存在着一定差异，使得无论是宏观的区别化治理框架还是基层的区别化治理实践均产生一定变异。归难侨、失地农民与水库移民在身份建构与对国家的依赖程度方面呈现出明显差异。其中，相比于水库移民和失地农民，归难侨群体的公民身份需要国家重新赋予，使其对于国家政策的敏感度最强，也更容易发展出身份实践，以此获得国家对其的资源倾斜。此外，这三个群体不仅在安置前的初始状态不同，而且在安置过程中，国家对于他们的政策性地位赋予也呈现出明显差异。与归难侨和失地农民的政策性获得呈现出波动式特征不同的是，水库移民的政策性地位获得是线性的或增长的。在区别化治理实践层面，三个社区的基层政府的行为也存在着一定差异。在政策的刚性执行层面，华侨农场、失地农民安置区的区别化治理实践更加多元，包括倾斜照顾与密切关注两个层面，区别化治理程度较深。相比来说，水库移民安置区则主要是倾斜照顾，区别化治理程度最浅。在区别化应责层面，华侨农场和失地农民安置区所发展出来的向上与向下应责模式，要比水库移民程度更多元化，这也加速了前两个社区治理程度的区别化。华侨农场、失地农民安置区和水库移民安置区的基层政府尽管在具体的政策实施与应责模式上有所差异，但都导致了社区内的群体被进一步区别对待，并对其社会适应与身份认同产生了深远影响。在社会融入方面，归难侨和失地农民群体均呈现出多向分层融入的特点，而水库移民则浅层融入于安置地社会。在身份认同方面，受到国家政策变迁与群体社会位置变动等因素的影响，归难侨、失地农民和水库移民均试图通过弱势群体的身份展演，以此向政府获取更多支持。这种身份策略不仅强化了他们作为政策目标群体的特殊性，也加深了移民安置聚集区的区别化。但这三个政策目标群体的弱势群体展演是存在差异的：相比归难侨更依赖国家政策而言，失地农民和水库移民扮演的更多是"自力更生型弱势群体"，见表5-5：

表 5-5　　　　　　　　　区别化治理程度的比较

	深度区别化治理	中度区别化治理	浅度区别化治理
政策地位性赋予	波动式	波动式	线性式
区别化治理实践	区别化措施： 倾斜照顾 密切关注	区别化措施： 倾斜照顾 密切关注	区别化措施： 倾斜照顾
	向上应责： 诉苦 制度创新	向上应责： 强调程序正当 吸引注意力	向上应责： 照实汇报 向上求助
	向下应责： 缺席回避	向下应责： 回应诉求 去责任化	向下应责： 柔性应责 默认特殊
安置群体	多向分层融入	多向分层融入	浅层融入
	依赖型弱势群体	自力更生型弱势群体	自力更生型弱势群体

在区别化治理中，政策目标群体（表现在本书中为三个被安置群体）的能动性扮演着极其重要的角色。政策目标群体通过对其特殊政策性地位的强调以及身份实践，以此获得其作为政策目标群体的身份利益。特殊的政策性地位成为政策目标群体与国家及各级政府互动的重要符号资源，政策目标群体的边界在角力过程中被进一步强化。本书所探讨的政策目标群体主要是优势政策性地位群体。但这些地区及群体所享有的优势政策性地位只是阶段性的，所谓的优势与劣势在实际社会进程中经常发生转化：比如处于劣势政策性地位的群体会运用"弱者的反制"（田先红，2012）而获国家重视及政策照顾，进而转变为优势政策性地位群体。

在上述过程之中，基层政府的行为逻辑既表现出普遍主义治理的特征，如锦标赛制、行政发包制、运动型治理、吸引注意力等，但也遵循着特殊主义的逻辑。在基层政府对政策目标群体进行"身份治理"（郑雄飞，2016）过程中，普遍化与特殊化逻辑呈现出两种互动模式：一是特殊化治理机制某种程度牺牲了普遍化逻辑。区别化的治理理念会歪曲甚至瓦解已有的普遍化治理规则，使治理措施区别化，比如对政策目标群体进行倾斜照顾与密切关注，使均等化政策失效。二是普遍化的基础性治理机制加深了区别化治理的程度。在政策性地位不均等的制度背景下，基层政府在执行基础性治理目标时，出于应责与吸引注意力的目的，不断强化治理中的特殊化逻辑，加速了治理对象的区别化，导致群体政策性地位的再生产。

当然，不同区域及群体的政策性地位存在着很大差异，比如在中国，本书所涉及的三个移民安置聚集区的政策性地位不仅在赋予原因、形成机制与社会影响方面均有所不同，而且在政策支撑、人员构成与所在区域的社会经济条件上存在差异，这很可能会影响到治理的宏观文本框架与基层治理实践。而且在不同的国家与社会，由于制度情境、社会结构与群体特征等因素，政策性地位差异给社会治理所带来的挑战及呈现出来的治理形态也会随之发生变异。基于此，我们无意于将本研究的结论推广至所有政策性区域及政策目标群体。"区别化治理"在多大程度上可以解释这些亚类型，恐怕还需要进一步通过多个案比较，如同一国家不同政策目标群体的比较，同一性质群体（如印支难民）在不同民族国家下的比较，才能加深对于这一治理模式的理解。

区别化治理是在政策性地位差异的特定情境下发展出来的一种社会治理模式，具有一定的灵活性。国家如何在推动治理体系整体化、现代化发展的同时，激发有关政策目标群体与政策性地区的治理创新的活力，使其治理的特殊性与国家治理的总体安排进一步紧密结合是新时期所要面临的挑战之一。其化挑战为机遇的关键并不在于改变政策性地位差异的现实以及否认区别化治理模式的合理成分，而是立足于党建引领、国家主导的基础上（陈进华，2019），进一步厘定区别化治理结构内各主体行为的边界和功能，平衡治理机制中普遍主义与特殊主义之间的张力，协调刚性区别化治理实践与弹性区别化应责模式之间的关系。2018 年以来国家全面推行政府机构改革，这为重塑国家治理结构、理顺相关关系、推动社会治理转型提供了良好的契机（参见何艳玲，2018；李友梅，2017 & 2018）。区别化治理在新时期将会呈现怎样的演变也期待更多同人的关注与探讨。

参考文献

白维军，2017，《流动公共服务与边疆民族地区社会治理》，《民族研究》第 3 期。

鲍海君、吴次芳，2002，《论失地农民社会保障体系建设》，《管理世界》第 10 期。

蔡禾、曹志刚，2009，《农民工的城市认同及其影响因素——来自珠三角的实证分析》，《中山大学学报》第 1 期。

陈柏峰，2012，《农民上访的分类治理研究》，《政治学研究》第 1 期。

陈国权、毛益民，2015，《第三区域政企统合治理与集权化现象研究》，《政治学研究》第 2 期。

陈家建，2013，《项目制与基层政府动员：对社会管理项目化运作的社会学考察》，《中国社会科学》第 3 期。

陈家建、边慧敏、邓湘树，2013，《科层结构与政策执行》，《社会学研究》第 6 期。

陈家建、张琼文，2015，《政策执行波动与基层治理问题》，《社会学研究》第 3 期。

陈建樾，2010，《认同与承认——基于西方相关政治理论的思考》，《民族研究》第 3 期。

陈捷、呼日那日松、卢春龙，2011，《社会信任与基层社区治理效应的因果机制》，《社会》第 6 期。

陈捷、卢春龙，2009，《共通性社会资本与特定性社会资本——社会资本与中国的城市基层治理》，《社会学研究》第 6 期。

陈进华，2019，《治理体系现代化的国家逻辑》，《中国社会科学》

第 5 期。

陈茂荣，2011，《"民族国家"与"国家民族"——"民族认同"与"国家认同"的紧张关系何以消解》，《青海民族研究》第 4 期。

陈那波，2009，《国家、市场和农民生活机遇——广东三镇的经验对比》，《社会学研究》第 6 期。

陈那波，2017，《"试点"何以失败？——A 市生活垃圾"计量收费"政策试行过程研究》，《社会学研究》第 2 期。

陈那波、李伟，2020，《把"管理"带回政治——任务、资源与街道办网格化政策推行的案例比较》，《社会学研究》第 4 期。

陈鹏，2016，《城市社区治理：基本模式及其治理绩效——以四个商品房社区为例》，《社会学研究》第 3 期。

陈绍军、任毅、卢义桦，2018，《空间产权：水库移民外迁社区公共空间资源的"公"与"私"》，《学习与实践》第 7 期。

陈晓莉、白晨，2012，《回迁安置社区社会管理创新的语境与思路》，《学习与实践》第 4 期。

陈晓楠、施国庆、余庆年，2009，《水库移民的历史变迁及实施后期扶持政策研究》，《人民黄河》第 4 期。

陈晓毅、马建钊，2006，《粤北山区瑶族移民的文化适应》，《民族研究》第 4 期。

陈莹、王瑞芹，2015，《基于农民福利视角的征地补偿安置政策绩效评价——武汉市江夏区和杭州市西湖区的实证》，《华中科技大学学报》（社会科学版）第 5 期。

陈映芳，2005，《"农民工"：制度安排与身份认同》，《社会学研究》第 3 期。

陈映芳，2010，《行动者的道德资源动员与中国社会兴起的逻辑》，《社会学研究》第 4 期。

陈映芳，2013，《社会保障视野下国民身份制度及社会公平》，《重庆社会科学》第 3 期。

陈映芳，2018，《"市民化"与"国民化"：审视中国城市化困局》，《文化纵横》第 2 期。

程守艳，2010，《制度安排与族群认同——民族区域自治视阈下族群认同的"工具性"因素分析》，《广西民族研究》第 2 期。

程瑜，2003，《广东三峡移民适应性的人类学研究》，《中南民族大学学报》（人文社会科学版）第 3 期。

丁煌、定明捷，2004，《"上有政策、下有对策"——案例分析与博弈启示》，《武汉大学学报》（哲学社会科学版）第 6 期。

丁忠毅，2015，《对口支援边疆民族地区中的府际利益冲突与协调》，《民族研究》第 6 期。

董敬文，2012，《山东省失地农民社会保障研究》，山东财经大学硕士学位论文。

董中原，2017，《中国华侨农场史：广东卷》，中国社会科学出版社。

杜云素、李飞，2018，《外迁水库移民适应的现状、趋势与内在机制——基于湖北荆州和武汉移民安置点的调查》，《人口与发展》第 2 期。

方文，2008，《叠合认同："多元一体"的生命逻辑——读杨凤岗〈皈信、同化和叠合身份认同：北美华人基督徒研究〉》，《社会学研究》第 6 期。

费孝通，1997，《简述我的民族研究经历和思考》，《北京大学学报》（哲学社会科学版）第 2 期。

冯仕政，2011，《中国国家运动的形成与变异：基于政体的整体性解释》，《开放时代》第 1 期。

付少平、赵晓峰，2015，《精准扶贫视角下的移民生计空间再塑造研究》，《南京农业大学学报》（社会科学版）第 6 期。

高新才、李笑含，2016，《浅析新型城镇化下失地农民补偿安置问题》，《西北师范大学学报》（自然科学版）第 3 期。

高永久、朱军，2010，《论多民族国家中的民族认同与国家认同》，《民族研究》第 2 期。

顾永红、向德平、胡振光，2014，《"村改居"社区：治理困境、目标取向与对策》，《社会主义研究》第 3 期。

郭秋梅，2010，《秉持与融合：东南亚华人"华人性"的嬗变》，

《东南亚纵横》第 9 期。

韩丹，2012，《失地农民身份认同研究——以南京市 A 区村改居社区为例》，《福建论坛》（人文社会科学版）第 8 期。

韩松，1999，《阳光家园——人道安置在广东》，广州：岭南美术出版社。

韩晓燕、田晓丽，2016，《制度，文化与日常确证——外来移民及其子女的情景性身份认同》，《清华大学学报》（哲学社会科学版）第 6 期。

韩秀记，2012，《通往成功之路——非自愿性移民（水库移民）社会学研究理论回顾》，《社会科学战线》第 8 期。

汉斯·摩根索，2006，徐昕译，《国家间政治：权力斗争与和平》，北京大学出版社。

郝亚明，2017，《国家认同与族群认同的共生：理论评述与探讨》，《民族研究》第 4 期。

何静、农新贵，1999，《关于华侨农场经济体制改革的思考》，《福建论坛》（经济社会版）第 6 期。

何艳玲，2018，《理顺关系与国家治理结构的塑造》，《中国社会科学》第 2 期。

贺东航、孔繁斌，2011，《公共政策执行的中国经验》，《中国社会科学》第 5 期。

贺东航、孔繁斌，2019，《中国公共政策执行中的政治势能——基于近 20 年农村林改政策的分析》，《中国社会科学》第 4 期。

胡静，2010，《大型工程非自愿移民的贫困特征分析：基于能力视角的研究》，《江汉论坛》第 2 期。

胡修雷，2017，《从"印尼村"现象看华侨农场归难侨的文化再适应》，《世界民族》第 2 期。

黄晓星，2011，《社区运动的"社区性"——对现行社区运动理论的回应与补充》，《社会学研究》第 1 期。

冀县卿、钱忠好，2011，《人力资本、物质资本、社会资本与失地农民城市适应性——基于江苏省 469 户失地农民的调查数据》，《江海学刊》第 6 期。

贾大明，2004，《华侨农场体制改革探析》，《福建论坛》（人文社会科学版）第 10 期。

江维国、李立清，2018，《失地农民社会融入路径异化与内卷化研究》，《华南农业大学学报》（社会科学版）第 1 期。

金太军、姚虎，2014，《国家认同：全球化视野下的结构性分析》，《中国社会科学》第 6 期。

康晓光、韩恒，2005，《分类控制：当前中国大陆国家与社会关系研究》，《社会学研究》第 6 期。

孔结群，2010，《难民认同：基于苦难历史记忆、政策及现实利益的想象——以 G 省小岭华侨农场越南归侨为例》，《华侨华人历史研究》第 1 期。

孔结群，2012，《越南归难侨的本土关系建构历程——基于广东小岭华侨农场的个案分析》，《南方人口》第 1 期。

黎相宜，2015，《制度型族群聚集与多向分层融入——基于广州南涌华侨农场两个归难侨群体的比较研究》，《广西民族大学学报》（哲学社会科学版）第 1 期。

黎相宜，2017，《国家需求、治理逻辑与绩效——归难侨安置制度与华侨农场政策研究》，《华侨华人历史研究》第 1 期。

黎相宜，2020，《政策性地位、区别化治理与区别化应责——基于一个移民安置聚集区的讨论》，《社会学研究》第 3 期。

黎相宜、秦悦，2018，《广州市失地农民安置政策：发展历程、面临挑战和政策建议》，载于《2018 年广州社会发展蓝皮书》，社会科学文献出版社。

黎相宜、周敏，2013，《抵御性族裔身份认同——美国洛杉矶海南籍越南华人的田野调查与分析》，《民族研究》第 1 期。

李代，2017，《阈值依赖的教育扩张与教育机会不平等——以 A 省某年高考数据为例》，《社会学研究》第 3 期。

李敢，2017，《文化产业与地方政府行动逻辑与变迁——基于 Z 省 H 市的调查》，《社会学研究》第 4 期。

李晗锦、郭占锋，2018，《移民社区空间治理困境及其对策研究》，《人民长江》第 17 期。

李丽梅、陈映芳、李思名，2015，《中国城市户口和居住证制度下的公民身份等级分层》，《南京社会科学》第2期。

李林倬，2013，《基层政府的文件治理——以县级政府为例》，《社会学研究》第4期。

李明欢，2003，《社会人类学视野中的松坪华侨农场》，《华侨华人历史研究》第6期。

李明欢，2005，《侨乡文化的编织传承：一个特殊侨乡的形成发展》，《福建侨乡调查：侨乡认同、侨乡网络与侨乡文化》，厦门大学出版社。

李明欢，2011，《群体象征与个体选择：华侨农场的改革历程与归侨职工的诉求》，载贺美德、鲁纳编：《"自我"中国：现代中国社会中个体的崛起》，上海译文出版社。

李明欢，2014，《国际移民治理的现实困境与善治趋势》，《人民论坛·学术前沿》第14期。

李培林，2011，《我国发展新阶段的社会建设和社会管理》，《社会学研究》第4期。

李庆、黄诗颖，2016，《水库移民社会治理创新研究》，《人民长江》第14期。

李俊杰、耿新，2018，《民族地区深度贫困现状及治理路径研究——以"三区三州"为例》，《民族研究》第1期。

李瑞昌，2012，《中国公共政策实施中的"政策空传"现象研究》，《公共行政评论》第3期。

李苏，2012，《宁夏回族失地农民生存境况及身份认同研究——基于198户回族失地农民家庭的调查研究》，《宁夏社会科学》第1期。

李迎生、李泉染、袁小平，2017，《福利治理、政策执行与社会政策目标定位——基于N村低保的考察》，《社会学研究》第6期。

李友梅，2007，《社区治理：公民社会的微观基础》，《社会》第2期。

李友梅，2017，《中国社会治理的新内涵与新作为》，《社会学研究》第 6 期。

李友梅，2018，《当代中国社会治理转型的经验逻辑》，《中国社会科学》第 11 期。

李志刚、薛德升、杜枫、朱颖，2009，《全球化下"跨国移民社会空间"的地方响应——以广州小北黑人区为例》，《地理研究》第 4 期。

练宏，2016a，《弱排名激励的社会学分析——以环保部门为例》，《中国社会科学》第 1 期。

梁玉成，2013，《在广州的非洲裔移民行为的因果机制——累积因果视野下的移民行为研究》，《社会学研究》第 1 期。

练宏，2016b，《注意力竞争——基于参与观察与多案例的组织学分析》，《社会学研究》第 4 期。

林聚任、鄢浩洁，2011，《拆村并居下的农村社区管理创新》，《人民论坛》第 26 期。

林尚立，2013，《现代国家认同建构的政治逻辑》，《中国社会科学》第 8 期。

刘朝晖，2003，《社会记忆与认同建构：松坪归侨社会地区认同的实证剖析》，《华侨华人历史研究》第 2 期。

刘军强，2017，《积极的惰性——基层政府产业结构调整的运作机制分析》，《社会学研究》第 5 期。

刘卫东，2014，《经济地理学与空间治理》，《地理学报》第 8 期。

卢艳、龙方，2015，《农地征收补偿公平性视角的失地农民养老保障制度研究》，《求索》第 4 期。

马戎，2004，《民族社会学——社会学的族群关系研究》，北京大学出版社。

闵学勤，2009，《社区自治主体的二元区隔及其演化》，《社会学研究》第 1 期。

奈仓京子，2008，《归侨认同意识的形成及其动态——以广东粤海湾华侨农场为例》，《华侨华人历史研究》第 3 期。

奈仓京子，2010，《"故乡"与"他乡"：广东归侨的多元社区、文化适应》，社会科学文献出版社。

倪星、王锐，2017，《从邀功到避责：基层政府官员行为变化研究》，《政治学研究》第 2 期。

倪星、王锐，2018，《权责分立与基层避责：一种理论解释》，《中国社会科学》第 1 期。

牛冬，2015，《"过客社团"：广州非洲人的社会组织》，《社会学研究》第 2 期。

派伊、鲁恂·W.，2009，任晓、王元译，《政治发展面面观》，天津：天津人民出版社。

庞金友，2007，《族群身份与国家认同：多元文化主义与自由主义的当代论争》，《浙江社会科学》第 4 期。

钱雪梅，2006，《从认同的基本特征看族群认同与国家认同的关系》，《民族研究》第 6 期。

秦亚青，2003，《国家身份、战略文化和安全利益——关于中国与国际社会关系的三种假设》，《世界经济与政治》第 1 期。

丘海雄、徐建牛，2004，《市场转型过程中地方政府角色研究述评》，《社会学研究》第 4 期。

渠敬东，2012，《项目制：一种新的国家治理体制》，《中国社会科学》第 3 期。

阮品江、张林洪，2015，《少数民族地区水库移民的无形损失及其补偿研究》，《人民长江》第 5 期。

申端锋，2010，《乡村治权与分类治理：农民上访研究的范式转换》，《开放时代》第 6 期。

施国庆，2005，《非自愿移民：冲突与和谐》，《江苏社会科学》第 5 期。

施国庆、古安琪，2018，《非自愿移民社会分层研究：一个分析框架》，《南京社会科学》第 8 期。

施国庆、严登才、孙中良，2015，《水利水电工程建设对移民社会系统的影响与重建》，《河海大学学报》（哲学社会科学版）第 2 期。

石发勇，2010，《业主委员会、准派系政治与基层治理——以一个上海街区为例》，《社会学研究》第 3 期。

斯科特，2007，《弱者的武器》，郑广怀、张敏、何江穗译，译林出版社。

宋辰婷，2015，《实践中的城市社区权力结构》，《新视野》第1期。

苏海涛，2013，《湖北失地农民社会保障问题探析——基于宜昌、随州、十堰三地的调研数据》，《社会保障研究》第5期。

孙爱芬，2019，《经济转型升级过程中提升水库移民安置适应性的策略分析》，《水电与新能源》第5期。

孙良顺，2016，《水库移民贫困成因与反贫困策略：基于文献的讨论》，《河海大学学报》（哲学社会科学版）第4期。

孙良顺，2018a，《"内""外"联动：水库移民社区发展与移民脱贫的实现路径》，《求索》第5期。

孙良顺，2018b，《水库移民后期扶持项目运作中的政策执行失准》，《湖湘论坛》第8期。

孙晟，2003，《重建家园：松坪华侨农场印尼归侨群体研究》，《华侨华人历史研究》第6期。

田先红，2012，《基层信访治理中的"包保责任制"：实践逻辑与显示困境——以鄂中桥镇为例》，《社会》第4期。

汪小红、朱力，2014，《失地农民身份认同及其分异——基于生命历程范式的解释》，《中州学刊》第4期。

王春光，1995，《社会流动和社会重构——京城"浙江村"研究》，浙江人民出版社。

王春光，2001，《新生代农村流动人口的社会认同与城乡融合的关系》，《社会学研究》第3期。

王春光，2013，《城市化中的"撤并村庄"与行政社会的实践逻辑》，《社会学研究》第3期。

王汉生、刘世定、孙立平，2011，《作为制度运作和制度变迁方式的变通》，载于应星、周飞舟、渠敬东编《中国社会学文选》，中国人民大学出版社。

王慧博，2008，《从"以地为本"到"以人为本"——化解失地农民问题的路径探析》，《农村经济》第4期。

王建娥，2010，《国家建构和民族建构：内涵、特征及联系——以欧洲国家经验为例》，《西北师大学报》（社会科学版）第2期。

王亮，2018，《身份认同视角下国家与失地农民关系的流变》，《吉首大学学报》（社会科学版）第1期。

王敏、杨宇霞，2006，《城镇化进程中失地农民养老保障问题研究》，《重庆社会科学》第4期。

王宁，2007，《消费制度、劳动激励与合法性资源——围绕城镇职工消费生活与劳动动机的制度安排及转型逻辑》，《社会学研究》第3期。

王沛沛，2015，《国家权力与群际关系：水库移民身份的建构》，《中国农业大学学报》（社会科学版）第5期。

吴上，2019，《水库移民社区治理的政策表达及其解构》，《湖南科技大学学报》（社会科学版）第3期。

王星，2012，《利益分化与居民参与——转型期中国城市基层社会管理的困境及其理论转向》，《社会学研究》第2期。

威尔·金里卡、刘曙辉，2010，《多民族国家中的认同政治》，《马克思主义与现实》第2期。

吴莹，2014，《村委会"变形记"：农村回迁社区的基层组织建设研究》，《社会发展研究》第3期。

吴莹，2016，《"村改居"社区物业管理的主要类型与存在问题》，《城市观察》第1期。

吴莹，2017a，《城市化进程中"村改居"社区的治理挑战》，《群言》第9期。

吴莹，2017b，《空间变革下的治理策略——"村改居"社区基层治理转型研究》，《社会学研究》第6期。

夏建中，2010，《治理理论的特点与社区治理研究》，《黑龙江社会科学》第2期。

项飚，2009，《寻找一个新世界：中国近现代对"世界"的理解及其变化》，《开放时代》第9期。

项飚，2000，《跨越边界的社区：北京"浙江村"的生活史》，生活·读书·新知三联书店。

肖滨,2010,《两种公民身份与国家认同的双元结构》,《武汉大学学报》(哲学社会科学版)第1期。

肖林,2011,《"'社区'研究"与"社区研究"——近年来我国城市社区研究述评》,《社会学研究》第4期。

徐黎丽,2011,《论多民族国家中民族认同与国家认同的冲突》,《西北师范大学学报》第1期。

许传新,2007,《新生代农民工的身份认同及影响因素分析》,《学术探索》第3期。

荀丽丽、包智明,2007,《政府动员型环境政策及其地方实践——关于内蒙古S旗生态移民的社会学分析》,《中国社会科学》第5期。

杨风、燕浩扬,2015,《失地农民城市融入的障碍与路径——以山东省为例》,《农村经济》第5期。

杨凤岗,2008,默言译,《皈信·同化·叠合身份认同——北美华人基督徒研究》,民族出版社。

杨金龙、王桂玲,2017,《失地农民城市社会融入的结构性差异及其影响因素——基于山东省的调查分析》,《农业经济问题》第12期。

杨敏,2007,《为国家治理单元的社区——对城市社区建设运动过程中居民社区参与和社区认知的个案研究》,《社会学研究》第2期。

杨其静、郑楠,2013,《地方领导晋升竞争是标尺赛、锦标赛还是资格赛》,《世界经济》第12期。

杨英、傅汉章、郑少智、王兵,2003,《G省国有华侨农场体制改革基本思路探索》,《中国农村经济》第2期。

姚俊英,2009a,《越南归侨早期跨国再流动的人类学研究——以广州市近邻H华侨农场YH越南归侨社区为例》,《广西民族大学学报》(哲学社会科学版)第3期。

姚俊英,2009b,《从难民到公民——花都华侨农场越南归难侨身份变迁研究》,中山大学博士学位论文。

叶继红，2011，《农民集中居住、文化适应及其影响因素》，《社会科学》第 4 期。

叶继红，2012a，《集中居住区移民社会网络的变迁与重构》，《社会科学》第 11 期。

叶继红，2012b，《城市新移民社区参与的影响因素与推进策略——基于城郊农民集中居住区的问卷调查》，《中州学刊》第 1 期。

叶继红，2013，《集中居住区移民身份认同偏差：生成机理与调整策略》，《思想战线》第 4 期。

叶江，2018，《多民族国家的三种类型及其国家认同建构问题——民族学研究的视角》，《民族研究》第 1 期。

余彬，2013，《国际移民认同危机与族群身份政治运行机制研究》，《民族研究》第 5 期。

俞云平，2003，《一个特殊社区的历史轨迹：松坪华侨农场发展史》，《华侨华人历史研究》第 2 期。

郁晓晖、张海波，2006，《失地农民的社会认同与社会建构》，《中国农村观察》第 1 期。

袁娥，2011，《民族认同与国家认同研究述评》，《民族研究》第 5 期。

曾建生，2006，《以人为本的水库移民管理新模式研究——以广东水库移民模式为例》，《求索》第 7 期。

折晓叶、陈婴婴，2011，《项目制的分级运作机制和治理逻辑——对"项目进村"案例的社会学分析》，《中国社会科学》第 4 期。

张宝成，2010，《民族认同与国家认同之比较》，《贵州民族研究》第 3 期。

张春泥、谢宇，2013，《同乡的力量：同乡聚集对农民工工资收入的影响》，《社会》第 1 期。

张高锋，2013，《城镇化征地补偿对失地农民消费行为的影响分析》，湘潭大学硕士毕业论文。

张海波、童星，2006，《被动城市化群体城市适应性与现代性获得中的自我认同——基于南京市 561 位失地农民的实证研究》，

《社会学研究》第 2 期。

张津瑞、段跃芳，2013，《水库移民后扶政策实施的调查与思考》，《中国财政》第 6 期。

张磊，2005，《业主维权运动：产生原因及动员机制》，《社会学研究》第 6 期。

张青，2009，《农民集中居住区——居住形态与日常生活》，载于陈映芳主编《都市大开发：空间生产的政治社会学》，上海古籍出版社。

张赛群，2013，《福建省华侨农场养老保险改革评析》，《社会保障研究》第 3 期。

张小欣，2011，《"九三零"事件后中国对印尼归难侨救济安置工作论析》，《华侨华人历史研究》第 2 期。

张雪雁，2014，《主体性视域下少数民族的国家认同建构逻辑》，《民族研究》第 6 期。

张永红、刘德一，2005，《试论族群认同和国族认同》，《广西民族学院学报》（哲学社会科学版）第 1 期。

章友德，2010，《我国失地农民问题十年研究回顾》，《上海大学学报》（社会科学版）第 5 期。

赵鼎新，2019，《时间、时间性与智慧：历史社会学的真谛》，《社会学评论》第 1 期。

郑杭生，2011，《社会建设和社会管理研究与中国社会学使命》，《社会学研究》第 4 期。

郑少智，2003，《国营华侨农场改革与资产营运模式探讨》，《暨南学报》（哲学社会科学版）第 4 期。

郑雄飞，2016，《身份识别、契约优化与利益共享——我国养老保险的制度变迁与路径探索》，《社会学研究》第 1 期。

钟大球，1994，《"小政府"催长了大经济——对南涌华侨农场成立管理区后的调查》，《中国农垦经济》第 10 期。

周大鸣，2001，《论族群与族群关系》，《广西民族学院学报》（哲学社会科学版）第 2 期。

周飞舟，2009，《锦标赛体制》，《社会学研究》第 3 期。

周飞舟、王绍琛，2015，《农民上楼与资本下乡：城镇化的社会学研究》，《中国社会科学》第 1 期。

周黎安，2004，《晋升博弈中政府官员的激励与合作——兼论我国地方保护主义和重复建设问题长期存在的原因》，《经济研究》第 6 期。

周黎安，2007，《中国地方官员的晋升锦标赛模式研究》，《经济研究》第 7 期。

周黎安，2014，《行政发包制》，《社会》第 6 期。

周敏，2013，《美国社会学与亚美研究学的跨学科构建》，中山大学出版社。

周少青、马俊毅，2016，《加拿大印第安人政治身份的历史变迁及"加权公民"之困境》，《民族研究》第 2 期。

周晓丽，2014，《基于民族地区特殊性下的社会治理理念及路径》，《南京社会科学》第 11 期。

周雪光，2011，《权威体制与有效治理：当代中国国家治理的制度逻辑》，《开放时代》第 10 期。

周雪光，2012，《运动型治理机制：中国国家治理的制度逻辑再思考》，《开放时代》第 9 期。

周雪光、练宏，2011，《政府内部上下级部门间谈判的一个分析模型——以环境政策实施为例》，《中国社会科学》第 5 期。

朱健刚、陈安娜，2013，《嵌入中的专业社会工作与街区权力关系——对一个政府购买服务项目的个案分析》，《社会学研究》第 1 期。

庄文嘉，2011，《跨越国家赋予的权利？——对广州市业主抗争的个案研究》，《社会》第 3 期。

左萍、王建中，2005，《小浪底水库移民对移民政策的认同及顾虑心理》，《人民黄河》第 4 期。

Alba, Richard & Victor Nee 1997, "Rethinking Assimilation Theory for a New Era of Immigration," *International Migration Review* 31 (4).

Bankston, C. L. III, & Min Zhou 1997, "Valedictorians and Delinquents: The Bifurcation of Vietnamese American Youth," *Deviant Behavior* 18 (4).

Barth, Fredrik 1969, "Pathan Identity and its Maintenance," *Ethnic Groups and Boundaries: The Social Organization of Culture Difference* (Fredrik Barth edited), Little Brown and Company.

Benford, Robert & David Snow 2000, "Framing Processes and Social Movements: An Overview and Assessment," *Annual Review of Sociology* 26 (1).

Bonacich, Edna 1987, "'Making it' in America: A Social Evaluation of the Ethnics of Immigrant Entrepreneurship," *Sociological Perspectives* 30 (4).

Bourdieu, Pierre 1984, *Distinction: A Social Critique of the Judgment of Taste*. Cambridge, MA.: Harvard University Press.

Bourdieu, Pierre 1994, "Rethinking the State: Genesis and Structure of the Bureaucratic Field," *Sociologyical Theory* 12 (1).

Brubaker, Rogers, Mara Loveman, and Peter Stamatov 2004, "Ethnicity as Cognition," *Theory and Society* 33 (1).

Careless, J. M. S. 1969, "'Limited Identities' in Canada," *Canadian Historical Review* 50 (1).

Cernea, Michael 1995, *Development, Displacement and Resettlement: Focus on Asian Experiences*. Vikas Publishing House Pvt. Ltd.

Chiswick, B. R. 2013, "Are Immigrants Favorably Self-Selected? An Economic Analysis," *Migration Theory: Talking Across the Disciplines* (Caroline D. Brettell and James F. Hollifield edited), New York: Routledge.

Chuang, Julia 2014, "China's Rural Land Politics: Bureaucratic Absorption and the Muting of Rightful Resistance," *The China Quarterly* 219 (9).

Fernandez-Kelly, M. P. 1995, "Social and Cultural Capital in the Urban Ghetto: Implications for the Economic Sociology and Immigration," *The Economic Sociology of Immigration: Essays on Networks,*

Ethnicity, and Entrepreneurship (Alejandro Portes edited), New York: Russell Sage Foundation.

Fukuyama, Francis 2018, "Against Identity Politics: The New Tribalism and the Crisis of Democracy," *Foreign Affairs* 97 (5).

Gans, Herbert J. 1992, "Second Generation Decline: Scenarios for the Economic and Ethnic Futures of the Post-1965 American Immigrants," *Ethnic and Racial Studies* 15 (2).

Geertz, Clifford 1963a, "The Integrative Revolution," *Old Societies and New States: The Quest for Modernity in Asia*. New York: Free Press.

Geertz, Clifford 1963b. *Old Societies and New States: The Quest for Modernity in Asia and Africa*. NewYork: Free Press.

Godley, M. R. 1989, "The Sojourners: Returned Overseas Chinese in the People's Republic of China," *Pacific Affairs* 62 (3).

Goffman, Erving 1974, *Frame Analysis: An Essay on the Organization of the Experience*, New York: Harper Colophon.

Goodman, David S. G. 2000, "The Localism of Local Leadership Cadres in Reform Shanxi," *Journal of Contemporary China* 9 (24).

Huntington, Samuel P. 2004, *Who Are We——The Challenges toAmerica's National Identity*. New York: Simon & Schuster.

Hunt, Scott. A., Benford, Robert. D., & Snow, David. A. 1994. "Identity fields: Framing processes and the social construction of movement identities," *New Social Movements: From Ideology to Identity* (Enrique Laraña edited), Philadelphia: Temple University Press.

Li, Minghuan 2013, "Collective Symbols and Individual Options: Life on a State Farm for Returned Overseas Chinese after Decollectivization," *How Chinese Migrants Make Their Dreams Come True*, Hangzhou: Zhejiang University Press.

Lin, Jan. 1998. *Reconstructing Chinatown: Ethnic Enclave, Global Change*. Minneapolis: University of Minnesota Press.

Logan, John R. Richard Alba, and Brian J. Stults. 2003. "Enclave and Entrepreneurs: Assessing the Payoff for Immigrants and Minorities," *International Migration Review* 37 (2).

O'Brien, Kevin J., Lianjiang Li 1999, "Selective Policy Implementation in Rural China," *Comparative Politics* 31 (2).

Okamura, Jonathan Y. 1981, "Situational Ethnicity," *Ethnic and Racial Studies* 4 (4).

Park, Robert E. & Ernest W. Burgess 1921, *Introduction to the Science of Society*, Chicago: University of Chicago Press.

Portes, Alejandro 1995, "Children of Immigrants: Segmented Assimilation and its Determinants," *The Economic Sociology of Immigration: Essays on Networks, Ethnicity and Entrepreneurship* (Alejandro Portes edited), New York: Russell Sage Foundation.

Portes, Alejandro 1998, "Social Capital: Its Origins and Applications in Modern Sociology," *Annual Review of Sociology*, 24 (1).

Portes, Alejandro & Leif Jensen. 1987. "What's an Ethnic Enclave? The Case for Conceptual Clarity," *American Sociological Review* 52 (6).

Portes, Alejandro & Leif Jensen. 1989. "The Enclave and the Entrants: Patterns of Ethnic Enterprise in Miami before and after Mariel," *American Sociological Review* 54 (6).

Portes, Alejandro & Min Zhou 1993, "The New Second Generation: Segmented Assimilation and its Variants." *American Academy of Political and Social Science* 530 (1).

Sanders, Jimy & Victor Nee. 1987. "Limits of Ethnic Solidarity in the Enclave Economy," *American Sociological Review* 52 (12).

Shirk, Susan L. 1993, *The Political Logic of Economic Reform in China*. Berkeley: University of California Press.

Sullivan, Helen 2001, "Modernisation, Democratisation and Community Governance," *Local Government Studies* 27 (3).

Tan, Chee-Beng 2000, "Ethnic Identities and National Identities:

Some Examples from Malaysia," *Identities* 6 (4).

Weber, Max 2007, "Ideal Type," *Stanford Encyclopedia of Philosophy*, retrived May 22nd, 2021, from https://plato.stanford.edu/entries/weber/#Bib.

Whiting, Susan H. 2001, *Power and Wealth in Rural China: The Political Economy of Institutional Change*. NewYork: Cambridge University Press.

Wilson, Kenneth and Alejandro Portes. 1980. "Immigrant Enclaves: An Analysis of the Labor Market Experience of Cubans in Miami," *American Journal of Sociology* 86 (2).

Xie, Yu, J. E. Brand, & B. Jann 2012, "Estimating Heterogeneous Treatment Effects with Observational Data," *Sociological Methodology* 42 (1).

Xie, Yu, Margaret Goughh 2011, "Ethnic Enclaves and the Earnings of Immigrants," *Demography* 58 (4).

Young, Iris M. 1994 "Polity and Different: A Critique of the Ideal of Universal Citizenship," *Citizenship: Critical Concepts*. London and New York: Routledge.

Zhou, Min. 1992. *Chinatown: The Socioeconomic Potential of an Urban Enclave*. Philadelphia: Temple University Press.

Zhou, Min 1997, "Segmented Assimilation: Issues, Controversies, and Recent Research on the New Second Generation," *International Migration Review* 31 (4).

Zhou, Min, & C. L. Bankston III 1994, "Social Capital and the Adaptation of the Second Generation: The Case of Vietnamese Youth in New Orleans East," *International Migration Review* 28 (4).

Zhou, Min, & C. L. Bankston III 1998, *Growing Up American: How Vietnamese Children Adapt to Life in the United States*, New York: Russell Sage Foundation.

附录 访谈对象的具体信息

南涌华侨农场部分

编号	时间	地点	访谈对象	身份
ZZW20130803	2013.08.03	PA居委侨新大队郑家	ZZW	越南归难侨
LJH20130802	2013.08.02	TAT社区李家	LJH	越南归难侨
XGM20130801 XGM20130802	2013.08.01 2013.08.02	TAT社区徐家	XGM	越南归难侨
LRF20130803	2013.08.03	PA社区徐家	LRF	越南归难侨
HCJ20130803	2013.08.03	PA社区黄家	HCJ	越南归难侨
HZJ20130802	2013.08.02	PA社区黄家	HZJ	越南归难侨
LFY20130810	2013.08.10	南涌华侨农场廖家	LFY	越南归难侨
CHM20170710	2017.07.10	二涌永安一街陈家	CHM	越南归难侨
HWY20170710	2017.07.10	二涌永安一街黄家	HWY	越南归难侨
SSR20170710	2017.07.10	二涌永安一街苏家	SSR	越南归难侨
ZS20170710	2017.07.10	二涌永安一街张家	ZS	越南归难侨
CYS20170711	2017.07.11	侨新队蔡家	CYS	越南归难侨
CTS20170712	2017.07.12	二涌永安二街蔡家	CTS	越南归难侨
SWF20170712	2017.07.12	二涌永安二街苏家	SWF	越南归难侨
LBH20170713	2017.07.13	南涌街道办事处	LBH	越南归难侨
OYA20170713	2017.07.13	二涌永安二街	OYA	越南归难侨
HHS20170713	2017.07.13	侨中队黄家	HHS	越南归难侨
ZXC20170714	2017.07.14	二涌永安二街曾家	ZXC	越南归难侨
CEM20170715	2017.07.15	二涌永安一街陈家	CEM	越南归难侨

续表

编号	时间	地点	访谈对象	身份
SSX20170716	2017.07.16	侨中队苏家	SSX	越南归难侨
LL20170719	2017.07.19	侨星队刘家	LL	越南归难侨
HWH20170720	2017.07.20	侨星队黄家	HWH	越南归难侨
ZYE20170721	2017.07.21	家安花园	ZYE	越南归难侨
LSM20170721	2017.07.21	家安花园	LSM	越南归难侨
TGM20170722	2017.07.22	家安花园	TGM	越南归难侨
LFG20170723	2017.07.23	家安花园	LFG	越南归难侨
HYG20170723	2017.07.23	家安花园	HYG	越南归难侨
WJH20170725	2017.07.25	南涌中学	WJH	越南归难侨
HJB20170726	2017.07.26	家安花园	HJB	越南归难侨
ZDG20170730	2017.07.30	家安花园	ZDG	越南归难侨
YYZ20170801	2017.08.01	QF社区叶家	YYZ	越南归难侨
LSM20170801	2017.08.01	新侨队林家	LSM	越南归难侨
WJM20170803	2017.08.03	侨农队	WJM	越南归难侨
CHX20170803	2017.08.03	侨农队	CHX	越南归难侨
SCS20170804	2017.08.04	家安花园	SCS	越南归难侨
ZSY20170805	2017.08.05	七涌	ZSY	越南归难侨
QCG20170805	2017.08.05	侨农队邱家	QCG	越南归难侨
LLH20170805	2017.08.05	侨农队	LLH	越南归难侨
LYM20170805	2017.08.05	侨农队	LYM	越南归难侨
DG20170806	2017.08.06	家安花园	DG	越南归难侨
GGS20170806	2017.08.06	家安花园	GGS	越南归难侨
ZYS20170807	2017.08.07	家安花园	ZYS	越南归难侨
ZZX20170808	2017.08.08	家安花园	ZZX	越南归难侨
XGF20170810	2017.08.10	七涌侨星队徐家	XGF	越南归难侨
LMJ20170810	2017.08.10	八涌兆安一街	LMJ（女）	越南归难侨
LXF20170810	2017.08.10	侨新队李家	LXF	越南归难侨
LXQ20170810	2017.08.10	侨新队	LXQ	越南归难侨

续表

编号	时间	地点	访谈对象	身份
YYB20170811	2017.08.11	家安花园	YYB	越南归难侨
LRS201700811	2017.08.11	侨中队	LRS	越南归难侨
CYF20170811	2017.08.11	家安花园	CYF	越南归难侨
LDK20170812	2017.08.12	家安花园	LDK	越南归难侨
TYJ20170813	2017.08.13	家安花园	TYJ（女）	越南归难侨
LYX20170813	2017.08.13	家安花园	LYX	越南归难侨
XXQ20170814	2017.08.14	七涌侨农队	XXQ	越南归难侨
QZL20170815	2017.08.15	八涌兆安一街	QZL	越南归难侨
LAQ20170815	2017.08.15	家安花园	LAQ	越南归难侨
LSG20170816	2017.08.16	一涌务安一街龙家	LSG	越南归难侨
WWJ20170816	2017.08.16	一涌侨中队	WWJ	越南归难侨
HWC20170817	2017.08.17	侨光队	HWC	越南归难侨
WMA20170817	2017.08.17	侨光队	WMA	越南归难侨
SDS20170817	2017.08.17	家安花园	SDS	越南归难侨
PN20170818	2017.08.18	一涌务安一街潘家	PN	越南归难侨
ZTM20170818	2017.08.18	侨新队郑家	ZTM	越南归难侨
LCH20170818	2017.08.18	新农队	LCH	越南归难侨
KZH20170822	2017.08.22	南涌街道办事处	KZH	越南归难侨
MYL20170829	2017.08.29	侨新队	MYL	越南归难侨
KC20130804	2013.08.04	南涌华侨农场某酒楼	KC	马来西亚归难侨
KLQ20140426	2014.4.26	南涌华侨农场某酒楼	KLQ	马来西亚归难侨第二代
CYL20130804 CYL20130809	2013.08.04 2013.08.09	南涌华侨农场某酒楼	CYL	马来西亚归难侨
XQN20130611 XQN20130829	2013.06.11 2013.08.29	南涌华侨农场某酒楼	XQN	马来西亚归难侨
CXY20130810	2013.08.10	南涌华侨农场某酒楼	CXY	马来西亚归难侨
YXW20130813	2013.08.13	南涌华侨农场某酒楼	YXW	马来西亚归难侨第二代
CJD20130611	2013.06.11	南涌华侨农场某酒楼	CJD	马来西亚归难侨
CLQ20130813 CLQ20130828	2013.08.13 2013.08.28	南涌华侨农场某酒楼	CLQ	马来西亚归难侨第二代

续表

编号	时间	地点	访谈对象	身份
ZJ20150301	2015.03.01	G省省侨办	ZJ	G省省侨办某处处长
LSL20130801 LSL20130813 LSL20170630	2013.08.01 2013.08.13	南涌街道办事处	LSL	街道侨办主任
TL20130610 TL20130611 TL20130630 TL20130801 TL20170710 TL20170816	2013.06.10 2013.06.11 2013.06.30 2013.08.01 2017.08.16 2017.07.10	南涌街道办事处	TL	街道侨办副主任
FJM20130410 FJM20130610 FJM20130828 FJM20170630	2013.04.10 2013.06.10 2013.08.28 2017.06.30	南涌街道办事处	FJM	街道副主任
HZR20130429	2013.04.29	南涌街道办事处	HZR	街道基层工作人员
XWK20130811	2013.08.11	南涌街道办事处	HWK	街道基层工作人员
LRM20170714	2017.07.14	QF社区居委会	LRM	居委会主任
HHW20170730	2017.07.30	南涌街道办事处	HHW	原农场队长
LLR20170820	2017.08.20	南涌街道办事处	LLR	原农场侨办人员
KSY20170822	2017.08.22	南涌街道办事处	KSY	原农场侨办主任
ZCZ20170823	2017.08.23	南涌街道	ZCZ	原农场场长
LYD20170824	2017.08.24	南涌街道办事处	LYD	原农场财务员
CJH20170826	2017.08.26	PA居委会	CJH	居委会主任
LJH20170826	2017.08.26	TAT社区居委会	LJH	居委会主任
ZZG20170828	2017.08.28	南涌街道办事处	ZZG	街道基层工作人员
YHQ20170829	2017.08.29	南涌街老年大学	YHQ	原农场侨办主任
HGQ20130809	2013.08.09	南涌华侨农场胡家	HGQ	本地村民
SG20130801	2013.08.01	南涌华侨农场某酒楼	SG	本地村民
GHL20170818	2017.08.18	QF社区	GHL	本地村民
GXF20170823 GXF20170826	2017.08.23 2017.08.26	QF社区	GXF	本地村民
WW20170825	2017.08.25	TAT社区	WW	本地村民

东埠失地农民安置区部分

编号	时间	地点	访谈对象	身份
ZJH20170129	2017.01.29	董村安置社区	ZJH	村民
QE20170129	2017.01.29	董村安置社区	QE	村民
WAY20170129	2017.01.29	董村安置社区	WAY	村民
NBA20170208	2017.02.08	董村安置社区	NBA	村民
GXP20170208	2017.02.08	董村安置社区	GXP	村民
QDZ20170216	2017.02.16	董村安置社区	QDZ	村民
QXJ20170216	2017.02.16	董村安置社区	QXJ	村民
GYT20170128	2017.02.18	高村安置社区	GYT	居民
GYW20170128	2017.02.18	高村安置社区	GYW	居民
SBA20180216	2018.02.16	董村安置社区	SBA	村民
GM20180216	2018.02.16	高村安置社区	GM	居民
QN20180217	2018.02.17	董村安置社区	QN	村民
QY20180217	2018.02.17	董村安置社区	QY	村民
QXL20180217	2018.02.17	董村安置社区	QXL	村民
BG20180217	2018.02.17	卜村安置社区	BG	村民
SD20180218	2018.02.18	董村安置社区	SD	村民
BZF20180219	2018.02.19	卜村安置社区	BZF	村民
BZW20180219	2018.02.19	卜村安置社区	BZW	村民
SBA20170215	2017.02.15	董村安置社区	SBA	村民代表
QXF20170216	2017.02.16	董村安置社区	QXF	村民代表
NZZ20170217	2017.02.17	董村安置社区	NZZ	村民代表
DKJ20170209	2017.02.09	董村安置社区	DKJ	村两委成员
WWY20170211	2017.02.11	董村安置社区	WWY	村两委成员
DSQ20170211	2017.02.11	董村安置社区	DSQ	村支书
QZR20170213	2017.02.13	董村安置社区	QZR	村两委办公室主任
WYM20170217	2017.02.17	董村安置社区	WYM	物业经理
GSJ20180226	2018.02.26	高村安置社区	GSJ	社区党支部书记
BKJ20180227	2018.02.27	卜村安置社区	BKJ	村两委成员

西龙水库移民安置区部分

编号	时间	地点	访谈对象	身份
CLS20170817	2017.08.17	PA社区	CLS	本地村民
LCY20170824	2017.08.24	西龙水库移民安置区李家	LCY	水库移民
YYZ20170824	2017.08.24	西龙水库移民安置区易家	YYZ	水库移民
HWF20170824 HWF20170827	2017.08.24 2017.08.27	西龙水库移民安置区黄家	HWF	水库移民
LYF20170824 LYF20170901	2017.08.24 2017.09.01	西龙水库移民安置区李家	LYF	水库移民
LCF20170824	2017.08.24	西龙水库移民安置区李家	LCF	水库移民
LGM20170824	2017.08.24	西龙水库移民安置区李家	LGM	水库移民
LYM20170825	2017.08.25	西龙水库移民安置区李家	LYM	水库移民
LXT20170826	2017.08.26	西龙水库移民安置区梁家	LXT	水库移民
LXD20170826	2017.08.26	西龙水库移民安置区李家	LXD	水库移民
HXY20170826 HXY20170901	2017.08.26 2017.09.01	西龙水库移民安置区胡家	HXY	水库移民
CWT20170827	2017.08.27	西龙水库移民安置区附近	CWT	本地村民
FZH20170827	2017.08.27	西龙水库移民安置区附近	FZH	本地村民
FGS20170827	2017.08.27	西龙水库移民安置区附近	FGS	本地村民
WW20170827	2017.08.27	西龙水库移民安置区附近	WW	本地村民
HYW20170827	2017.08.27	西龙水库移民安置区附近	HYW	本地村民
LJZ20170827	2017.08.27	西龙水库移民安置区附近	LJZ	本地村民
LYH20170827	2017.08.27	西龙水库移民安置区附近	LYH	本地村民
LJW20170828	2017.08.28	西龙水库移民安置区李家	LJW	水库移民
YZH20170901	2017.09.01	西龙水库移民安置区易家	YZH	水库移民
LMR20170901	2017.09.01	西龙水库移民安置区梁家	LMR	水库移民
TL20170714	2017.07.14	街道办事处	TL	街道侨办副主任
FJM20170630	2017.06.30	街道办事处	FJM	街道副主任
FXS20170901	2017.09.01	西龙水库移民安置区附近	FXS	本地村民
GXS20170901	2017.09.01	西龙水库移民安置区附近	GXS	本地村民
WYY20170901	2017.09.01	西龙水库移民安置区附近	WYY	本地村民
GHL20170901	2017.09.01	西龙水库移民安置区附近	GHL	本地村民
GXF20170901	2017.09.01	西龙水库移民安置区附近	GXF	本地村民